JUAN ANTONIO CORBALÁN
FRANCISCO GALLARDO

Eso no estaba en mi libro de historia del baloncesto

ALMUZARA

© Juan Antonio Corbalán, 2023
© Francisco Gallardo, 2023
© Editorial Almuzara, s.l., 2023

Primera edición: octubre de 2023

Editorial Almuzara • Colección Historia
Director editorial: Antonio Cuesta
Editora: Ángeles López
Corrección: Mónica Hernández
Maquetación: Joaquín Treviño

www.editorialalmuzara.com
pedidos@almuzaralibros.com - info@almuzaralibros.com

Editorial Almuzara
Parque Logístico de Córdoba. Ctra. Palma del Río, km 4
C/8, Nave L2, nº 3. 14005 - Córdoba

Imprime: Liberdúplex
ISBN: 978-84-11318-65-5
Depósito legal: CO-1504-2023
Hecho e impreso en España - *Made and printed in Spain*

A todas las mujeres y hombres que hicieron las primeras sendas por las que cómodamente transitamos los que llegamos después, y a todos los que entienden el deporte como herramienta y legado para hacer una humanidad mejor. De otro modo, no merecería la pena.
¡Ah!... Y a mi compañero Francisco Gallardo, al que admiro como escritor pero, sobre todo, como persona.

Juan Antonio Corbalán

A toda la buena gente del Club Amigos del Baloncesto y Caja San Fernando, que me hicieron feliz con el invento más inútil y hermoso que existe: el baloncesto.
A todos los árbitros (hombres y mujeres) que me enseñaron que antes que nada hay que jugar el balón de la justicia, encarnados en la persona de Martín Sánchez Traver, «el Negro», el mejor árbitro del universo, sin exageraciones...

Francisco Gallardo

Índice

Prólogo

Esto de escribir un texto al alimón, no es tan peligroso como el toreo, pero no es un reto menor. Sin embargo, tenemos que adelantar que es un honor para ambos la oportunidad que nos brinda nuestra nueva editorial Almuzara y sus responsables editoriales y también, por qué no, el honor mutuo que supone escribir al lado de un amigo. Ambos unidos por la edad, la profesión y la afición por el baloncesto y la literatura.

Corría el año 1971 y ambos éramos bases con posibilidades, que estuvimos muy cerca de jugar uno contra el otro; la edad se empeñó en separarnos, ya que uno era cinco años mayor que otro, sin embargo, años después, allá por los años 90 tuvimos la oportunidad de coincidir en la gestión médica de nuestro Equipo Nacional de Baloncesto masculino. La idea era, que, para optimizar la atención médica a los jugadores del equipo, fueran los médicos de los clubes locales los que se hicieran cargo del equipo nacional en cada desplazamiento de nuestra selección. Eso me dio la oportunidad de ponernos en contacto y Francisco Gallardo se hizo responsable de la atención del equipo durante su estancia en Sevilla. Creo que fue la primera vez que se utilizó esta modalidad, en el verano de 1989 o 90. Dos exjugadores, dos médicos que, al tiempo, veían nacer la AEMB, la Asociación Española de Médicos de Baloncesto, que en el año de 2019 cumplió su treinta aniversario.

Las iniciativas humanas obedecen a una serie de aspectos, perfectamente definidos por Maslow en su pirámide motivacional. Así, con la realidad actual del deporte, podría parecer que el deporte nació espectáculo y negocio, y en cierta medida podría ser verdad, pero más en la primera acepción que en la segunda, y ambas quedarían detrás de otros atributos que acompañaron al nacimiento del deporte.

Como expresión humana, en nuestra opinión, hay tres elementos que cobran especial relevancia al hablar del deporte: primero, la expresión psicomotriz de máxima excelencia; segundo, la supeditación, como todo lo humano, a la interacción entre el yo y el equipo; y tercero, la relevancia que toma el papel que ocupamos en ese grupo que supone el equipo, incluso en los deportes individuales.

Así, hablar de deporte es hacerlo fundamentalmente de comparación con los demás, para buscar el sitio que nos corresponde, pero también es hablar de la relación con los otros y de la asunción de que, en la familia del deporte, casi como en la vida, toda la alegría de un ganador se sustenta en las lágrimas de un perdedor. Y es precisamente en esa relación entre unos y otros donde radica la enseñanza primordial del deporte como tal. El manejo de las emociones y el constante aprendizaje relacional que este supone.

El baloncesto cumple a las mil maravillas con estos principios y, ya desde su nacimiento podemos decir que estaba ligado a los ambientes académicos, colegiales y de implicación social, en una época y en un lugar impregnado de un claro matiz religioso cristiano y protestante. Aunque rápidamente se extendió a otras realidades sociales y religiosas.

Toda la historia por muy universal que sea, ahora todo es global, tiene como denominador común a la persona. Ese elemento aglutina e iguala todo, porque hagamos lo que hagamos en cualquier entorno, los elementos motivacionales se hacen generales. Tanto es así que muchos pensamos que realmente somos como nos enfrentamos al juego. Somos como jugamos. Pero tampoco podemos ser ajenos a la influencia del entorno. De tal manera de acabaremos siendo como el equipo al que pertenezcamos, nuestra tribu. De tal manera que, el elemento educativo acaba coloreando nuestro bodegón vital, y en ese camino aprendemos o tendríamos que aprender cada uno de los papeles que el destino nos depara. No hacerlo es una forma de inadaptación, de rebeldía o de incapacidad.

El deporte educa y exige. En una primera parte nos educa, obligándonos a expresarnos como somos; en el deporte no podemos escondernos, somos protagonistas de esa película, afianza nuestra identidad. Educa nuestro talento e inteligencia, educa nuestra humildad, desde la constante necesidad que supone asumir el permanente reto de no renunciar, de no rendirse; y lo hace desde la asunción de la diversidad, la necesidad de empatía, convivencia y desde una constante demostración de nuestras limitaciones, más tarde o más temprano. Su gran componente educativo está lleno de exigencia y esta da rienda suelta al mundo más primitivo y reptiliano de nuestras emociones. Es pura y simplemente la supervivencia necesaria para seguir en el juego y en su historia. Puro instinto: ganar o perder, seguir o caer eliminado. Así es el deporte, puro instinto que luego se trata de racionalizar.

Es por ello que las historias que acompañan al deporte sean tan emocionantes, tan míticas, tan terribles, tan cautivadoras, tan trágicas, tan divertidas, tan tristes. Todas ellas están alimentadas por los mismos argumentos que la vida diaria, con sus cosas buenas y malas… Por esto, queremos llegar a la historia del baloncesto desde esas situaciones íntimas, personales. Aquellas que, trascendieran o no, pudieron ser principales en el devenir de este deporte y no deberían quedar en el olvido. Se quedarán muchas, tantas como ilusiones han albergado los corazones de la infinidad de niños y niñas que se familiarizaron con el deporte. Tantas como el gran número de educadores y entrenadores que entendieron este deporte como un medio de cuidar y desarrollar cuerpos y mentes que comenzaron a explorarse; tantas como directivos de clubes vieron en el baloncesto la posibilidad de asociarse en torno a ideas valiosas. Las mismas ilusiones de periodistas que, enamorados del deporte, hicieron de amplificadores de esta disciplina que nacía y hoy se ha convertido en uno de los más practicados del mundo, seguido por miles de millones de aficionados, que cruzan el mapamundi de norte a sur y de este a oeste.

Intentaremos entrar en esas ilusiones, en sus protagonistas y en el camino que tomaron, sometidas ya al capricho del destino.

Cuando nuestros lectores lean estas páginas queremos que las tomen como suyas, que se sientan partícipes de ellas y que sepan que algo de lo que contemos les pertenece, ya que sin ellos cualquier iniciativa de memoria colectiva hubiera muerto de inanición. Pero queremos implicar también al futuro, a todos los niños y niñas que hoy empiezan a disfrutar del deporte, para decirles que, a través de estas historias, sabrán que la vida es una cuestión de actitud, de no darse por vencido, de luchar contra el mejor, de superarse a sí mismo. De saber que se puede ganar perdiendo y perder ganando, como en la vida. Quizás a través del deporte entendamos que, a lo mejor esto de jugar al baloncesto, esto de vivir, no es tanto lo que seamos capaces de ganar, sino lo que hayamos sido capaces de ser felices jugando y de hacer felices a los demás.

Así, poco a poco, nos hundiremos en el pasado para recordar, para agradecer y sobre todo para aprender. Para ello ponemos este libro en vuestras manos, con un inmenso agradecimiento a esta editorial, que nos da la posibilidad de crear la maravilla que es un libro. Un libro para el universo. Un libro para entender el conocimiento como belleza.

Introito

El baloncesto se juega en el aire. Es un instante, la eternidad. Pienso estas cosas a alta velocidad, a doscientos setenta kilómetros por hora. Tras la ventanilla, los colores verdes, pardos, ocres..., un cuadro inagotable de Degas. Le tengo que preguntar a Juan si ha pasado más tiempo en el suelo o desafiando la gravedad. También le tengo que preguntar si jugando a baloncesto tenía la sensación de que era eterno...

Como yo lo sentí. Cuando yo jugaba al baloncesto el mundo se explicaba. Todo estaba en su sitio, ni arriba, ni abajo, ni a la derecha ni a la izquierda. El mundo fluía con el balón de la vida en mis manos. Si lo lanzaba lejos, otras manos lo recibían, dos puntos de contrataque. Si lo lanzaba cerca, jugada, la señal en los dedos, la jugada tres, había que jugar con el sistema. Sospecho que a Juan le gustaba menos jugar atado que jugar libre. Yo al menos, odiaba las jugadas, los sistemas, el baloncesto amarrado. Horas y horas entrenando movimientos repetidos. ¿Dónde quedaba la inspiración, el talento improvisado, la genialidad apabullante, definitiva? ¿Es el baloncesto un ajedrez para divertimento de los entrenadores?

El AVE está llegando a Córdoba en una mañana luminosa de primavera. La luz del aire es clara, casi transparente. El sol sigue subiendo en el azul. Juan, que viene en coche desde Madrid, debe estar llegando también. Habrá que buscar un sitio donde reunirnos. Quizás un hotel para desayunar y poder hablar tranquilos. No es fácil escribir un libro sobre baloncesto. ¿O sí?

El hotel es de cuatro estrellas, funcional, perteneciente a una gran cadena. Mientras llega Juan, que está aparcando, pienso en mi época de jugador... apenas fui a hoteles. Yo jugué un baloncesto de pensiones, de hostales, de autobuses, de bocadillo de tortilla. Juan Antonio Corbalán, evidentemente no. Tal vez este contraste pueda ser interesante para el libro. Un baloncesto de primera línea internacional, europea, y otro baloncesto más periférico, más limitado. Baloncesto de quilates, baloncesto de latón.

Me apetecía mucho aquella reunión con Paco. Desde hacía ya mucho tiempo, cuando nos conocimos allá por 1990 me gustó su forma de ser, su sencillez parecía tenerle siempre a ras de suelo, en el mundo de los normales, pero Paco tiene algo por explorar que sólo conoces cuando te das cuenta de que es un ser poliédrico, con muchas caras que merecen la pena ser conocidas. Además, reunirnos para hablar de baloncesto con tantas cosas en común que nos unen, adornaba el motivo del encuentro.

Tengo que decir que me gusta mucho conducir y me encanta salir de viaje de noche y ver amanecer mientras ruedas por una carretera metido en tus cosas, sin hablar, viviendo la intensidad de la quietud, una soledad que llega a ser nuestra única compañía.

Llegué temprano, antes que Paco, pero aparcar en el sitio apropiado me llevó mi tiempo. Eso hizo que coincidiéramos casi a la hora de entrar en la cafetería del hotel, que por cierto yo ya conocía. Una gran cristalera a la calle parecía ubicarnos en la misma, hacernos parte del paisaje urbano. Aquella mañana de una incipiente primavera Aparecía alegre, fresca, luminosa. Cada vez me gustaban más las mañanas, donde todo parece prometer, donde las ilusiones se hacen grandes. Luego, la realidad hace que se cumplan, o no, pero por la mañana todo parece adquirir la posibilidad de poder ser verdad, de cumplirse.

La gran sonrisa fue lo primero que vi de él. Paco parece una persona fruto de la sabiduría acumulada de los tiempos y las culturas mezcladas. Hay en él algo que parece pertenecer a otro tiempo, a otras gentes. Abstraído llegué al abrazo de aquel encuentro. Nos miramos y me sentí bien. Me apetecía hablar, pero sobre todo me apetecía escuchar, porque Paco es de esas personas que parece hablar con el corazón abierto, aunque la conversación pueda parecer intrascendente.

De repente todo se hizo real, concreto, y el relato, en presente, sustituyó al pasado de la evocación. Los temas, que tantas veces habíamos comentado, volvieron a la palestra, como si un orden heredado de algún poder omnímodo nos recordara que casi siempre los temas más básicos son universales y reiterados.

El deporte y el baloncesto dentro de él, crece de manera silvestre, no precisa abonos ni manejo de tierras. Surge como algo atávico porque está dentro de nuestros genes, de nuestra vida. La vida es una expresión de movimiento, de diversidad de libertad y de caos. Por eso hay antecedentes ancestrales conocidos de baloncestos primitivos y habrá muchos más desconocidos que no pasaron la selectividad de la historia.

El baloncesto tiene un atractivo muy especial en su aprendizaje. Tiene una proyección terrenal que domina el juego y la toma de decisiones y te permite variar el objetivo y otra dimensión aérea. En el baloncesto se vive mucho tiempo en el aire y eso es peligroso. Cuando saltas, tienes que saber para qué. En ese momento toda tu energía se supedita a una fuerza de orden mayor que es la gravedad. Suspendido en el aire, ella te domina y ya no eres dueño de ti mismo. Podríamos decir que antes de saltar cualquier jugador debe saber para qué. Pero esto se aprende mucho más tarde de lo que parece.

Además de estas dimensiones, que no son exclusivas del baloncesto, existe el manejo del balón, un manejo de destreza y fuerza, a veces, pero sobre todo de precisión. El balón te obedece si lo quieres, si lo mimas. Así es muy difícil que no vaya donde tú quieras. Querer al balón es el secreto de los grandes jugadores, Por cierto, el balón se ve con los ojos, pero estos se prolongan en nuestros dedos. Ellos son los que saben siempre cómo prolongar los ojos hasta el balón. Los que lo sienten, los que hacen que este se enamore de nosotros.

Ese amor con el balón favorece la mejor expresión de la diversidad. El baloncesto necesita de todas las habilidades y el lenguaje que las conecta se llama manejo del balón o más específicamente *técnica individual*. Necesaria para botar, para pasar, para tirar, pero también para cerrar un rebote y para coordinar movimientos conjuntos más complejos. Todo el tiempo que se pueda dedicar a querer al balón y a movernos por el campo, dará su fruto.

Tus compañeros son los que te hacen grande, los que te impulsan o los que te completan. Con ellos tienes que gestionar eso que llamamos sistemas de juego, tan importante para la táctica de un equipo. Incluso cuando en baloncesto decimos vamos a jugar libre, existen ciertas normas:

1. Haz siempre algo que tenga sentido individual y colectivo.
2. Llena espacios vacíos.
3. No molestes a tus compañeros.
4. Intuye lo que ellos puedan hacer y facilítalo.
5. No sólo tienes que ver a tus compañeros.
6. La canasta siempre en tu retina.

A todos los niños, el juego les invade por la libertad del primer conocimiento no estructurado; poco a poco, al aprender, te das cuenta de que cierto control, no sólo no te quita posibilidades, sino que multiplica tus opciones. Saber interpretar los sistemas es fundamental para ser un jugador grande, aunque ha habido grandes jugadores que jamás pensaron de manera colectiva.

En función de lo anterior, hay un detalle muy importante que siempre será conflicto y hay que tenerlo claro. El baloncesto no es el ajedrez. Los entrenadores no juegan los partidos, intuyen una forma de jugarlos, que siempre ha de interpretar el jugador. Y por supuesto hay que tener presente que el jugador puede intuir y jugar y el entrenador sólo intuir. Eso no quita obligaciones al jugador, se las da. Un buen jugador es del que se alimenta el entrenador, el que le puede decir que una guerra se planea en un mapa, pero se gana en el campo de batalla y esa realidad sólo la vive el jugador. Ante estas opiniones, los parcos de vista quieren interpretar una rebelión del jugador hacia un entrenador que le ata. Nada más lejos de la verdad. El jugador precisa también que alguien que observe, analice, evalúe si las acciones y los recursos empleados facilitan los objetivos a cumplir. El jugador en la pelea pierde mucha capacidad de análisis y eso le hace vulnerable y le resta efectividad y eficacia. Un observador externo es fundamental en el baloncesto.

Otra cosa muy importante para el jugador es entender que, el deporte, como todo en la vida, es un camino y si no es pura fortuna. Nadie nace siendo figura y pocos son los deportistas que son mejores que sus anteriores figuras. La estadística es así, cuanto mejores fueron aquellos, más difícil es estar en su universo, aunque se lleve el apellido. Otro tema fundamental, hay que ser humilde siempre, pero de manera especial en los inicios, que pueden llamar a engaño. A veces, la precocidad es fruto de un mayor crecimiento, de unas condiciones más favorable y eso puede hacer perder el nivel de realidad a cualquiera en sus inicios. Saber adaptarse a las peores condiciones es una característica en la que, las futuras figuras, ganan siempre a otros aspirantes. Si se viaja bien, fenomenal, si no es así no pasa nada. Mejor, comiendo calidad, pero hay que saber comer lo que se puede comer. Los que llenan su existencia de expectativas, hacen una vida llena de frustraciones.

¿Te llegaron a cansar los hoteles de cinco estrellas?

Paco, para mí los hoteles son un universo que trato de hacer mío. En ellos busco los rincones más íntimos, quizás una mesa de la cafetería o un rincón de la barra que acaban perteneciéndote y achican el hotel para que quepa en tu sentido de propiedad. A veces se logra pronto, pero siempre lleva su tiempo ahormarse al alma de los lugares. Todo esto es un proceso inteligente y emocional a la vez.

Si recuerdo que tuve que viajar desde muy niño, desde los quince años, y entonces los hoteles me admiraban por su lujo y sus infinitas posibilidades. Parecía que aquellos empleados podían conseguir cualquier cosa que brindar a los hombres y mujeres que llenaban la recepción, que entraban y salían, se reunían, conversaban, reían, en una danza que ocupaba todo el día. Si Me gustaban los hoteles, pero tenía que hacerlos míos.

Como sucede en tantas cosas, los acabas asumiendo como parte de ti y al entrar parece que lo haces en tu casa, las cosas y las personas te son familiares, eso es muy acogedor. Nunca necesité hoteles cinco estrellas, sino hoteles con alma.

Nuestro equipo siempre iba a los mismos hoteles y eso ayudaba mucho, Luego, con el paso de los años, acababas siendo infiel obligatoriamente por la frecuencia de viajes por distintos motivos. Las personas también cambian y con ellas el alma de la que hablamos.

Más que el hotel, me cansan los viajes en los que no eres más que una maleta. Nada depende de ti. Quizás por eso me gusta tanto el coche, la libertad de esa pequeña aventura que es cualquier viaje.

¿Quién era tu compañero de habitación en el Real Madrid? ¿Y en la selección?

Mi primer compañero en un viaje oficial con el Real Madrid fue Emiliano, un jugador mítico de los sesenta que entonces era capitán del equipo. Aquello ocurrió en abril de 1972, en una final de Copa que jugamos en La Coruña. En el Madrid era muy común poner a los jovenzuelos con pesos pesados para que entendieran el peso que supone estar cerca de los grandes. Estaba muy nervioso. Dormir con alguien tan importante como Emi…, para un crío de dieciséis años no era fácil. No me atrevía a encender la luz para leer, por si le molestaba. Trataba de no hacer ruido en el baño o evitaba abrir la ventana o mover la cortina. Era una sensación muy extraña, gracias a su amabilidad todo se hizo más fácil.

A mí me gusta dormir con la ventana abierta de par en par. Algo poco habitual entre los deportistas, que prefieren la oscuridad casi absoluta y el silencio absoluto. Años después el destino me premió con la horma de mi zapato, con Fernando Martín, todavía más asilvestrado que yo en los preparativos al sueño. En su caso no había ninguno, se acostaba y se dormía. Con él me sentía como un padre, entornando un poco las ventanas por el frío de la madrugada, apagando las luces…

Ese mismo año Emi abandonó el equipo y ya en la siguiente temporada formé pareja con Luis Mari Prada recién entrado, como yo en el equipo. Él era de San Sebastián y yo de Madrid, él era pívot y yo base, pero nos unía la edad, los estudios universitarios, él Biología y yo Medicina, y pertenecíamos a una misma generación en ilusiones e inquietudes. Después de tantos años he tenido muchos compañeros: Cabrera, F. Martín y muchos otros, pero Luis Mari fue oficialmente el primer compañero en la temporada 72/73.

Con el equipo nacional mis primeros compañeros fuero Iradier y Cabrera, luego compartí muchos años con Manolo Flores, el que fuera capitán del Barcelona durante aquellos años.

Mira Paco, lo que puede parecer una anécdota es uno de los puntos fundamentales que marcan la realidad y el espíritu de los equipos. Un buen entrenador o delegado, o encargado de formar las habitaciones debe tener un ojo muy fino, como un responsable de recursos humanos. En sus manos está una parte de la gestión emocional del grupo. Saber arropar a unos, desbravar a otros y buscar un equilibrio entre lo que da un jugador y lo que recibe es fundamental. En los equipos se pasan muchas horas con tu compañero de habitación, que acaba siendo casi un hermano. De todas formas, en este punto «cada maestrillo tiene su librillo».

¿Llegaste a odiar los menús que ponían los médicos? El arroz a la cubana, los espaguetis, los macarrones, las ensaladas... Los bufes del desayuno. Cuando yo era médico de equipo, con el Caja San Fernando, había jugadores americanos que, después de las comidas, se iban al McDonald o el Burger King que, por cierto, al menos en Andalucía, tiene o tenía algo que ver con el bueno de Mike Smith. ¡Cómo saltaba ese jugador!, ¡tenía elástico en los gemelos! Poli, el fisioterapeuta del entonces Caja San Fernando, el actual Betis, se ponía a dieta cuando empezaba la temporada y no la abandonaba hasta que finalizaba. Una dieta muy peculiar. Con el equipo, antes de los partidos, sólo tomaba una austera ensalada, «estoy a dieta», repetía, ganándose la compasión de todos. Una dieta que se saltaba después, sin ningún tipo de remordimiento, en el mejor restaurante de la ciudad de turno, donde había reservado mesa desde Sevilla. Los jugadores descansaban, la siesta prepartido, nadie sospechaba nada.

Mi forma de comer ha ido mejorando con el tiempo, pero comer bien no es cuestión de cantidad y sí de buen cálculo. Cuando se es profesional debes saber un mínimo de nutrición, si no para un máster sí para entender qué nos aporta cada alimento y cuán importante es una correcta nutrición. No hay que cambiar todos los hábitos, pero sí ir aprendiendo con los años. Un deportista inteligente no puede poner en riesgo el resultado por comer o beber de forma equivocada. Tampoco hay que comer nada especial: el bueno gana, comiendo patatas fritas y huevos, ante el malo, por muy ortodoxo que sea.

Comer tiene un punto emocional muy alto. Cuando comemos lo que nos apetece generamos bienestar, endorfinas, dopaje barato e indetectable. Para la bebida nada hay mejor que el sentido común, aunque en algunas edades, este no es muy frecuente. No creo que hagan falta más cometarios en este sentido. El responsable debe saber premiar al jugador con una buena alimentación, tanto en calidad como en cantidad.

¿Dormías la siesta ante de los partidos?

Naturalmente. Una de las maneras de ahormar la vida del deportista es quitar tiempos muertos y la siesta te quita unos noventa minutos que pueden pesar mucho en la cabeza, los días de compromisos importantes. Es una forma de huir de la tensión, de dejarte ir, para adquirir un estado alfa que te proteja de la batalla, las horas previas a ella. Pero la siesta debe ser corta y sobre todo lejana de la hora del partido, para que el cuerpo coloque sus ciclos circadianos. Mi admirado Umberto Eco, en su libro *El nombre de la rosa*, dice por boca de Guillermo de Baskerville enseñando a su discípulo Adso de Melk, que las siestas largas, lejos de reparar, abotargan la mente y el músculo, y yo coincido con él.

¿Tenías supersticiones, costumbres repetidas, ante de los partidos?

Nunca he sido supersticioso. Ni antes ni ahora. Es una esclavitud mental que un profesional no se puede permitir. Una forma más de rutina en algunos y de estupidez en otros que, si no se ataja, puede convertirse en una obsesión. El deporte está lleno de este tipo de personas.

Sí son necesarias ciertas rutinas, como al tirar tiros libres o la forma de afrontar los prolegómenos del partido: estiramiento, carreras, tiros a canasta, etc.

Creo que una de mis cualidades fue que cuanto peores eran las condiciones, más ventaja tenía yo. Soportaba muy bien el frío y el calor, jugar por la mañana o por la tarde. Me adaptaba muy bien a las peores condiciones.

Para mí, en la vida, todo aquello que no depende de ti no puede ocuparte ni un milímetro cúbico de tu cerebro ni dedicarle una milésima de segundo. Eso es perder recursos.

Un día habrá que hablar de la importancia de los fisioterapeutas, antes los masajistas, los que tocan los músculos en las camillas y hablan mucho con los jugadores, del poder que van adquiriendo con respecto a los médicos, que pasan menos tiempo con ellos. Tocan el músculo y la fibra. No todo son sobrecargas, en nuestro tiempo eran agujetas, lesiones o cansancio. También están los niños con cuarenta de fiebre del jugador, que a la mañana siguiente tiene que coger un avión para jugar un partido, los supermercados, las tiendas necesarias, hasta los bares de copas. Quizás los fisioterapeutas sabían, al menos en mi tiempo, integrar al jugador, orientarle en estos aspectos importantes para que, luego, el rendimiento en el campo fuera el máximo.

Mucha parte de mi carrera la hice sin masajista ni médico. Aquel Madrid de los setenta, lo componían doce jugadores, un entrenador, un segundo, un delegado y a veces, un directivo. Creo que el máximo pactado de una delegación que se contemplaba en el reglamento internacional FIBA era de diecisiete personas. Pero como te digo, durante muchos años, nosotros viajábamos con catorce.

Era costumbre que el equipo local diera la cobertura médica, en el caso de que algún integrante visitante lo precisara. Por fortuna nosotros teníamos un médico, no oficial, en Cristóbal, uno de los jugadores y cinco años después, yo asumí ese papel.

También el deportista debe aprender a vivir con las lesiones, pero sobre todo debe protegerse de ellas con la vida, los hábitos y el entrenamiento adecuado. Se puede pasar muy bien esos años y ser una persona responsable. Mucha gente y recursos dependen de nosotros. Esa actitud forma parte de la visión trascendente de nuestra vida. Se puede pensar en el resto de las vidas que tendrás que vivir después de esta, pero yo prefiero dedicarme a cuidar la que tengo. El deportista no es indestructible, aunque el entrenamiento, a veces, te acerque; el tiempo te acaba poniendo en el sitio de los mortales.

Algunos entrenadores pueden pensar que en el entrenamiento siempre más es mejor y no es así. No exponer nunca a los jugadores a cargas innecesarias es una de sus responsabilidades. Muchas de las lesiones importantes ocurren en los últimos diez minutos de la preparación. Cuando se está recuperando no hay que tener prisa, pero sí hay que saber que es mejor perder una semana que volver a perder un mes. A veces, hay que correr riesgos. Eso es lo que tiene el baloncesto profesional. Eso va en el sueldo, pero es muy importante no ir demasiadas veces a la fuente, por aquello del cántaro.

En este sentido el médico debe entenderse y prestarse a los jugadores como un ayudante espiritual, que trabaja con la persona y menos con el deportista, para eso ya están los entrenadores. El médico y el fisioterapeuta forman un equipo que debe saber desengrasar la convivencia y la tensión que genera. Ellos sí pueden llegar al jugador y ser parte de su mundo de manera más fácil de los responsables técnicos.

Hay que diagnosticar los cuerpos, pero más hay que diagnosticar las almas. En ese mundo de profesionales consagrados, ganar un corazón, enseñar a querer puede ser la mejor de las enseñanzas. Vale para toda la vida, no sólo para ganar este o aquel partido. ¿Echas de menos la cancha?

A veces sí. Un balón en el parqué es un corazón rebotado. El sonido de tu juventud.

Lanzabas el mundo al suelo y luego volvía a tus manos.

Eso es verdad. El mundo está lleno de matices y nuestros sentidos son los encargados que conectarnos con mucha parte de ese mundo. A mí el balón, en general la esfera me parece algo milagroso que se deja acariciar, querer para entregarte el misterio de su conformación geométrica, la nobleza de su bote, el misterio de sus efectos, la suavidad con la que atraviesa la red, pero sobre todo ese sonido grave que parece quedar resonando en el tiempo y que se convierte en música cuando el juego se interpreta bien. Como una orquesta.

¿Cuánto darías por recuperar la ilusión de las botas nuevas?

Hay que ser sabio para disfrutar de las cosas sencillas, de alguna manera ya lo hemos hablado. Aquellas botas fueron alas que movían ilusiones. Pero muchas cosas tuvieron una fuerza similar. La *primera vez* ocupa un lugar preferente en esa etapa de los diez o quince años.

Tengo cierta tendencia a la nostalgia. Los que hemos sido afortunados en la vida, esta nos ofrece ese regalo: rememorar aquellos momentos y a aquellas personas; pero me preocupo por no entrar en la melancolía y trato de llenar los nuevos partidos que te ofrece la vida, de ilusiones renovadas y corazones abiertos.

El mejor momento de nuestra vida lo construimos día a día y me atrevería a decir que minuto a minuto al utilizar nuestras capacidades en buscar nuestro bien y el de los demás. John Wooden, el gran entrenador de UCLA, decía que no podía pedir a un jugador que ganara, pero sí que no pudiera hacer más. Actuar así en la vida te permite estrenar botas cada día.

Es verdad que los primeros uniformes, y las botas son parte de ellos, eran un placer maravilloso. La alegría de ponerte un color, de pertenecer a una tribu, de representar a muchos compañeros y profesores que formaban el colegio. Recordar a tu madre recosiendo ese número que te solía acompañar años tras año. Me dijiste una vez que tu número era el 5 y tu camiseta blanca. Mi primer número fue el 6 y también mi colegio, San Viator, jugaba de blanco o en su lugar de azul; luego, el once me acompañó casi toda la vida.

Lo que sí pagaría por recobrar es la energía de aquellos años. Vivir con la carrera y el salto, con la competición y la superación como compañeros veinticuatro horas al día, hasta en sueños.

Una de las cosas que más recuerdo era el protagonismo que te daban los tiros libres, en los que todo el juego se paraba y todas las miradas convergían en ti. Me sentía especialmente importante y con una gran responsabilidad. Era un momento muy especial.

Ahora me doy cuenta de que fui feliz jugando a ese juego, entonces extraño, que acababa con el sonido fantástico de una red atravesada. Alguien, entrañable, maravilloso, me enseñó a lanzar la bola del mundo con los huesos de la muñeca. Plaf.

¿Tienes tú también esta especie de nostalgia?

Antes mucho más, el tiempo va borrando los recuerdos, pero como te he dicho la nostalgia es un privilegio de los que fuimos afortunados en algún momento. También me asaltan esos nombres que se cosieron a tus primeras experiencias deportivas y vitales.

Apenas queda gente desayunando en el buffet del hotel. Pedimos café y descafeinado. Alguien reconoce a Juan. Habrá tiempo de hablar de la fama. De las carpetas sacamos un guion que hemos trabajado. Un índice de posibles temas a incluir. Hay muchos, muchísimos. De pronto nos damos cuenta de que íbamos a empezar el partido con la táctica equivocada. Hay que cambiar de estrategia, Estamos a tiempo. Libros sobre baloncesto publicados en España hay muchos. Buenos, bien escritos, minuciosamente documentados, rigurosos, con mucha información. Pedimos tiempo muerto. No podemos escribir en zona, viéndolas venir, tenemos que escribir hombre a hombre. El baloncesto tiene su épica. El baloncesto tiene su lírica. Se trata de atraparlas. A saltos si es necesario.

¿Dónde pasaste más tiempo, Juan, en el cielo o en la tierra?

Yo he tenido una infancia en la que viví casi permanentemente en el cielo. En esos años, la realidad no te agrede todavía. Pero pisar suelo también es importante, porque conforma tu experiencia con los demás y esa experiencia también es muy placentera en esos años. Aprender y mejorar es la esencia del entrenamiento y esta es la esencia del deporte. Creo que la vida es un aprendizaje permanente. Aprender o morir.

Enseñar eso a los chicos de los colegios fue una de mis tareas, en mis años de relevancia pública. Hay que trabajar mucho en la sombra y el anonimato para optar a un minuto de pequeña gloria, pero quién dice en esos años lo que es pequeño y lo que es grande.

De regreso en el AVE, el mismo cuadro de Degas en dirección contraria. El sol más alto. Tengo la sensación de que hemos avanzado.

«La única forma de llegar a algún lado es pensar antes a dónde se va», dice un personaje, un borracho de gasolinera, de *Corre, conejo* de John Updike, la mejor novela escrita nunca sobre baloncesto.

Disfruté mucho de la mañana y el tentempié. Volví repasando un paisaje que había visto muchas veces pero que parecía único y nuevo. Me gusta haber empezado...

La historia por el principio

ALLÁ POR FINALES DEL SIGLO XIX

«Me di cuenta de que había otras formas de
hacer el bien, además de rezar».
James Naismith

Es fácil de entender que los primeros deportes tuvieron que ver
con nuestro desarrollo evolutivo y con la idea del juego. Así, la
comunicación entre homínidos, la necesidad de comparación y
una cierta seguridad en el día a día de las civilizaciones y culturas,
darían pie a las primeras manifestaciones deportivas, dentro de
los grupos de convivencia, tribus, y posteriormente entre vecinos.

Sus actividades estarían ligadas a los utensilios que podían
manejar y a la comparación en las habilidades que precisaron para
seguir vivos. No sería de extrañar que la lucha fuera una de las primeras actividades deportivas, pero probar la puntería con palos o
piedras no quedaría muy a la zaga, como tampoco lo sería ver
quién era capaz de correr más rápido, o saltar más para llegar al
otro lado de cualquier obstáculo. Correr, saltar, lanzar. La mayoría de los deportes se sirven del desarrollo de estas habilidades.

El deporte, tal como ha llegado a nuestros días, lo han hecho
desde dos grandes focos religioso-culturales: Gran Bretaña, las
corrientes provenientes de la Europa del norte y central y finalmente
USA. Todos estos países tienen una alta influencia protestante o
de cualquiera de sus divisiones posteriores. Independientemente
del grado de intolerancia religiosa que inundó aquellos siglos
parece que el antropocentrismo sirvió de base para lograr una

mayor proyección del hombre, de su libertad y su responsabilidad. Ambas cualidades son inherentes a la expresión deportiva y del baloncesto.

En el plano político, el siglo XIX fue precedido de la independencia de los Estados Unidos de América, la Revolución francesa, las revoluciones liberales y en el caso español de la pérdida progresiva de nuestras colonias, que pasaron a manos de la influencia de las naciones imperantes de la época: primero Francia, después Inglaterra y finalmente, Estados Unidos desde su independencia. El orden mundial había pasado de las manos del Imperio español al británico y a la potencia emergente que suponía Estados Unidos.

Con posterioridad emergieron las nuevas nacionalidades que luchaban por escapar de los imperialismos residuales. También aparecieron los movimientos obreros y la división de Europa en áreas de influencia de Francia, Gran Bretaña, Alemania y Rusia. Todo ello creó el caldo de cultivo para desencadenar la Primera Guerra Mundial en 1914.

Desde culturas muy antiguas tenemos constancia de juegos de pelota y canasta.

Baloncesto maya.

Antes de ese terrible momento Estados Unidos, que había heredado gran parte de la cultura británica y se había erigido como el país que dominaba América, empezaba a adquirir conciencia de su hegemonía mundial. La educación heredada se basaba en la cultura de los colonos llegados de Europa, fundamentalmente de Gran Bretaña y Francia. Es en esa América donde nuestro deporte iba a dar sus primeros pasos.

JAMES NAISMITH (6/11/1861-25/11/1939)

Nuestro hombre nació en una familia de emigrantes escoceses de religión presbiteriana. Sus padres John Naismith y Margaret Young tuvieron tres hijos Annie, James y Robert. Debido a la precoz muerte de sus padres, por una epidemia de tifus desencadenada en su pueblo de Grand Columet Island, su tío William Young acogió a los tres hermanos en casa de su madre Anne, abuela de los niños, en la localidad de Almonte (Ontario). Rápidamente James Naismith se hizo uno de los grandes deportistas de la zona, destacando en natación o patinaje sobre hielo. Tras la muerte de su

El padre del baloncesto.

abuela, fue ayudado por su tío Peter; parece ser que, en esa época, recibió la inspiración para la creación del baloncesto, a través de un juego infantil que se llamaba *duck on the rock*. Siguiendo los consejos de su tío, logró plaza en la Universidad de McGill para cursar estudios de Teología en 1887 y hacerse pastor presbiteriano.

Por su relación con todas las actividades deportivas de la universidad, llegó a ser ayudante de su profesor Frederick Barnjum, del que recibió el cargo de responsable de la asignatura de Educación Física, a su muerte en 1890. Se había convertido en un licenciado ejemplar y un deportista no menos brillante y sustituto del profesor de Educación Física más famoso de Canadá.

James Naismith afirmaba entonces: «Me di cuenta de que había otras formas de hacer el bien, además de rezar».

Su siguiente paso fue dejar Canadá y mudarse a Springfield (Massachusetts) para colaborar con escuelas cristianas, como la School of Christian Workers, allá por septiembre del año 1890. Dicha escuela era una rama de la ya implantada YMCA (Young Man Christian Association) que había sido fundada en Londres en 1880.

Todavía el baloncesto no se había inventado, pero ya se podía ver en el ánimo de James Naismith la faceta educadora y el camino de perfección que él había visto en el deporte y su relación con una educación integral, propia de las culturas clásicas, aderezada con el matiz religioso que regía las sociedades de la época.

También fue una idea fundacional formar entrenadores-educadores en cursos de un par de años, un máster actual, que pudieran viajar por todo el mundo presentando al deporte como un elemento educativo de primera línea.

La sede de la esta primera organización se estableció en Winchester square. Las energías de Naismith y Luther Halsey Gulick Jr., hijo de un misionero en Hawai, médico y también entusiasta del deporte pusieron las primeras piedras para la aparición del baloncesto. De Gulick salió la idea de inventar un juego, que se jugara a cubierto, para los meses del duro invierno.

Un rudimentario estilo de *rugby*, jugado con casco, sirvió de base a las evoluciones posteriores; de paso se inventó el casco que hoy se usa en algunos deportes de contacto, como el fútbol americano o el béisbol.

El nuevo reto hizo hervir el cerebro de James Naismith, buscando variantes del juego cuando unos días después recibió el encargo expreso por parte de Gulick. Con los datos que se tienen. Parece que fue el 21 de diciembre de 1891 cuando el nuevo deporte, el *basketball* fue creado.

Ese año se jugó el primer partido oficial de baloncesto con dos equipos de jóvenes de la Escuela de Trabajadores Cristianos. Los equipos y los nombres de los jugadores pasaron a la historia.

Lyman W. Archibald	W. E. Carey
William R. Chase	George E. Day
William H. Davis	Benjamin S. French
Eugene S. Libby	Henri Galen
Frank Mahan	E. G. Hildner
Finlay G. MacDonall	G. S. Ishikawa
T. Duncan Patton	Raymond P. Kaighn
Fred E. Barnes	G. R. Weller
John G. Thompson	

Su éxito fue inmediato y enorme, no sólo en USA y Canadá, sino en todos los países visitados por el equipo de educadores que se había creado años antes en YMCA. Sus reglas aportadas por Naismith fueron traducidas a diferentes idiomas y propagadas por todo el mundo, aprovechando la hegemonía creciente de USA. Poco antes de esa fase de expansión del baloncesto, en 1894, se había casado con Maude Sherman. El juego se acompañó de trece sencillas reglas iniciales que fueron perfeccionándose a medida que se practicaba más y más. Poco después de estas fechas, James Naismith se graduaba en Medicina, con 33 años en la facultad de Medicina de la Gross Medical School.

Ya casi cerrando el siglo, en 1898, recibió una gran oferta de la Universidad de Kansas por la que asumía un triple compromiso, director deportivo, jefe de la facultad de Educación Física y capellán de la universidad, por un salario anual de 1300 dólares americanos. La localidad de Lawrence fue el nuevo destino de la familia Naismith. Allí fue donde creó el equipo de baloncesto de la universidad y se hizo entrenador hasta 1912. Su gran

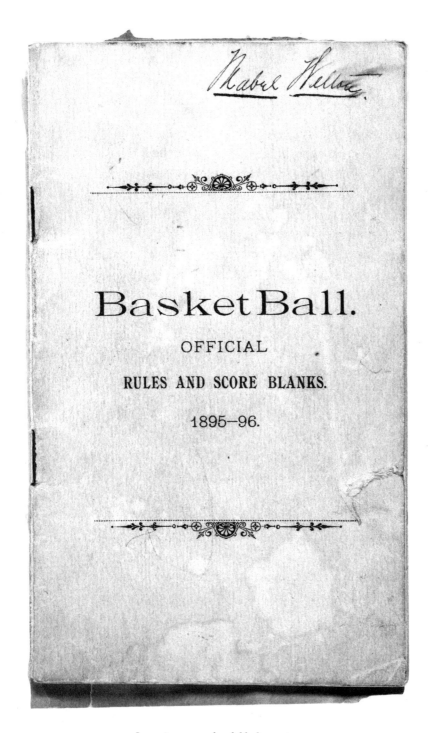

Basket Ball.

OFFICIAL

RULES AND SCORE BLANKS.

1895—96.

Las primeras reglas del baloncesto.

experiencia como inventor del juego no le impidió, sin embargo, perder más partidos (55), de los que ganó (53). Después de abandonar las tareas de entrenador, multiplicó sus actividades: se unió a los masones y se involucró en las tareas sociales mientras su familia crecía.

Poco después, entró en la Guardia Nacional y como tal, fue nombrado capellán de las tropas estadounidenses, comandadas por el general John J. Pershing, que luchaban para arrebatar los territorios del norte de México, durante la revolución de Pancho Villa. Dicho general asumiría el mando de las tropas americanas que lucharon en Europa durante la Primera Guerra Mundial. James Naismith embarcó con esas tropas hacia Europa como educador sobre temas religiosos y de educación sexual. Durante su estancia en Francia de, 1917 a 1919, tomó parte en la organización de infinidad de partidos y torneos de baloncesto, entre equipos formados por las tropas americanas.

El ejército americano sirvió como plataforma de desarrollo del deporte durante los años de expansión del colonialismo americano, pero eso merecerá otro capítulo. Sí diremos, que la última década del siglo XIX y la primera del siglo XX fueron cruciales para la presencia del baloncesto en América, Europa y Asia.

Religión y ejército una asociación que ha perdurado a lo largo de los siglos, desde tiempo inmemorial. Por fortuna en este caso no se trataba de una imposición y sí de un ofrecimiento a la práctica de un nuevo deporte.

Acabada la guerra, en abril de 1919, después de 18 meses de servicio, James Naismith volvió a su puesto de trabajo en Lawrence Kansas, y a pesar de sus múltiples actividades profesionales, su situación financiera no estaba exenta de problemas, como ya ocurriera con anterioridad. La gran depresión americana del 29 se acercaba, pero los JJOO del 36 fueron una puesta de largo para el nuevo deporte.

Hasta aquí la descripción de los hechos, pero quizás la finalidad de este libro es llegar donde otros no llegaron y sería bueno reflexionar sobre cómo el baloncesto y otros deportes nacieron de culturas y países protestantes. La mayor parte de los deportes, no es casualidad, nacieron casi a la vez que el baloncesto, fundamentalmente en Inglaterra, Alemania, Suecia, Francia y USA. El baloncesto (Estados Unidos), el balonmano (Alemania), fútbol y *rugby* (Gran Bretaña), el atletismo (Gran Bretaña) y las gimnasias (Alemania, Suecia, Inglaterra). Todos proceden de países con una alta influencia protestante. Puede que algunos de ellos tuvieran antecedentes o esbozos previos, pero fueron estos países y esos tiempos los que crearon las versiones que conocemos en la actualidad.

También Pierre de Coubertin, tenía que haber sido militar, pero ese mundo le pareció demasiado duro y comprometido para los tiempos y prefirió ser discípulo del pastor anglicano Thomas Arnold. Todas estas escuelas practicaban lo que denominaban *cristianismo muscular*, que no era más que el fomento de la espiritualidad cristiana a través del desarrollo físico y la higiene corporal. Nada muy alejado de lo que proponían las corrientes sociales y educativas en aquellos años en España. Puede que también intuyeran aquellos pioneros que una persona alcanza su mejor condición, si está rodeada de otras personas. La interacción con los demás es lo que define nuestra individualidad. El *uno* y el *todo* no compiten, se complementan.

Quizás lo protestante daba más protagonismo al hombre y era menos determinista desde el punto de vista religioso. Una cosa es la voluntad de Dios y otra lo que tienen que hacer los hombres. Todos los padres del protestantismo tienen mucho que ver en esta forma de entender la vida y favorecer el desarrollo íntegro de la persona.

Así pues, cuando hablamos de baloncesto, hablamos de la búsqueda de la virtud que persiguió como educador y pastor nuestro personaje, del desarrollo de hombres y mujeres liberados del teocentrismo medieval, que querían alcanzar la perfección a través de su mejor expresión física e intelectual. A lo largo de la historia y la filosofía y si nos retrotraernos a los clásicos yo diría que, estas ideas vienen de corrientes libertadoras de la humanidad y de la persona como unidad libre y responsable ante sí mismo y la sociedad: el empirismo s. XIII, el Renacimiento s. XV, la Reforma protestante s. XVI y la Ilustración s. XVII.

REGLAS DEL BALONCESTO ESCRITAS POR JAMES NAISMITH

1. El balón puede ser lanzado en cualquier dirección con una o ambas manos.
2. El balón puede ser golpeado o palmeado en cualquier dirección con una o ambas manos, pero nunca con el puño.
3. Un jugador no puede correr con el balón, pero puede dar dos pasos como máximo. El jugador debe lanzarlo desde el lugar donde lo toma.
4. El balón debe ser sujetado con una o entre las dos manos. Los brazos o el cuerpo no pueden usarse para sujetarlo.
5. No se permite cargar con el hombro, agarrar, empujar, golpear o zancadillear a un oponente. La primera infracción a esta norma por cualquier persona contará como una falta, la segunda lo descalificará hasta que se consiga una canasta, o, si hay una evidente intención de causar una lesión, durante el resto del partido. No se permitirá la sustitución del infractor.
6. Se considerará falta golpear el balón con el puño, las violaciones de las reglas 3 y 4, y lo descrito en la regla 5.
7. Si un equipo hace tres faltas consecutivas (sin que el oponente haya hecho ninguna en ese intervalo), se contará un punto para sus contrarios.
8. Los puntos se conseguirán cuando el balón es lanzado o golpeado desde la pista, cae dentro de la canasta y se queda allí. Si el balón se queda en el borde y un contrario mueve la cesta, contará como un punto.
9. Cuando el balón sale de banda, será lanzado dentro del campo y jugado por la primera persona en tocarlo. En caso de duda, el árbitro lanzará el balón en línea recta hacia el campo. El que saca dispone de cinco segundos. Si tarda más, el balón pasa al oponente.
10. El árbitro auxiliar, *umpire*, sancionará a los jugadores y anotará las faltas, avisará además al *referee* (árbitro principal, véase siguiente punto) cuando un equipo cometa tres faltas consecutivas. Tendrá poder para descalificar a los jugadores conforme a la regla 5.

11. El árbitro principal, *referee*, juzgará lo que se refiere al balón y decidirá cuándo está en juego, dentro del campo o fuera, a quién pertenece, y llevará el tiempo. Decidirá cuándo se consigue un punto, llevará el marcador y cualquier otra tarea propia de un árbitro.

12. El tiempo será de dos mitades de 15 minutos con un descanso de 5 minutos entre ambas.

13. El equipo que consiga más puntos será el ganador.

Pasaron muchos años hasta que el nuevo juego llegara a España y el resto de Europa, pero ocurrió un fenómeno inusitado para la época. La mujer, entonces bastante limitada en sus libertades, adoptó el juego como suyo con gran rapidez, como ya ocurriera en Estados Unidos. Algunas instituciones americanas como el colegio de la familia Gullick o el Colegio Norteamericano se instalaron en España durante el final del

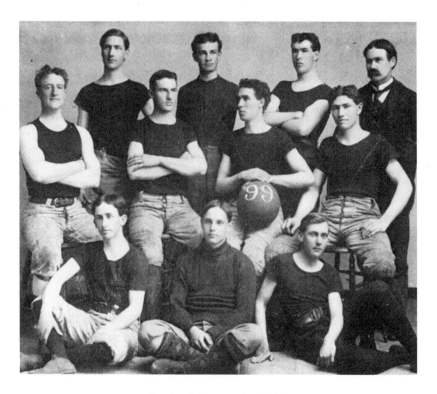

Equipo de Kansas. Año 1899.

xix en una pequeña ventana de libertades que permitía la libertad de culto. De manera casi familiar esta institución, que inició su andadura española en San Sebastián, acabó implantándose en Madrid y abonando el terreno para que nuestras mujeres pudieran equipararse a las del resto de países desarrollados. Naturalmente Barcelona fue el tercer foco, aunque pionera cronológicamente, del desarrollo, fruto de recibir el baloncesto de las manos de Eusebio Millán y de una sociedad más desarrollada industrialmente que el resto de España.

Una élite de mujeres de lenguas latinas, pioneras de las primeras mujeres universitarias, científicas y deportistas, a través del Instituto Internacional y la Residencia de Señoritas, que hacía las funciones de una universidad con más medios que los que podía ofrecer la universidad pública.

De esta organización surgió también el Club Lyceum en 1926 para mujeres profesionales, el primer club de mujeres. Ese año se celebra en el Paraninfo del Instituto Internacional la reunión de constitución de este club, que agrupa a mujeres intelectuales y profesionales de Madrid. Con ella se organizaban también cursos de formación complementaria a modo de másteres de la época y desde estas asociaciones se propaga la iniciativa de viajar a Estados Unidos a realizar estudios universitarios y de recibir estudiantes para realizar sus estudios en España, al tiempo que estudiaban la lengua española.

La Guerra Civil y el bloqueo de Madrid dieron el final definitivo a aquella institución que, a buen seguro, contribuyó a ampliar los campos de desarrollo de la mujer. Casi con seguridad podríamos decir que, aquellos años de la Primera República, supusieron un espejismo de visión global o cosmovisión para la mujer española que acabaría con la guerra. Sin embargo, años después su semilla quedó reflejada en el nacimiento de una nueva visión de la educación laica y homologada internacionalmente, el colegio Estudio, que durante muchos años fue también un protagonista singular del baloncesto de Madrid.

Las letras rebotadas del baloncesto

LOS ASES DE PICA

Sostiene Leandro Pérez, que no Pereira, una deliciosa *boutade*: el baloncesto es tan literario como las alcachofas. Leandro, burgalés de los setenta, escritor periodista, director de la interesante web literaria Zenda, justifica la comparación, por dos razones. La primera se basa en la autoridad de uno de los libros más imprescindibles que conozco, las *Prosas apátridas* del escritor peruano Julio Ramón Rybeiro, el mejor, injustamente relegado por los caprichos de los tiempos. En esto de los libros, de los autores, ocurre como en el baloncesto, hay que definirse. El mejor jugador de todos los tiempos ha sido Michael Jordan.

La segunda justificación la basa Leandro en otro hecho incuestionable, alcachofa suena a chof, como los triples cantados de Guille Giménez quien, en su cuenta de Twitter, se define como narrador NBA, junto a otro imprescindible, Antoni Daimiel. Tiene toda la razón Leandro, el baloncesto a ras de suelo tiene una hermosa onomatopeya. Quien haya jugado a baloncesto lleva esos sonidos, que no son palabras del lenguaje humano, en la piel más profunda. Son sensaciones, son memoria, son el abracadabra, la llave, el camino más corto para llenarte de nostalgia el corazón. Como las canastas imposibles que metía Caballito, grande Javier García, después de trotar por el parqué: Toc, sonaba el tablero. Chof, sonaba la red después. La primera vez que jugué en un suelo de parqué pensaba que estaba en una catedral.

Defiende Leandro Pérez, además, que en el baloncesto abundan los narradores deportivos, pero que escasean los escritores, que prácticamente no hay literatura del baloncesto. Estoy de acuerdo en parte y en parte no. En este libro no sería mala idea buscar la literatura del baloncesto y el baloncesto en la literatura. Que no son lo mismo ni es igual. Alguna obra maestra, con sudor de cancha, letra de vestuario, hay. Es cuestión de paciencia y de barajar, como decía el loco Alonso Quijano, el más grande de los personajes que ha dado y darán las letras.

Estoy pensando que este viaje a literatura rebotada del baloncesto podríamos hacerlo de menos a más. En esto de los libros también hay diferencias en la calidad, como en los jugadores y en las jugadoras de baloncesto. En las crónicas baloncestísticas del inolvidable diario *As* ponían nota con los llamados «ases de pica». Tres ases, sobresaliente. Dos ases, notable. Un as, aprobado, rayita, suspenso. La verdad es que a veces, suponían un juicio sumarísimo dictado por un tribunal supremo que tú no conocías, al menos en mi caso, las pocas veces que me juzgaron. Parecía, siempre, que habían estado en otro partido o se habían tirado a la bebida. El tipo anónimo que, emboscado entre el público, te ponía la rayita, seguro que no había estado en tu partido. Había estado en otro.

BESTSELLER Y BALONCESTO

Somos los números con los que jugábamos

Empecemos de menos a más, y que me perdone Harlan Coben (1962, Nueva York), un escritor de New Jersey hasta ahora desconocido para mí, que acabo de leer su novela *Tiempo muerto*, publicada en 1996. Tengo que reconocer que la empecé con la prevención escrupulosa que algunos tenemos ante los libros llamados *bestseller*, etiqueta que en sí misma no tiene que presuponer su calidad. He leído libros con gran éxito de ventas muy buenos. He leído libros vendidos como churros o porras madrileñas, muy malos. La novela *Tiempo muerto* llegó a mis manos hace años, creo recordar que en unas rebajas de grandes almacenes, donde a veces, se encuentran libros interesantes entre mucho papel malgastado. Debí leer el argumento en la contraportada, aparecería la palabra mágica *baloncesto* y lo traje a mi biblioteca.

JUGADORES CON MISIONES ESPECIALES

De toda la serie de Myron Bolitar, Harlan Cohen dedica dos novelas al baloncesto. Como típicas novelas negras te hacen olvidar dónde estás y hacen que el tiempo pase más rápido. El tiempo es un elástico que se estira como un chicle. Uno de los éxitos, de los atractivos del baloncesto, es su exhaustivo manejo del tiempo, de los segundos.

La primera novela que Harlan Cohen dedica al baloncesto es *Tiempo muerto* (1996).

«El hombre hace planes planea y Dios se ríe» dice el protagonista de esta novela, Myron Bolitar, que parecía predestinado a ser una gran estrella de la NBA. Una maldita, quizás no tan azarosa, lesión de rodilla, en la pretemporada, le impidió llegar a jugar con los Boston Celtics. Myron Bolitar se ve obligado a abandonar el baloncesto profesional. Diez años después Calvin Johnson, el nuevo director general de los New Jersey Dragons, lo ficha para el equipo. Quiere que juegue, aunque en realidad lo que pretende es

Tiempo muerto de la Selección Española, ganadora del oro.

que busque a la estrella del equipo, Greg Downing, desaparecido en extrañas circunstancias. Bolitar y Downing ya compitieron en el pasado por jugar en la NBA y por el amor de una mujer. Alguna muerte, chantaje, sospechosos que no lo son tanto, culpables que no lo aparentan. Intriga, tensión, suspense, *Tiempo muerto* tiene todos los ingredientes de una buena novela negra, que gira en torno al baloncesto.

La primera reflexión que me plantea la lectura de esta novela es el fichaje de jugadores para «misiones especiales». Todos hemos sido testigos de fichajes *sospechosos*, en el buen y en el mal sentido. Jugadores que aparentemente no cuadraban en la plantilla, pero que luego jugaban papeles muy específicos, o llamémosles peculiares, dentro y fuera de la cancha. Fichar a un jugador con el único objetivo de que defienda a la estrella del equipo rival en la lucha por el campeonato, por ejemplo. Creo que no exagero si, por otra parte, digo que he visto jugadores fichados para jugar en el vestuario.

LOS AGENTES DEPORTIVOS

En *Tiempo muerto* se puede leer este diálogo:

—Eres agente deportivo.
—Sí.
—No confío en los agentes deportivos.
—Yo tampoco.
—La mayoría son unas sanguijuelas.
—Nosotros preferimos el término «entidades parásitas» —puntualizó Myron—. Es más políticamente correcto.

Viví un baloncesto en el que no había agentes deportivos o representantes de los jugadores. Si acaso en mi última época de jugador se atisbaban algunos. Incluso creo recordar que hablé con alguno, sin mucho convencimiento, pienso, por su parte y por la mía.

GLORIOSOS *BANQUILLEROS*

Si me pongo a pensar, mejor dicho, a recordar la cantidad de partidos que le he visto a mi compañero de libro por televisión, en muy pocas ocasiones le vi sentado en el banquillo, de suplente. De glorioso *banquillero*, en el argot del baloncesto. Un servidor, salvadas las distancias, *chupó* poco banquillo. Ahora creo que me hubiera venido bien pasar más tiempo sentado, aprendiendo. No es fácil ser *banquillero*. En mi opinión más difícil que jugar. Saber exactamente lo que el equipo espera, necesita de ti. La labor que el entrenador te tiene asignada. Es difícil porque requiere paciencia y mucha concentración para, en pocos minutos, responder si es posible al cien por cien. El ex jugador del Real Madrid y de la Selección Española

Lanzamiento de tres puntos: competitividad y resolución.

de Baloncesto Cristóbal Rodríguez, excelente traumatólogo y magnífica persona puede ser un buen ejemplo. En pocos minutos, contribuía a veces decisivamente, a ganar un partido, a maquillar un resultado que permitiría continuar vivo, con aspiraciones, en aquella mítica Copa de Europa que se veía en blanco y negro. Cristóbal Rodríguez hubiera sido titular indiscutible en cualquier otro equipo. Prefirió jugar inteligentemente sus cartas. Pienso también en otros jugadores de aquel equipo mítico del Real Madrid como pudo ser Vicente Paniagua, o el mismo Luis María Prada...

LA CAPACIDAD DE COMPETIR, ¿SE NACE O SE HACE?

Si seguimos leyendo *Tiempo muerto* nos encontramos con descripciones anatómicas, incluso traumatológicas, muy precisas. No es casualidad. Harlan Cohen está bien asesorado. Como consta en los agradecimientos, su consejero médico es David Gold, traumatólogo cirujano neoyorkino, especializado en lesiones deportivas, que perteneció al equipo médico de los New York Knicks. Como aclara el autor, con bienhumorado cinismo, los errores que puedan detectarse en el campo de la medicina sólo son atribuibles al asesor. Ninguno.

> Cuando era más joven le gustaba la presión de la competición, incluso cuando los nervios prácticamente lo paralizaban. Nunca duraban mucho después del inicio del partido. En cuanto establecía contacto físico con un contrincante, luchaba por la posesión de un balón o lanzaba a canasta, los dedos de hielo que le atenazaban las entrañas se derretían.

Si transcribo este párrafo de la novela es porque pienso que describe muy bien ese estado previo a un partido importante, decisivo, Hay jugadores que parecen disfrutar con la presión, con la competición. A mayor dificultad, más se motivan. A otros jugadores les ocurre lo contrario, se derrumban anímicamente. Pensando sobre la capacidad de competir me viene a la cabeza un misterio que, después de tantos años, no he sido capaz de desentrañar. Cuando jugaba tenía compañeros, extraordinarios jugadores, que se salían en los entrenamientos, pero que luego a la hora de competir, literalmente, se les agarrotaba la mano. Eran incapaces de competir. No podían superar la presión de la competición. Y al contrario.

DESTINO, TRAGEDIA Y BALONCESTO

A Myron Bolitar siempre le habían gustado los Celtics, su padre había crecido cerca de Boston. En su habitación de joven tenía los posters de John Havlicek, la estrella de los Celtics en los años sesenta y setenta, y de Larry Bird, la estrella de los Celtics de los años ochenta. John Havlicek era hijo de un emigrante checo originario de Bohemia. Su madre tenía ascendencia croata. De Larry Bird se puede hablar, escribir, todo o nada. ¿El mejor jugador blanco de la historia? Curiosamente, los dos jugadores, blancos. El siguiente poster tenía que ser el suyo, pero la maldita lesión de rodilla se lo impidió.

Larry Bird, ¿el mejor jugador blanco de la historia del baloncesto?

Tiempo muerto es una novela entretenida, fiel a los engranajes de la novela negra, policíaca, escrita por alguien que, sin duda ha jugado a baloncesto. Y se nota en la escritura. Sabe de lo que habla. Está en su terreno, conoce el vestuario, ha sentido, más de una vez, la magia del baloncesto.

Además, esta, en apariencia, novela superficial, para pasar el rato, para no pensar, guarda una enseñanza muy importante. Habla del destino. De la influencia que, a veces, tienen actuaciones de otras personas en las que no decide uno mismo. A Myron Bolitar, no le apartan del estrellato en la NBA su calidad de jugador, su actitud, su entusiasmo. Todo lo contrario. Una lesión provocada, intencionada y ruin le distancia de su sueño. Hay algo de tragedia griega en ello. ¿Cómo se vive después de tener conocimiento de ello? ¿Cómo se puede evitar esa sensación funesta agridulce? ¿Cómo se puede manejar la derrota de que tu propia vida la hayan decidido los demás?

LAS OLLAS DE PRESIÓN

La segunda novela sobre baloncesto de Harlan Cohen es *Un paso en falso* (1998). En este caso, el agente deportivo recibe un encargo muy especial: proteger a la estrella del baloncesto, Brenda Slaughter, la mejora jugadora de la WNBA (Women's National Basketball Association). Brenda lleva un tiempo recibiendo amenazas preocupantes. Su padre, también antiguo jugador de baloncesto, acaba de desaparecer, como veinte años atrás desapareció su madre cuando ella tenía tan solo cinco años. Harlan Cohen cuenta un intricado conflicto de intereses entre las principales familias de Nueva Jersey, con un candidato a gobernador, incluido. Ritmo trepidante, algunos toques de humor, asesinatos, palizas, suspense. Típica novela negra en la que un paso en falso puede ser mortal, definitivo.

La novela comienza bien situada, con dos personajes sentados bajo una de las canastas del Madison Square Garden, en una de esas sillas de lona y madera que tienen escrito el nombre de las estrellas en el respaldo. Es uno de los espacios míticos, no sólo para el baloncesto norteamericano, sino para otros deportes como puede ser el boxeo.

Por las ligas que jugué no llegué a estar en grandes escenarios; pabellones, eso sí, con un modesto parqué que sonaba a gloria. El sonido de un balón rebotado en la madera flotante es uno de los milagros, el balón de vuelta, el cambio de dirección, de velocidad, el balón pegado a la mano con el pegamento del entusiasmo. El salto al cielo con el balón acariciado, como si tuvieras miedo a dañarlo.

Mi compañero de libro sí ha jugado, muchas veces, en pabellones míticos, miles de voces, no sé por qué los periodistas deportivos le llaman miles de almas. Recuerdo el pabellón del Pireo, en Atenas, un partido de la selección española, amistoso, contra la magnífica selección griega de finales de los ochenta: Gallis, Giannakis, Fasoulas. Era la última época de Antonio Díaz-Miguel. Final del partido. Victoria de nuestro equipo por un solo punto. Creo recordar que, por una canasta de Epi, pero no estoy seguro. Sillas arrancadas comenzaron a caer al parqué. La lluvia de monedas, que caía durante todo el partido, arreció. Nunca lo he pasado peor sentado en un banquillo de baloncesto. Salimos por pies, escoltados por la policía.

EL PRIMER ENCUENTRO

En *Un paso en falso* podemos leer:

> El marcador electrónico estaba parado. Un conserje cansado barría el suelo de parquet, moviéndose de una manera zigzagueante, como una máquina Zamboni alisando una pista de hockey. Myron vio a Brenda Slaughter lanzando tiros libres. Su rostro estaba absorto en el sencillo placer del más puro de los movimientos. La pelota se desprendía de las puntas de sus dedos, atravesaba el aro sin tocarlo y movía ligeramente la red.

Jugué un baloncesto sin marcadores electrónicos hasta que se construyó el pabellón de Chapina que sucumbió para que naciera la Sevilla de la Expo 92. Con la destrucción de Chapina,

Candace Parker, excelente jugadora, hermana de Anthony Parker.

se hundió la Antártida del deporte sevillano: atletismo, balonmano, *rugby*, natación. Un espacio mágico que reunía una alquimia maravillosa. Aquellos maravillosos años de Chapina. Si traigo esto a cuento es porque en ese pabellón fue la primera vez en mi vida que vi a mi ídolo, que se llamaba, casualmente, Juan Antonio Corbalán. Se jugaba un trofeo que llevaba el nombre de Pedro Ferrándiz y que organizaba mi querido club Amigos del Baloncesto. El partido estrella era Simenthal de Milán junior - Real Madrid junior. El crío de trece años, aniñado, delgaducho, botas All Star, calcetines hasta la rodilla, calzonas blancas pequeñas, cubre camiseta azul y blanco del Club Amigos, que llevaba el cartel del Real Madrid era yo. Al menos eso atestigua una fotografía en la que el gran Pedro Ferrándiz le entrega el trofeo de infantiles del año anterior. El crío echó a andar hasta el centro del campo, los jugadores del Real Madrid junior detrás con banderines. A la cabeza, su capitán, un tal Juan Antonio Corbalán.

BALONCESTO E IGUALDAD

Lo más interesante, para mí, de *Un paso en falso* es lo siguiente:

—¿Cuántas veces me has visto jugar? —prosiguió ella.
El cambio de tema lo pilló por sorpresa.
—¿Qué?
—Fui la jugadora número uno durante tres años seguidos. Mi equipo ganó dos campeonatos nacionales. Estábamos siempre en el canal de deportes y durante las finales aparecíamos en la CBS. Fui a la Universidad de Reston, que sólo está a media hora de tu casa. ¿Cuántos de mis partidos has visto?
Myron abrió la boca, la cerró.
—Ninguno —admitió.
—Así es. El baloncesto femenino no vale la pena.

Brenda Slaughter se lamenta a Myron Bolitar, con razón, de la poca atención que, en general, se presta al baloncesto femenino. Y estamos en Estados Unidos. No en España. Aunque en honor a la verdad, el merecido auge del baloncesto femenino en nuestro país empieza a cambiar las cosas.

Seguimos leyendo:

—Cuesta vender el baloncesto femenino. Lo estoy promocionando de mil maneras diferentes, entre los fanáticos de los deportes, las mujeres entre los dieciocho y los treinta y cinco años, las familias que quieren algo más distinguido, los entusiastas que quieren un acceso más directo a las atletas, pero al final hay un problema que esta liga nunca podrá superar.

—¿Cuál es? —Una vez más, Norm señaló hacia la pista.

—No son tan buenas como los hombres. Al decir eso no estoy siendo machista chovinista. Es un hecho. Los hombres son mejores. La mejor jugadora de este equipo nunca podría competir contra el peor jugador de la NBA. Y cuando las personas quieren ver deporte profesional, quieren ver a los mejores.

Quien habla con Myron Bolitar es Norm Zuckerman, propietario del equipo donde juega Brenda Slaughter. Su opinión es contundente.

En natación, los récords apuntan a una igualdad no muy lejana entre nadadores y nadadoras. En baloncesto, el camino parece más largo. ¿Llegará la mujer a jugar baloncesto igual que el hombre? ¿En Estados Unidos? ¿En España?

Los entresijos del baloncesto universitario

EL PENSAMIENTO GRIEGO Y EL BALONCESTO

Tom Wolfe es el autor de la novela *La hoguera de las vanidades*, imprescindible para entender la frivolidad de las finanzas, la cultura y la vida social de la Nueva York de los años ochenta del pasado siglo xx. Quince años después publica *Soy Charlotte Simmons*, una novela en clave de sátira. Voluminosa, torrencial, casi novecientas páginas para contar la historia de una brillante estudiante, educada en una diminuta y puritana población de Carolina del Norte. Charlotte Simmons consigue una beca para estudiar en la prestigiosa y selecta Universidad de Dupont. Tom Wolfe pasó cuatro años recabando información en los campus de Yale, Harvard, Duke, Michigan y Alabama. De la fusión de todas ellas nació la ficticia Universidad de Dupont, la universidad perfecta, que tiene, cómo no, el mejor equipo de baloncesto de todas las universidades norteamericanas.

Varios personajes de la novela son jugadores del equipo de la Universidad de Vermont, como André Walker, Charles Bousquet, Vernon Congers, y sobre todo Jojo Johanssen, buen amigo de Charlotte Simmons, Jojo es uno de los tres jóvenes que se disputan el amor de Charlotte que, paradójicamente, desprecia a los dos que la tratan bien y desea a quien la trata mal.

Otro personaje potente de la novela es el legendario entrenador Buster Roth, mejor conocedor de la condición humana que todo un departamento de psicología, que utiliza para manejar a su antojo a sus jugadores. Para ganar puntos de cara a Charlotte Simmons, Jojo Johanssen quiere apuntarse a un curso que versa sobre la época de Sócrates y el pensamiento griego primitivo. Buster Roth, pretende que el jugador no se distraiga de la única tarea que tiene que hacer, que es jugar cada vez mejor a baloncesto:

> ¿Lo ves? —continuó el entrenador—. Los griegos sabían algo que nosotros hemos perdido de vista. Una buena mente no sirve de mucho a menos que forme un todo —levantó las manos y entrelazó los dedos— con un buen cuerpo. *Mens sana in corpore sano*, que significa: si quieres una gran universidad, más te vale tener un buen programa deportivo...

LA GRAN ESPERANZA BLANCA

Debajo de los aros no se juegan partidos, se juegan duelos, desafíos, combates, luchas..., noble pelea en la mayoría de los casos. En el baloncesto quien tiene el balón tiene el poder. En el baloncesto, sin rebote, no hay vida. Jojo Johanssen y Vernon Congers, siguen en danza, codazos, bloqueos, la posición no se coge con las manos, se gana con los pies. Vernon Congers es un estudiante de primer curso muy solicitado, «el típico estrellón de instituto, que llega a la universidad, en plan impetuoso, agresivo, acostumbrado a que lo traten como Dios». Hasta el legendario entrenador Buster Roth se ha humillado a sus pies. Viene en plan figura de uno de los campamentos de verano, que patrocinan las marcas comerciales, Nike o Adidas, como años anteriores llegó Jojo Johanssen, *crack* en otro campus estival. Quizá a Joseph J. Johanssen se le dio más publicidad. Ya se sabe, todos los entrenadores, todos los ojeadores profesionales, todos los agentes buscando la Gran Esperanza Blanca. Tom Wolfe pone tres ejemplos: otro Larry Bird, otro Jerry West, otro Pete Maravich, el Pistola, jugadores blancos con poderío capaz de jugar al *swing* de los negros. «Al fin y al cabo, la mayoría de los aficionados eran blancos».

De Jerry West tengo un vago recuerdo, una película de super-8, en blanco y negro, que fueron las primeras imágenes que vi de

El mítico Jerry West en el año 1959.

los jugadores de la NBA. Recuerdo también en la misma cinta al gran Norman *Wilt* Chamberlain, uno de los jugadores más espectaculares, más dominantes, *el amo soy yo*, que he visto jugando a baloncesto. Como si fuera ayer recuerdo, una tarde después del entrenamiento, el bueno de Alfredo de la Cerda, mi primer entrenador, había conseguido que proyectaran para el equipo, en el salón de actos, una película de los fabulosos Ángeles Lakers de principios de los setenta. Me fijé en el base, que subía el balón con una elegancia que yo después, con poca fortuna, quise imitar. Ese es Jerry West, dijo Alfredo de la Cerda, el mejor base del mundo.

EL COLOR DEL BALONCESTO

Seguimos leyendo *Soy Charlotte Simmons*:

> —¿Sabes que hemos estado jugando tres horas? Sin un puto descanso.
> —Bueno, es mejor que correr —se consoló Mike— El agosto pasado, con treinta grados, estábamos en la pista de atletismo venga dar vueltas.

Jojo habla con Mike, el otro blanco que juega en el equipo. Hay tres jugadores blancos más, que apenas salen a la cancha durante los partidos. Este diálogo me trae la reflexión de lo mal que llevan los jugadores norteamericanos, cuando juegan en España, hacer preparación física.

A Terry White, americano fichado en la primera temporada del Caja San Fernando, año 1987-88, era casi imposible ponerlo a trotar. Las pesas le gustaban un poco más. Una mañana, el gran Pepe Lorente, preparador físico, estalló de rabia: «Coño Terry, corre un poquito, que tienes menos fondo que una lata de anchoas». Terry White, todo un personaje también de novela, un tipo de gran corazón que a veces le traicionaba.

Darryl Middleton, otro gran jugador, que recaló en el Caja San Fernando, tras jugar en el Barcelona, me lo hizo ver de una forma gráfica. Haciendo la prueba de esfuerzo, en el reconocimiento médico previo al fichaje empezó a mover los brazos como si estuviera tirando a canasta mientras corría en la cinta rodante. Había venido a Sevilla a jugar al baloncesto, no a correr. Inteligente jugador, Darryl Middleton.

Jojo Johanssen se queja, hablando con su amigo Mike, del racismo a revés que dice tiene su entrenador, Buster Roth:

> —Vale, salgo en el cinco inicial, pero el entrenador no me considera un jugador de verdad. Treyshawn, (el máximo anotador del equipo), André, Dshorn, Curtis, los negros son los jugadores de verdad. Viene y me lo dice a la cara. No quiere que arriesgue lanzando a canasta. No estoy en la pista para anotar. Si intento hacer una cosa que no sea colgarla, lanzar un gancho a un par de palmos del aro o remachar un rebote, ¡me lo echa en cara, aunque enceste!

Directo y al grano. El baloncesto, como el jazz, ¿es negro?

«IDIOTAS ANABOLIZADOS»

En *Soy Charlotte Simmonds* se puede leer:

> A nivel nacional hay tres mil quinientos jugadores de baloncesto de la Primera División Universitaria, y todos se creen que van a acabar jugando en la NBA, pero ¿sabéis cuántos acabarán consiguiéndolo? Menos del uno por ciento.

Muchos son los llamados y pocos los elegidos. En España ocurre lo mismo con la ACB.

Tom Wolfe llega a ser corrosivo, despiadado, cuando se refiere al equipo de baloncesto, formado por alumnos, generalmente poco aventajados, a quienes se aprueba por sus cuerpos atléticos, por sus estratosféricos machaques de canasta:

> ¿Por qué había que ensalzar en una de las instituciones educativas más importantes del mundo a una pandilla de idiotas anabolizados como los del equipo de baloncesto de Dupont, dirigidos por un hombre que respondía al ridículo nombre de Buster?

Como vemos, en esta novela hay una crítica muy dura al sistema privilegiado de los deportistas de élite norteamericanos.

La expansión del baloncesto

CONTEXTO HISTÓRICO

Parece que la paciencia está negada a los jóvenes. Tenemos que cumplir años para saber ir despacio y poder llegar más lejos. La inmediatez es una mala consejera que sólo genera frustración y lo que es peor, te quita la visión integrada de las cosas, sustituyéndola por una de corto alcance, de utilidad inmediata. Yo ahora me confieso un gran aficionado a la frase de Nuccio Ordine: «La utilidad de lo inútil» que titula su pequeño manifiesto sobre esta consideración.

Sin saber el principio, es muy difícil encontrar el camino adecuado para llegar a un buen final. Por eso decidimos indagar en los inicios para colocar al lector en una mejor situación ante esta pequeña aventura histórica.

Antes de llegar al momento de la entrada del baloncesto en España, conviene entender qué era España en aquellos momentos y qué interés podría tener la sociedad de un país, en permanente contracción, desde hacía casi un siglo. La pérdida de las colonias y la gran crisis que supuso el paso de imperio a un país *colonizado* por los imperios emergentes, primero Francia, después Inglaterra y finalmente los Estados Unidos. El baloncesto nada sabía de nuestra guerra de sucesión que cambió los Austrias por los Borbones, tampoco tenía porque importarle si éramos más partidarios de la *liberal* Isabel II o de los conservadores seguidores del infante Carlos en las guerras Carlistas. El hecho de que el baloncesto no supiera todo esto no evitó dos guerras civiles que unidas a nuestra última guerra entre fascistas y republicanos han marcado nuestros siglos XIX y XX.

En España, el baloncesto se adelantó a esta última, pero como todos los deportes y el resto de iniciativas de progreso tuvo de esperar para afianzarse hasta después de la guerra, rompiendo la pequeña inercia de su nacimiento que culminó con la medalla de plata del Europeo de 1935. Esos años, hasta la apertura del régimen de Franco, supusieron un retraso que tardamos mucho tiempo en recuperar.

De la misma manera entre esas guerras las corrientes europeas también llegaban a España, aunque tarde. Ese retraso supuso que las ideas más progresistas fueran sistemáticamente reprimidas por una sociedad caracterizada por el inmovilismo y la pérdida de independencia. De esa manera y con grandes dificultades, algunas corrientes europeas pudieron instalarse en España con muchas dificultades. Los ilustrados fueron iniciadores de las tendencias internacionales que implicaban al deporte en la educación completa de la persona, ya desde la escuela.

Personajes como Jovellanos, Francisco Amorós, o Manuel Becerra, estos dos últimos absolutamente olvidados, tuvieron mucho que ver en una vanguardia intelectual que abrió las puertas a fenómenos como la emergencia de los deportes entre siglos.

Curiosamente Francisco Amorós introduce los métodos protestantes de Pestalozzi en la creación de su Instituto Pestalozziano, que ya incluían a la mujer en un proyecto de educación integral común a hombres y mujeres. Algunos encuentran a estos prohombres como precursores de la Institución Libre de Enseñanza. Todo lo que reforzará la igualdad social y educativa de la mujer. Afrancesados, liberales, protestantes, masones. Unos pocos elegidos tuvieron la oportunidad de viajar y salir de aquella España. En sus viajes pudieron conocer las nuevas tendencias pedagógicas en las que los deportes recién inventados pasaban a formar parte de la carga curricular de los alumnos, introduciendo la actividad física en el día a día de los colegios. Los más avanzados de la capital o los privilegiados de las regiones más cercanas a Europa, seguro que tuvieron conocimiento del baloncesto y del resto de deportes emergentes y así consta en algunos escritos de la época, más como descripción de métodos pedagógicos que como guía de entrenamiento y práctica deportiva.

Inglaterra, los países nórdicos, Alemania, Francia, el Imperio austrohúngaro y EE.UU. eran los viveros de la vanguardia europea. Pero una cosa era saber que existía un deporte recién inventado, como muchos otros que nacieron en esos años, y otra jugarlo y sobre todo desarrollarlo a nivel nacional: y ese sueño lo tuvo y lo persiguió un «señor de Soria» llamado Eusebio Millán, sacerdote escolapio misionero en Cuba durante la invasión americana de la colonia española.

El baloncesto nos llegó en los inicios de 1900, después de la Primera Guerra Mundial; pero antes conviene entender cómo se expandió tan rápidamente para que, en apenas veinte años, todo

Campeonato sudamericano de baloncesto femenino: Brasil contra Venezuela.

el planeta hubiera adoptado a este deporte como uno de los grandes, yo diría que sólo superado por el fútbol, en su popularidad y compartiendo con el atletismo y ciclismo el grupo de élite de los deportes más practicados.

Desde su invención, en Estados Unidos, la forma de expansión del baloncesto fue ligada a la preponderancia militar del país americano en el siglo XX. En 1891, Luther Halsey Gulick director del colegio de educación física YMCA de Springfield en el estado de Massachusetts, en Estados Unidos, encargó al profesor canadiense James A. Naismith crear un nuevo juego que pudiera practicarse en las salas de gimnasia durante el invierno, lluvioso y duro en esta región del noreste del país, imposibilitando la utilización de terrenos al aire libre.

La denominación de baloncesto se debe a Frank Mahan, jugador de *rugby*: «Tenemos un balón y un cesto, ¿por qué no llamarlo balón al cesto (*basketball*)?». Esta denominación era literal porque además del balón se utilizó un cesto de frutas para colocar en lo alto de la pértiga. Posteriormente comprobaron que, agujereando la base del mismo, no tenían que interrumpir el juego para sacar el balón después de cada canasta. Es de suponer que las primeras experiencias se harían alrededor del cesto, en campos mal delimitados, donde lo importante era tomar familiaridad con el juego, antes de que se delimitara definitivamente las dimensiones del campo. Antes de eso, un auxiliar sería el encargado desde una posición elevada detrás de la canasta de sacar el balón después de cada tanto anotado.

Naismith, que era un hombre religioso, ordenado ministro presbiteriano, tras haber obtenido el diploma de Médico, consideraba que las soluciones técnicas no podían suplir a unas bases filosóficas sólidas, por lo que se propuso conferir un aliento espiritual a su invención deportiva:

> El baloncesto se basa en la noción cristiana del amor al prójimo, y se funda en el hecho de que el deporte es un importante medio educativo en el sentido más amplio y más completo de la palabra, evitando caer en la contradicción pedagógica de limitar la educación a la práctica del llamado «deporte puro» [...] La mejor victoria, la

más gratificante, la más sólida, la que supone un trampolín para las posteriores, se basa en la concepción del equipo como una unidad educada, organizada y preparada para que cada uno dé lo mejor de sí mismo.

De esta forma, el baloncesto, nacido gracias al espíritu creador de un pastor, profesor de una universidad religiosa, se extendió a lo largo de Estados Unidos y más tarde a todo el mundo, difundido por los misioneros de la YMCA. Las bases militares norteamericanas ejercieron de potentes amplificadores en la expansión de este deporte por los cinco continentes, con la excepción de África que fue más influida por la dominación de las colonias francesas.

Debido a la influencia directa, por intereses comerciales norteamericanos, con el Caribe e Hispanoamérica, se iniciaron en el baloncesto en la segunda mitad de 1891. El baloncesto fue llegando a todo el mundo a través de los alumnos aventajados de las escuelas YMCA, colaboradores del inventor y que participaron en el primer desarrollo del juego. La otra vía, ya mencionada de forma indirecta, fue el ejército americano, a medida que el poder de los EEUU se fue implantando por el planeta. Así ocurrió en las colonias españolas que quedaban, Cuba y Filipinas donde el baloncesto se introdujo precozmente en 1898, justo después de la derrota del ejército español y la firma de los armisticios pertinentes. Allí estaba Eusebio Millán del que ya hablaremos. Japón, China, India, Turquía y la actual Irán, entonces Persia serían buen ejemplo de lo antes dicho sobre las colonias. Australia se inició en él por trasmisión desde el continente asiático y puede que por influencia directa americana desde sus colonias y la costa oeste del Pacífico.

Podemos decir que en veinte años el mundo entero jugaba a baloncesto. Los equipos de los países que formaron después la URSS desarrollaron una rápida habilidad en el juego, que luego extendieron por la Europa del Este, después de la Segunda Guerra Mundial y el establecimiento del entorno de influencia soviética.

Pocos lo sabrán, pero después del primer partido jugado en Rusia, unos años más tarde, se organizó el primer torneo internacional organizado por el propio club Mayak de San Petersburgo. Lo ganaron los rusos y nació quizás la primera leyenda internacional Vassiliev. Desde entonces muchos ejemplares de las reglas del juego fueron reproducidas y traducidas a todos los idiomas.

La mujer se incorporó rápidamente al juego, sólo un año más tarde de su invención. Inicialmente, hubo algunas dificultades por la influencia de la religión y las costumbres sociales, que no encontraban el baloncesto muy femenino y aducían que era contrario a los cánones de recato y atentaba contra la belleza femenina.

Senda Berenson una judía askenazi nacida en Lituania, aunque trasladada muy pronto a Estados Unidos fue la promotora de la incorporación femenina al juego, luchando contra la sociedad machista imperante. Ella había estudiado música en Boston, y en 1880 ingresó en el Smith College, colegio privado para graduarse en Educación Física y ser la primera mujer en dirigir el departamento de esta especialidad. También dirigió un comité para adaptar las reglas del juego a la práctica de la mujer. Desde entonces hubo que esperar hasta 1971 para que hombres y mujeres jugaran con las mismas reglas.

Como pionera del juego entró en contacto con James Naismith y se interesó para que organizara el primer partido de baloncesto femenino en esa institución. Esa fecha fue el 22 de marzo de 1893 y, según las fuentes consultadas, estuvo prohibida la entrada a los hombres.

EXPANSIÓN EN EUROPA

En Europa el baloncesto comenzó su difusión con un doble frente, ambos gracias al trabajo de los embajadores de YMCA. Por un lado, la parte occidental europea inició, muy precozmente su desarrollo en Francia, en 1893, gracias al ímpetu del profesor Rideout, alumno de Springfield. El primer partido tuvo lugar en la sede de la YMCA de París en 1893 y pasó totalmente desapercibido. Hubo que esperar hasta el año1908, en el transcurso del cual la F.G.S.P.F.

(Fédération Gymnique et Sportive des Patronages de France) inscribe esta actividad en sus programas educativos. Un año más tarde, en 1909, se jugó el primer partido oficial.

De manera contante en los primeros diez años del año 1900, el baloncesto fue llegando a los principales países europeos: Alemania, Grecia, Hungría, incluso Inglaterra. Unos diez años más tarde, las tropas norteamericanas que reforzaron los contingentes aliados después del final de la Primera Guerra Mundial supondrían un verdadero trampolín para este deporte. Desde el punto de vista meramente deportivo las dos guerras mundiales, supusieron un frenazo en seco del desarrollo del juego en Europa. En el periodo entre guerras los países tuvieron que adaptarse a sus posibilidades y el baloncesto se jugaba con las reglas de su inventor, pero en campos de delimitación libre, con balones de fútbol y el suelo que permitían las posibilidades de cada uno. De todas formas, en esa época acabó de implantarse en todos los países de Europa, lo que permitió la celebración del I Campeonato de Europa que se jugó en Suiza en 1935.

Por el lado oriental el primer desarrollo del baloncesto europeo se hizo a partir de Rusia y cabe destacar el altísimo nivel de juego alcanzado en ese país y en los países del Este. Los deportes de sala recibieron un gran apoyo, por la necesidad de refugiarse en estas especialidades durante sus prolongados inviernos. Fue este país un gran foco de expansión, gracias a la cercanía de ambos países, en aquellos finales de siglo, y a sus contactos comerciales para la venta de Alaska por parte de Rusia a un comprador como Estados Unidos en 1867, unos cuantos años antes de la invención del baloncesto. La gran extensión de Rusia y la dificultad de control sobre los territorios más lejanos al este del estrecho de Bering y la coincidencia con la guerra de Crimea contra la alianza de Inglaterra. Francia y Turquía, le creaban una gran inseguridad ante un enemigo especialmente poderoso en el mar, Inglaterra. La venta a Estados Unidos parecía solucionar ese problema momentáneamente. El gobierno del zar Alejandro II daba sin saberlo un gran paso para la expansión euroasiática del baloncesto por su lado este. Aunque el aspecto geográfico no debió ser el motivo fundamental de la expansión temprana del baloncesto en Rusia si es un reflejo de la existencia de buenas relaciones comerciales e incluso de empresas mixtas ruso-estadounidenses que explotaban, ya en el siglo XVIII, las riquezas del territorio.

Fue un entusiasta misionero de YMCA en Rusia quien introdujo el baloncesto en 1906, aunque fue tres años más tarde cuando se organizó el primer partido en un torneo internacional 1909 entre dos equipos YMCA, uno de San Petersburgo, el Mayak, y un combinado americano de sus escuelas. Curiosamente el resultado favoreció a los rusos por 28 a 19 y nació el principal oponente a la histórica hegemonía internacional de Estados Unidos.

De la misma manera podríamos preguntarnos por la poca penetración del baloncesto en el acervo deportivo y cultural británico, donde tan poco desarrollo adquirió el juego, en comparación con el resto de Europa.

Poco antes, en 1904, el deporte del baloncesto era presentado internacionalmente en los Juegos Olímpicos de San Luis, como deporte de exhibición. A partir de ese momento y después de la Primera Guerra Mundial el baloncesto fue penetrando en el resto de países.

En 1932 de fundó la Federación Internacional de Baloncesto Amateur (FIBA) y como todo en aquellos años, su sede se instauró en Ginebra. Controlaba el deporte aficionado mundial, dividida en secciones por continentes: Europa, América, Australia, Asia y África. Estados Unidos caminaba por su cuenta en aquellos años. España se adhirió en 1934 y tuvo tiempo de ganar una medalla de plata en su primer Europeo en 1935 en Suiza. En aquella ocasión nuestros mejores jugadores, los hermanos Alonso y Gil eran jóvenes procedentes de Cuba y los primeros habían estudiado en los EEUU, lo que nos dio cierta ventaja competitiva. Después, en 1936, el levantamiento militar de Franco nos sumió en la Guerra Civil, que nos quitó del panorama internacional hasta los años cincuenta.

Ocho países fueron sus primeros miembros, siete europeos: Italia, Checoslovaquia, Suiza, Portugal, Letonia, Grecia y Rumanía y un representante americano: Argentina. Su nacimiento fue fundamental, pues si bien el baloncesto había vuelto a ser presentado como deporte de exhibición en Ámsterdam 1928, en Berlín, 1936, el baloncesto fue incluido como deporte olímpico, habida cuenta del *amateurismo* de sus practicantes. Desde entonces ha estado siempre presente en los Juegos Olímpicos hasta la actualidad.

Sexo, drogas, rock and roll... y baloncesto

BALONCESTO *UNDERGROUND*

The basketball diaries, mal traducido al castellano, como *Diario de un rebelde*, es una de las mejores novelas que se han escrito sobre baloncesto. Antes de ocuparnos del relato, sería interesante aproximarnos a la figura de su creador, James Dennis Carroll, conocido como Jim Carroll, poeta, escritor y músico, nacido en Nueva York el 1 de agosto de 1949. Era descendiente de tres generaciones de camareros católicos irlandeses. Creció en el Lower East Side hasta que se muda con su familia a las Dyckman Houses, en Inwood, al norte de la isla de Manhattan. Asistió a una escuela católica de primaria de 1955 a 1963. En el otoño de 1963, entró en una escuela pública de segunda enseñanza, pero al poco tiempo recibió una beca del elitista colegio Trinity School de Manhattan, donde estudió de 1964 a 1968. Estando todavía en este colegio publica su primer poemario, *Organic trains*, tiene dieciséis años de edad. Es un libro breve, con diecisiete páginas que contiene dieciséis poemas. Carroll escribió estos textos mientras viajaba en los trenes subterráneos de Nueva York. Se imprimieron quinientos libros de los que se perdieron muchos ejemplares. Encontrar hoy en día uno de ellos, es una quimera. En la página web de Burnside Rare Books se puede encontrar un libro de la primera edición, firmado por Jim Carroll en la primera página, por la módica cantidad de 3500 dólares.

Jim Carroll fue una estrella del baloncesto escolar. Ingresó en la Liga Biddy a la edad de 13 años y participó en el National High School All Star Game en 1966. Al mismo tiempo comenzó a frecuentar los talleres del St.Mark´s Poetry Project, en el East Village. Sus poemas aparecen en revistas como *The World*, *Elite Paris Review* y *Poetry*. En el año 1970 comenzó a trabajar como guionista de las películas experimentales producidas en la mítica Factory, el taller de *pop art* de Andy Warhol. Posteriormente, ayudó al pintor en la dirección del Teatro Warhol.

En 1978 Jim Carroll publica la novela autobiográfica *The basketball diaries* (Diarios de baloncesto) en la que relata la autodestrucción de un joven jugador de baloncesto del Trinity School de Nueva York, adicto a la heroína desde los trece años. Es un relato duro, que recoge el ambiente sórdido de la cultura de la droga en la Nueva York de los años sesenta. Describe muy bien la vida rápida que se preconizaba en la época, el culto a los cadáveres jóvenes como Jimmy Hendrix, Jim Morrison o Janis Joplin. Para conseguir dinero suficiente, Jim Carroll hace de todo con sus colegas, robos, hurtos, peleas, violencia callejera, prostituirse con ejecutivos que acuden a los urinarios de la Estación Central, antes de coger su tren de vuelta del trabajo. El interés de la obra, para mí, es la bellísima introspección que hace el autor cuando describe el mundo del baloncesto. En el alma del baloncesto es donde el joven jugador, el poeta, atisba la única posibilidad de redención. Sólo alguien que ha jugado a *basket* puede entender la importancia que un juego, sólo es un juego, pero me gusta, puede llegar a tener en la vida de una persona.

«Con trece años, Jim Carroll escribe mejor que el 89 por ciento de los novelistas actuales», exclama Jack Kerouack, el autor de la imprescindible novela *On the road*, cuando lee el texto de Carroll. Allen Ginsberg, el poeta, autor de *Howl* (Aullido), himno de la generación *beat*, también cae seducido ante el talento literario de Jim Carroll.

Jim Carroll, con desgarradora crudeza, cuenta su verdad desnuda, con un bolígrafo en una mano y con un balón de baloncesto en la otra.

CORREGIR NUESTROS ERRORES EN EL AIRE

No en vano, su amiga Patti Smith mantiene que es el mejor poeta de su generación. En 1978 Jim Carroll se muda a California, se instala en Bolinas con un perro, muy cerca de la bahía de San Francisco, con el propósito de dejar su adicción a la heroína. Con el apoyo de Patti Smith forma la Jim Carroll Band, banda de punk rock con la que alcanzó cierto predicamento sobre todo con su contundente primer LP, *Catholic Boy*. Carroll llega a tocar con figuras legendarias de la música rock como Lou Reed o The Doors.

Después de trabajar como músico Carroll se dedica íntegramente a la escritura. En 1987 publica un libro de memorias, *Forced entries: The downtown diaries 1971-1973* que no es un diario literal como lo era *The basketball diaries* que se escribe a partir de las notas de un diario real, que iba escribiendo en su adolescencia y primera juventud. *Forced entries* retoma la historia de Carroll en su vigésimo cumpleaños cuando está entrando en la escena del arte moderno de Nueva York. La mayoría de estas *entradas forzadas* están escritas de memoria. Recuerdos del tiempo en que Carroll se codea con poetas y artistas famosos, trabaja para Andy Warhol y es novio de Patti Smith. Una doble vida de *glamour* intelectual y dependencia de la heroína. El libro termina con el relato de su huida a California para dejar la adicción y comenzar una vida nueva. En este libro apenas aparece ya el baloncesto. Si acaso esta bella reflexión, que no es poco:

> La poesía puede desencadenar un miedo terrible. Supongo que miedo a tantas posibilidades, demasiadas posibilidades, cada una de ellas con un sinfín de variaciones… Con el baloncesto podemos corregir nuestros errores, inmediata y hermosamente, en medio del aire.

No se puede expresar mejor este contraste para un chico católico que adoraba el baloncesto, la poesía y las drogas. Un cóctel peligroso.

Jim Carroll fallece, un 11 de septiembre de 2009, en su apartamento de Manhattan a los sesenta años de edad a consecuencia de un infarto agudo de miocardio. Cae sobre la mesa de trabajo, escribiendo, corrigiendo errores en el aire, la caída del último salto. El chico católico que amaba el baloncesto, lo escribe en *The basketball diaries*, sólo quería ser puro.

UN CHICO CATÓLICO

La novela comienza en el otoño de 1963, un año normal comenzado en martes según el calendario gregoriano. El 22 de noviembre es asesinado John Fitzgerald Kennedy, presidente de los Estados Unidos. En un contexto de crisis gubernamental interna y guerra fría con la URSS, un chico católico, blanco, descendiente de irlandeses, comienza a jugar al baloncesto. Es el mismo en la ficción que en la realidad, se llama Jim Carroll:

> Hoy he participado en una liga juvenil; es la primera vez que juego en una liga de baloncesto organizada. Me siento entusiasmado de vivir gracias a este estimulante acontecimiento. Esta liga es para chicos de hasta doce años. En realidad, yo tengo trece, pero mi entrenador Lefty me consiguió un certificado de nacimiento falso.

Tengo grabado en la mente mi primer partido de baloncesto, de *minibasket* en concreto, ¿cuánto mediría yo? Poco, unos cuantos palmos pues el aro estaba allí arriba, lejano, inaccesible. Si el balón tocaba el aro y rebotaba, ya era un éxito, las fuerzas no daban para más. Era un imberbe, seguro, sin bigotillo todavía, bozo (me llamaba el profesor de lengua), sin hormonas en los músculos capaces de conseguir el milagro de que una pesada pelota (parecía que siempre estaba mojada), atravesara la órbita perfecta, una red medio rota. Aún puedo ver las canastas fijadas con sacos de arena. El suelo era de albero mojado. Con alguna que otra piedra que hacía que el balón fuera a todas partes menos a la que tú pretendías. Botabas aquel balón duro sobre la misma superficie de la luna. Llovía y llovía, parecía el día primero de la lluvia. Acabó el partido y sucedió el milagro. Aquel equipo de novatos, ocho, nueve años el que más, acabó haciendo la más dulce recuperación glucogénica. Devoraron una pastelería. Invitaba Miguel

Michael Jordan y Dean Smith, mítico entrenador de North Carolina,
que legó en su testamento doscientos dólares a cada uno de los 180
exjugadores que dirigió para que disfrutaran una cena a su salud.

Rodríguez, entrañable pionero del baloncesto en Sevilla. Hombre bonachón, noble, nos enganchó al baloncesto a base de dulces. Como dulce, entrañable, es mi recuerdo. Una de las mejores cosas de la vida es la posibilidad de agradecer a la gente que te ayudó a vivir. Miguel Rodríguez, grande como su estatura, me asomó al baloncesto. Gratitud eterna.

Alfredo de la Cerda, luego, me convirtió en este impenitente hombre que ya nunca abandonaría la fiebre del baloncesto. El primer entrenador es el primer amigo. Yo también era un chico católico que empezaba a jugar al baloncesto.

EL ANUNCIO TELEVISIVO DEL ERRECINCO

Jim Carroll, al tiempo que va jugando cada vez mejor a baloncesto, entra en un espiral de peleas entre los mismos compañeros de equipo y contra otros adolescentes del barrio: poco a poco, casi jugando, se va convirtiendo en un experto delincuente callejero.

En la novela, Jim Carroll cuenta una experiencia curiosa, quedarse sin jugadores en la cancha…

> Esta tarde, Lefty nos llevó al Bronx para jugar un partido de exhibición en una escuela católica. Algunos de los nuestros estaban enfermos; de hecho, éramos sólo cinco al empezar el partido, y cuando mandaron a Carson al banquillo en el último tiempo, quedamos sólo cuatro jugadores sobre el terreno de juego hasta el final del encuentro.

Quedarte jugando con sólo dos o tres compañeros en la pista es una experiencia única. Reflejo del baloncesto periférico, provinciano que viví. Creo recordar que fue la temporada 1979-80. Jugaba con el club Amigos de Baloncesto, habíamos ascendido desde uno de aquellos grupos infernales de Segunda División, Levante, Andalucía y Canarias, a la Primera División B con toda la ilusión del mundo y ningún dinero en el bolsillo. Mis entrañables Luis Armengou, Gerardo Íñiguez, Ignacio Villa, presidente y directivos, habían buscado por todos lados, oficiales y privados, pero no pudieron conseguir un espónsor. El país estaba saliendo a duras penas de una crisis y era muy difícil que alguien apostase con dinero por el baloncesto en Andalucía. Empezamos la Liga, hasta que el dinero se acabase. Y así fue. En la segunda mitad del campeonato, viajábamos los cinco jugadores justos y necesarios para que no nos descalificaran y desapareciéramos como club. No podía ser, tantos años, tanto esfuerzo para eso.

Un sábado teníamos que jugar en Bilbao. En un Errecinco de la época, el sábado por la mañana salimos cuatro jugadores. El gran Curro Fernández, dos metros casi, bien servidos. Iñaki, la memoria me falla con el apellido, un amable donostiarra que estaba haciendo la mili en Sevilla, uno noventa y tantos. Al volante, mi buen amigo Alfonso Rubio y el que escribe, de copiloto. Afortunadamente de los cinco, dos jugábamos de base, con nuestra estatura no podíamos hacer otra cosa. Para este viaje fue una ventaja. El quinto jugador era el bueno de Miguel Rodríguez Castellanos, máximo anotador de nuestro equipo que estudiaba Derecho y tenía un examen ese viernes. Llegaría en un vuelo el mismo día del partido. Al llegar al hotel, el conserje no daba crédito. La expedición del club Amigos del Baloncesto, equipo de la Primera División B del baloncesto español, constaba de una sola habitación doble. Curro tenía amigos en Bilbao. Iñaki supongo durmió en su casa donostiarra. Así ahorrábamos una habitación. La mañana del partido, el sábado, un delegado del Patronato de Bilbao, que era nuestro contrincante, preguntó amablemente por la expedición sevillana. Al otro lado del teléfono, de los de antes, negro de baquelita, con números rodantes, se ofrecía por si necesitábamos algo. Necesitábamos todo. Para empezar jugadores, luego, al menos, un entrenador y un delegado. No me atrevería yo a pedir un preparador físico, un fisioterapeuta, no digo ya un médico. Mentí de la forma más profesional que pude. Todo perfecto, le dije. Antes de despedirse, me hizo una curiosa pregunta. ¿Cuántos componían la expedición? De momento dos, mi amigo Alfonso Rubio y yo. Los otros tres esperemos que lleguen a tiempo esta tarde, le dije. El buen hombre colgó, supongo que pensando que yo había venido desde Sevilla en un Errecinco, atravesando la nieve, eso sí, con buena música, Ray Charles, Steve Wonder en los casetes, para tomarle el pelo. Alfonso y yo, salimos del hotel ante la mirada perpleja del recepcionista. ¿El casco viejo, por favor? Y allí nos fuimos a tomarnos unos magníficos pinchos, la comida prepartido. Al menos con el pan metimos unos cuantos carbohidratos. Para la siesta dejamos el teléfono descolgado.

Cuando llegamos al pabellón, creo recordar que era el mítico de La Casilla, nos esperaba Miguel que acababa de llegar del aeropuerto. Curro e Iñaki todavía no habían llegado. Aparecieron con el tiempo justo para que hiciéramos un tímido calentamiento, para no cansarnos mucho. En el mejor de los casos teníamos que aguantar los cuarenta minutos. Haciendo la rueda, si mirabas al banquillo, el panorama no podía ser más desolador: allí no había nadie. Ni nada. Si acaso dos o tres tristes pantalones de chándal sobre las sillas vacías de los entrenadores. Aun así jugamos el partido con alegría. Nos ganaron holgadamente, pero el marcador fue centenario por parte de los dos equipos. Alfonso Rubio hizo un gran partido anotador, tenía muñeca fácil. Miguel Rodríguez Castellanos luchó dignamente contra Junguitu, mítico jugador del baloncesto vasco, por ser el máximo anotador de la Liga. Estuvo a punto de cogerlo en las estadísticas. Recuerdo que me dediqué a pasarle todos los balones. Curro e Iñaki estuvieron a la altura, pelearon como jabatos. A falta de cinco minutos para que acabara el partido, creo recordar, éramos cuatro. Cuando faltaban tres minutos, éramos tres. El glorioso club Amigo de Baloncesto al menos, no había desparecido. Así andábamos en aquellos tiempos. La noche del sábado la expedición aumentó su presupuesto. Un despilfarro. Miguel, Curro e Iñaki durmieron en otra habitación del hotel. Salimos al amanecer camino de Burgos. Nieve, frío, cansancio y sueño. Miguel, uno noventa y tantos, fuerte como un roble, venía también. Ocupó el asiento de copiloto y yo me metí como pude en la parte de atrás. Llegamos a Sevilla sanos y salvo por la inmunidad natural que da la juventud. Otra explicación no es posible. Unos meses más tarde vimos un spot en la televisión. Era un anuncio de Renault. De un flamante Errecinco van saliendo hasta cinco jugadores de baloncesto. Van en chándal, son muy altos, pero se nota que son modelos que luego no viajan de verdad. Salen, entran y ya está. Nosotros lo hicimos mejor.

BALONCESTO Y RACISMO

Pero regresemos a la novela, Jim Carroll escribe:

> Hoy es sábado y hace frío. El club está cerrado por reformas, así que me voy a acercar hasta lo alto de Manhattan, donde vive mi primo y le voy a hacer una visita. En realidad, la cosa no me mola demasiado, porque el lugar está lleno de todas esas irlandesas católicas, carrozas y beatas, que no pararon de mirarme de reojo aquella vez que traje una pandilla de chavales negros para jugar un partido en el parque contra los amigos de mi primo, que también son una pandilla de *comenegros* que se ponen ciegos de birra.

La National Basketball Association (NBA) nace en el año 1946. Hasta 1949 es denominada Basketball Association of America (BAA). La NBA nace como una liga de blancos. Earl Lloyd, 1950, se convierte en el primer jugador negro de la NBA, cuando todavía estaban vigentes las leyes Jim Crow, que propugnaban la segregación racial de los afroestadounidenses en las instalaciones públicas. Jugó con los Washington Capitals. Este debut fue posible porque los propietarios de las franquicias decidieron en votación, seis a cinco, que los jugadores negros podían participar en la liga. Ese mismo año terminaron jugando dos jugadores afroamericanos más: Chuck Cooper, con los Boston Celtics y Nat Sweetwater Clifton con los New York Knicks. Ambos jugadores procedían de los Harlem Globetrotters. Los tres dieron un paso histórico para el movimiento por los derechos civiles que, años después, en la época en la que Jim Carroll escribía sus diarios estaría en plena ebullición. De hecho, la problemática racial flota en el ambiente de *The basketball diaries*. No hay duda de que Earl Lloyd, al saltar a una cancha de baloncesto el 31 de octubre de 1950, abrió, en gran medida, la puerta a la igualdad en América. Más tarde, jugadores como Wilt Chamberlain, Bill Russell y Michael Jordan, sobre todo, fueron determinantes en la mejora del baloncesto en espectáculo y en calidad. La preponderancia del jugador de raza negra en el baloncesto y en la NBA no se discute hoy en día, pero la pregunta está ahí, rebotando en el parqué. ¿Ha existido, existe racismo en el baloncesto, en la NBA?

Wilt Chamberlain, uno de los primeros jugadores afroamericanos.
Era capaz de firmar más de cincuenta rebotes por partido.

Para Pablo Muñoz Rojo, sociólogo, autor del libro *Sí es un problema de racismo* defiende que baloncesto y racismo es una historia indisociable. En un artículo, en doble entrega, titulado así en el periódico digital *Cuarto Poder*, firmado en marzo de 2020, desarrolla sus argumentos. Un ochenta por ciento de los jugadores negros que juegan en la NBA provienen de realidades sociales complicadas. Sobreviven en entornos de segregación, tanto social como económica, más proclives a la delincuencia, al ambiente de bandas, armas y drogas. Los deportistas afroamericanos son los que tienen peores índices estadísticos de graduación, menos del cuarenta por ciento terminan graduándose. Parece que sólo tienen una alternativa, ser buenos, muy buenos, jugando al baloncesto.

Más datos. De los treinta propietarios de franquicias NBA, hoy en día sólo uno es negro, Michael Jordan. De los treinta entrenadores, seis son negros. De los treinta *general manager*, cinco son negros. Los comisionados, la autoridad ejecutiva, siempre han sido blancos. De todos los jugadores de la liga, un ochenta por ciento aproximadamente son afroamericanos.

DESCENDIENTES DE HOLANDESES CONTRA DESCENDIENTES DE IRLANDESES

La novela continúa en el invierno de 1964. El 29 de enero la Unión Soviética lanza dos satélites en un solo cohete. En febrero llegan los Beatles a Nueva York por primera vez. Malcom X forma un partido nacionalista negro. La batalla espacial entre Rusia y Estados Unidos continúa.

En ese contexto, Jim Carroll continúa su escalada ascendente de adicción a las drogas. No sólo a la heroína, a cualquier estupefaciente que pueda estar a su alcance. Una de las mejores cualidades de *The basketball diaries* desde el punto de vista puramente literario, son las descripciones de los estados de conciencia e irrealidad tras el consumo de drogas, en este caso marihuana:

Empecé a silbar una canción y el otro tío también, aunque sin darse cuenta, y tardamos cinco minutos en percatarnos de que los dos silbábamos la misma canción (posiblemente sólo habían pasado cuarenta segundos, pero parecían cinco minutos), y nos estábamos descojonando de risa, pateando el suelo, yo pensaba que iba a reventar. Los otros gilipollas también reían, pero no sabían por qué. «¿Qué coño os hace esta mierda?», dijo el que me había invitado a cerveza. «Te hace feliz», le contestó el colega.

La novela continúa en el otoño de 1964 y el invierno de 1965 con los mismos patrones de fondo, la guerra fría, la guerra en Vietnam y el conflicto racial que se agrava con el asesinato del activista negro Malcom X y las marchas encabezadas por Martin Luther King. Mientras Jim Carroll va a ver baloncesto:

Esta noche hemos ido al Garden a ver el partido de los Knicks... les han ganado a los Celtic por primera vez en dos años; los hinchas del Garden, esos carrozas con el puro siempre en los morros, se estaban excitando mucho desde sus habituales posiciones en el palco. Les encanta ver a Bill Russell cuando tiene un mal día, y hay que ver cómo lo tratan y lo que llegan a gritarle... Los Knicks me tendrían que dar un pase gratis para todos los partidos caseros. He

Boston Celtics 1960. Mayoría blanca.

estado aquí diecinueve veces estos dos últimos años, y han ganado cada partido... pero cada temporada acaban los últimos, siempre pasa igual.

Los New York Knickerbockers, más conocidos popularmente como New York Knicks, son una franquicia de baloncesto de la NBA con sede en la ciudad de Nueva York. Es uno de los miembros fundadores de la BAA en 1946, y uno de los dos únicos equipos, junto con Boston Celtics, que todavía se mantienen entre los equipos originales en la misma ciudad de su fundación. Su denominación de Knickerbockers hace referencia a los pantalones que llevaban los primeros colonos holandeses de la ciudad, una especie de bombachos que se ajustan a la pierna por debajo de las rodillas. Desde 1960 hasta 1966, los Knicks tuvieron una época difícil, siendo los últimos en la conferencia Este. Algunas de las derrotas más holgadas de su historia la sufrieron en la época que narra Jim Carroll en la novela. Cuando iba al Madison Square Garden a ver jugar a los Knicks, habitualmente los veía perder. Lejos estaban los títulos de 1970 a 1974 o la era de Pat Ewing, de 1985 a 2000.

Boston Celtics es una franquicia de baloncesto de la NBA con sede en la ciudad de Boston. El equipo utiliza indumentaria de color verde por su fuerte raigambre y tradición irlandesa. Fundado en 1946 es el equipo más laureado de la historia de la NBA con diecisiete campeonatos. Desde 1957 hasta 1969 ejerció un dominio absoluto de la competición, con once anillos de campeón. En la década de los setenta los Celtics ganaron dos títulos más. En la década de los ochenta consiguieron tres títulos más, disputados en aquellas tres épicas finales contra Los Ángeles Lakers. Recuerdo ahora aquellos maravillosos partidos, mezcla perfecta de espectáculo y técnica, vistos desde España con algún bostezo y legañas de madrugada: a Larry Bird contra Earvin *Magic* Johnson. Como alguien dijo alguna vez, lástima que no recuerde quien, el baloncesto nunca fue mejor que cuando ellos eran los mejores. Después de una larguísima travesía del desierto para un equipo acostumbrado a ganar, veintidós años después los Boston Celtics consiguieron otro anillo más, el último hasta el momento.

UN NEGRO ARROGANTE QUE NO FIRMA AUTÓGRAFOS A LOS NIÑOS BLANCOS

Como hemos visto, curiosamente, Jim Carroll, ridiculiza en *The basketball diaries* a Bill Russell, pívot de los Boston Celtics, jugador fundamental en la mejor época del equipo. Once anillos conseguidos, los dos últimos siendo jugador-entrenador. Once campeonatos en trece años. Diez finales seguidas ganando ocho títulos consecutivos. En cinco ocasiones nombrado MVP (*most valuable player*) de la temporada, cuatro veces el máximo reboteador del año. Bill Russell es el jugador más galardonado de toda la historia de la NBA. Uno de los jugadores americanos más importantes de todos los tiempos. No obstante, en el relato de Jim Carroll es un jugador torpe, mal tirador, olvidándose de que era un gran defensor, ponía tapones estratosféricos y reboteaba como nadie. Bueno, como el mítico Wilt Chamberlain, los dos únicos jugadores, en la historia de la NBA capaces de coger más de cincuenta rebotes en un partido. Aunque en cierto modo Carroll aclara que, a los seguidores de los Knicks, les gusta ver a Bill Russell en un día malo. ¿Pura ironía neoyorkina? ¿Pura resignación por el fracaso repetido de los Knicks? Puede ser.

William Fenton, Bill Russell, nació en Monroe (Luisiana) el 12 de febrero de 1934. Creció en el sur segregado de Estados Unidos, el profundo sur. Su familia se vio profundamente afectada por el racismo generalizado de la época. A su padre en una gasolinera se le negó el servicio hasta que fueran atendidos todos los clientes blancos. Su padre intentó marcharse y buscar otra gasolinera. El encargado se lo impidió con una escopeta amenazando con matarlo si no esperaba su turno. A su madre, en otra ocasión, un policía le hizo regresar a casa porque paseaba por la calle con un vestido elegante, con «ropa de blanca». Debido al racismo que sufrían en Monroe, la familia decide trasladarse a Oakland (California). Su madre, Kathy, murió de una insuficiencia renal poco antes de cumplir los treinta y tres años. Bill Russell tenía doce años. Su padre renunció a su trabajo de camionero para cuidar de sus hijos Bill y su

Kevin Durant: *black power* en el baloncesto.

hermano mayor Charlie que, con el tiempo, se convertiría en un conocido dramaturgo.

Russell asistió al Instituto McClymonds, donde no sobresalió como jugador de baloncesto hasta los dos últimos años de secundaria, cuando ganó tres campeonatos estatales con el equipo. Luego conseguiría una beca para jugar con los Dons de la Universidad de San Francisco, con los que logró dos campeonatos consecutivos de la NCAA en 1955 y 1956. En esta universidad pasó tres buenos años en lo deportivo pero duros en lo personal. Con sus compañeros de equipo K.C. Jones y Hal Perry sufrieron la discriminación de no permitirles pernoctar en determinados hoteles por el hecho de ser negros.

Su preponderancia defensiva y reboteadora motivó un cambio en las reglas de juego que llegaron a llamarse las Reglas de Russell. Tras la temporada de 1955 se decidió ensanchar la línea de tiros libres de tres a seis pies, con el objetivo de obligar a los pívots a jugar más lejos de la canasta. También se prohibió tocar el balón cuando va en trayectoria descendente a canasta. Fue elegido en el Draft de 1956 por los Boston Celtics. Antes de incorporarse al equipo fue capitán de la selección de Estados Unidos que ganó la medalla olímpica en los Juegos de Melbourne de 1956.

Tras retirarse como jugador, fue entrenador de los Supersonics de Seattle, de 1973 a 1977 y de Sacramento Kings, de 1987 a 1988. Su etapa como entrenador no fue muy exitosa, aunque llevó a los Sonics a *play-offs* por primera vez en su historia.

Bill Russell era un ganador nato. Tenía un carácter difícil, amable con sus compañeros y amigos, arisco y desconfiado con los demás. Trataba a los periodistas con silencio y frialdad. Nunca firmaba autógrafos. El racismo marcó la vida y el carácter de Bill Russell. En sus memorias *Go Up for Glory*, publicadas en 1966, escribe: «Eres un negro. Eres menos. Una sustancia viva, inteligente, dolorosa, con olor y grasa que te cubre. Un pantano para luchar». Cuentan que la ficha del FBI de Bill Russell, era militante del *black power*, lo define como «un negro arrogante que no firma autógrafos a los niños blancos».

EL BALONCESTO DE LOS MARINES

El otro jugador real al que se refiere Jim Carroll, en su burla de los Boston Celtics, es Johnny Green. John M. Green nació en Dayton (Ohio) en 1933. Asistió a la escuela secundaria Paul Laurence Dunbar. Trabajó en una bolera de Dayton. Después de graduarse trabajó en una empresa de construcción y en un depósito de chatarra antes de alistarse con el Cuerpo de Marines de los Estados Unidos durante la guerra de Corea. Empezó a jugar al baloncesto en la base del ejército americano en Atsugi, en Japón.

Investigando la vida de Johnny Green se me ha cruzado, en ese laberinto de recuerdos que llaman memoria, una imagen. Eras muy joven, insoportablemente joven, once, doce años. Escuchas un rumor, puede ser Alfredo de la Cerda, siempre el bueno de Alfredo, «hoy vienen a jugar los americanos de la base». No recuerdas si venían de la base de Morón o de Rota. Tampoco en qué campo jugaron. Quizás fue en el viejo caserón de los hermanos Maristas en la calle San Pablo, puede ser. Aquel equipo que entrenaba Miguel Rodríguez y en el que jugaba el propio Alfredo de base. La primera impresión fue, claro, ver saltar a los jugadores negros, entonces nadie los llamaba jugadores de color. Aún puedes ver los saltos de aquellos jugadores que parecían tener muelles en el lugar de los gemelos. Era un juego anárquico, sin jugadas, en el que de pronto estallaba alguna genialidad. Jugaban a otro ritmo, como si el balón les perteneciera a ellos y a nadie más. También los jugadores blancos jugaban bien, pero menos, creo recordar en aquella tarde tan lejana, y ahora tan cerca, en el tiempo. Las cosas eran así, o al menos el niño lo interpretó de esta manera: los bases eran blancos, los aleros negros y los pívots, mitad y mitad. A los pívots, el entrenador, un señor bajito, calvo, vestido con una camiseta de instituto, les llamaba también pívots. A los bases y los aleros, les llamaba con palabras raras, *guard*, *forward* y cosas así. Pero eso lo sé ahora que tengo la ventaja del tiempo. Ay, la vida de los jugadores de baloncesto también pasa muy rápido. Entonces, el niño no sabía nada y lo sabía todo. Después, volvieron a venir los americanos de la base, tres o cuatro veces más. Pero nunca pudiste, con varios años más, cumplir tu sueño de jugar en la base aérea de Morón o en la base naval de Rota. Fue una promesa continuamente aplazada, finalmente incumplida. Ya eras un jovencito, dieciséis, diecisiete años, y querías ver mundo. Aviones, portaviones, cazas, submarinos, gimnasios, supermercados, campos de beisbol, la pista de baloncesto, de parqué, convertida en un salón de baile. Los marcadores electrónicos, los chicles, las boleras, los zapatos de punta, los pantalones vaqueros, los discos de *rock and roll*. Todo lo que salía en las películas antes de que se cortara el rollo justo cuando la guapa y el guapo se iban a dar un beso. Todo eso traían a la Sevilla de los primeros setenta, todavía en blanco y negro, los americanos de la base. Ah, se me olvidaba, y la Coca-Cola y el Marlboro para algún bar prohibido.

Pero quizás, quien mejor puede contárnoslo es Mike Hansen, exjugador del Estudiantes y de la Selección Española, que nació y vivió en la base americana de Torrejón de Ardoz:

TORREJÓN *AIR FORCE* BASE

Texto cedido por Mike Hansen, jugador de baloncesto de la Selección Española.

Nací en la base americana de Torrejón de Ardoz, condado de New York (el término de condado de N.Y. es algo que genera mucha broma en mi casa, pero es así), la base era territorio de los USA en Madrid, con código postal 09283 de New York. Me crié entre dos mundos, dos culturas totalmente diferentes en todo, idioma, educación, comida, costumbres, aficiones; todo era diferente, muy distinto, hay que tener en cuenta que hablamos de los años 70 y 80, hoy afortunadamente la tecnología hace que todos estemos al tanto de todo y nada es extraño porque nada es desconocido. La base era una pequeña ciudad americana y, si no salías de sus límites, podrías creer que estabas en cualquier sitio de USA. Dentro había tiendas, supermercado, cine, bolera, campo de golf, restaurante, colegios, hospital, farmacia, todo igual que en América, los coches, ropa, la mercancía llegaba constantemente en los aviones, así que siempre estábamos surtidos de todo.

En la base también había casas donde vivían los altos cargos militares, el resto vivíamos fuera de la base, en Alcalá de Henares, Torrejón, Canillejas, había zonas como Encinar de los Reyes que era un pequeño pueblo sólo de americanos de la base, y en urbanizaciones cercanas a la base donde se agrupaban todos los americanos que trabajaban dentro. Mi madre es española, así que yo viví simultáneamente los dos mundos, crecí con las dos culturas al mismo tiempo, sin que ello me supusiera problema alguno, dentro era americano y fuera español, dos idiomas y dos culturas; la realidad es que soy un privilegiado.

Mi padre, Edward W. Hansen, (Portland, Maine 1932) era empleado del departamento de defensa americano y profesor de Educación Física en el colegio. Su primer destino fue la base de Morón, en Sevilla, luego fue destinado a la base aérea de Zaragoza y finalmente a Torrejón, donde conoció a mi madre y pidió permiso especial para permanecer en Madrid y no ser destinado a ninguna otra base, ya que los destinos duraban únicamente 4 años y obligatoriamente te mandaban a otra base.

Mis hermanos y yo, cada día entrábamos en la base con mi padre y ya no volvíamos a España hasta la tarde. Allí íbamos al colegio, comíamos, hacíamos todas las actividades deportivas y convivíamos con el resto de americanos, hacíamos vida normal. A esa edad, aparte de las comidas, lo que a nosotros nos resultaba más diferente era el deporte; en la cultura americana el deporte es importantísimo, tanto como lo son las matemáticas. Yo recuerdo que, para mis primos y amigos españoles, esto era totalmente diferente. En el colegio practicábamos todos los deportes, *football, soccer, basketball, baseball*, atletismo, boxeo..., de una manera totalmente integrada en la educación. Crecimos con el compromiso deportivo de una manera natural, sin que nuestros padres tuvieran que encontrar el momento, el sitio y hacer una organización brutal para que sus tres hijos hicieran deporte; todo se hacía en el colegio al igual que las demás materias. No se practicaban todos los deportes a la vez, por supuesto, iban un poco al hilo de las competiciones americanas, de hecho, mi pasión era el *football* americano, donde no se me daba nada mal jugar de *quaterback*, luego me decidí por el baloncesto, pero mi primera pasión era el *football*..., aún juego algunos pases con mis hijos y mis sobrinos.

La manera de entender el deporte en mi vida americana me ha ayudado muchísimo a lo largo de mis años, aprendes a tener un compromiso y una lealtad a tus compañeros, a tus colores, a tu deporte, aprendes desde pequeño a gestionar derrotas y victorias, lesiones y momentos de sequía; los torneos que nosotros jugábamos en la base eran increíbles, como si fuéramos jugadores profesionales, así se vive el deporte allí y así crecí yo.

Dentro de la base y con esa pasión deportiva que tenemos los americanos, no nos perdíamos ni un solo partido, nos reuníamos todos, a la hora que correspondiera y veíamos la *final four* universitaria de baloncesto en directo, la Super Bowl, porque dentro de la base, en la televisión veíamos las emisiones americanas, todo en directo, así que llegábamos a veces a la base de madrugada a ver alguna que otra final; lo recuerdo con especial alegría, para mi aquello era toda una aventura.

La base americana de Torrejón tenía una afición enorme por el baloncesto, el comandante de la base era un loco del *basket*, quería que su equipo fuera el mejor de todas las bases de Europa; para mí, creciendo allí fue increíble lo que pude ver, jugar y disfrutar. Cada año el pentágono mandaba a una estrella deportiva a dar *clinics* a las bases americanas. Recuerdo a Bill Walton, Denny Crum (entrenador carismático de baloncesto de la Universidad de Louisville), el legendario entrenador de los Dallas Cowboys, Tom Landry, los Harlem Globetrotters, etc., pero el que marcó un antes y un después en mi pasión por el baloncesto fue *Pistol* Pete Maravich. Lo que vi ese 22 de mayo de 1975 en el pabellón de la base, no lo he vuelto a ver jamás y es anecdótico que, 14 años después, yo jugara en el pabellón que lleva su nombre en la prestigiosa Universidad de Louisiana State en Baton Rouge, el primer español en jugar en una universidad americana, lo digo con humildad pero con orgullo, les metí 40 puntos con la pequeña universidad de Tennessee Martin, batiendo el récord de anotación de un jugador visitante, que tenía en su poder Bernard King, y que me abrió las puertas a la élite del baloncesto universitario americano. Al finalizar la temporada, Dale Brown, mítico entrenador de Louisiana State me llamó para ofrecerme el cambio de universidad y así ver cumplido mi sueño de jugar en una potente universidad americana.

Ese sueño se forjó todos los fines de semana en el pabellón de la base. Mis padres no podían mandarme a una universidad americana y mi padre me dijo que, si entrenaba lo suficiente y destacaba, algún día alguien me encontraría y me daría una oportunidad. Ese mensaje tan *americano* se me grabó en la mente, hasta llegar a ser casi una obsesión que me empujaba a superarme cada día. Desde primera hora de la mañana a la noche el pabellón de la base era como cualquier *playground* de USA, partidos y partidos sin parar. Los soldados americanos estaban todo el fin de semana jugando *pick-up games*, eso era un espectáculo, había soldados que habían jugado en universidades americanas y antiguas estrellas de High School. Recuerdo que mi padre me dejaba por la mañana con algo de comida y un dólar para comprar un refresco y me recogía por la noche; llegabas pronto por la mañana, te apuntabas en el tablón y te sentabas a ver partidos y esperar tu turno, había un montón de equipos esperando para jugar, yo tendría 15-16 años y una ilusión enorme. Íbamos entrando de 5 en 5, si ganabas te quedabas, a veces era yo el único blanco jugando en aquellos equipos de soldados; aprendí rápido, lo que fuera necesario para ganar y que no me eliminaran. Era común ver entrar a David Russell o Wayne Robinson al pabellón acompañados de sus amigos, disfrutando de un día en *América*.

El equipo de la base, competía en torneos contra el resto de bases de Europa, y los equipos del colegio de la base lo hacíamos contra los equipos de la base de Rota y Zaragoza, eran torneos llenos de rivalidad, muy intensos y muy divertidos. Torneos como los partidos que puedes ver en cualquier película americana, con las bandas de música, las pancartas, los estandartes, *cheerleaders*, los perritos, palomitas, bebidas... con una afición entregada compitiendo con la afición del rival. Cuando venía a verme algún amigo de fuera de la base se quedaba encantado, era un espectáculo todo lo que movía cualquier partido, del deporte que fuera. La verdad es que para mí todo era muy normal, yo he crecido así y no me resultaba nada extraordinario, ahora con el paso del tiempo y otra perspectiva, al comentar con antiguos amigos de la base me doy cuenta de la inmensa suerte que tuvimos, yo he vivido mi infancia como cualquiera de mis primos de Maine y al mismo tiempo he vivido lo mismo que mis primos y amigos españoles, las dos culturas de manera simultánea y natural.

Las familias americanas estaban muy integradas en la sociedad española, ya que la gran mayoría vivía fuera de la base. En el colegio hacíamos excursiones al Museo del Prado, Palacio Real, Segovia, pista de hielo del Real Madrid, al Zoo, Parque de Atracciones, Manzanares, el Escorial, Museo de Cera, al Retiro y muchos otros sitios. Recuerdo esas excursiones con especial nostalgia, ya que éramos una sensación allá donde íbamos por la variedad étnica (así está compuesto el ejército americano) y la ropa que vestíamos, algo insólito en la España de entonces. Un famoso lugar de encuentro fuera de la base para las familias era el restaurante El Descanso, (la casa de las costillas), a pie de la nacional II a la altura de Barajas. Sufrió un atentado islamista el 12 de abril de 1985 y aunque reconstruyeron el local, nunca volvió a ser lo de antes, por el miedo.

Si no recuerdo mal, un año vino el Real Madrid a jugar el torneo de la base y fue un clamor tremendo para todos los amantes del baloncesto, aunque el resultado final fuera muy abultado para el conjunto blanco, eso hizo que, para los siguientes torneos, viniese el Junior A del Real Madrid. Eran partidos muy igualados y calientes, donde se pudo ver las primeras broncas arbitrales por el diferente criterio de reglas entre Estados Unidos y FIBA. Los árbitros, con sus uniformes de cebra eran militares y no les temblaba el pulso en pitar pasos y dobles cada vez que el Madrid hiciese un traspiés o parada en un tiempo y paso extra, pero después, unas buenas hamburguesas, BBQ y Budweisers reconciliaban los ánimos y fomentaban la buena amistad.

Mi padre, aunque nunca pudo quitarse el fuerte acento americano, era un enamorado de España. Quiso que sus hijos tuviesen una educación americana, y a la vez que no perdiesen sus raíces españolas. Era socio del club de tenis del Real Madrid, y seguidor fiel del Real Madrid de baloncesto. Desde que yo recuerde, no me perdí ni un solo torneo de Navidad, viendo a la Universidad de North Carolina en dos ocasiones, la Universidad de Tennessee y su espectacular rueda de calentamiento, la URSS, Maccabi Cibona..., en fin, un sueño para un chaval como yo. Mis padres me bautizaron en Mojácar, un lugar que descubrió mi padre antes de que yo naciera y que sería para él su Valhalla en la tierra. (Mi abuelo americano nació en Oslo y emigró a Ellis Island a los 3 años de edad). Mi padre hasta nombró una parte de la costa de Mojácar como «vista de Los Ángeles», porque le recordaba a la zona donde consiguió su máster en enseñanza, en la Universidad de Southern California. A día de hoy, lo sigue llamando así.

A mi padre le encantaba regalar y compartir con sus vecinos españoles productos americanos; recuerdo cómo regalaba a los niños dulces americanos que no se podían encontrar en España en esa época (Snickers, M&Ms, Jelley Beans, Gummy Bears, todo tipo de cereales), sacaba cartones de Marlboro y Winston, que eran carísimos en España, y se los regalaba a sus amigos españoles, también Levi's, Converse All Star y Nike. A él le encanta competir con España, aún ahora sigue comparando todo, si es mejor lo americano o si es mejor lo español, en casa nos hace mucha gracia porque ahora ya no hay diferencias, al menos no tan significativas como cuando yo era pequeño, que entonces sí que teníamos cosas que nadie había visto antes.

Mi padre fue mi primer entrenador de baloncesto. Jugué para él en el equipo de Royal Oaks (Encinar de Los Reyes) desde los 7 hasta los 11 años. En esas cuatro temporadas perdimos un solo partido (85-1) y debo decir que fue muy sospechoso el arbitraje ese día. Jugábamos contra el equipo del hijo de un general de la base y lo demás os lo podéis imaginar. Mi padre se dio cuenta que yo necesitaba jugar contra mejores equipos y fiel a su espíritu aventurero, investigó los colegios con más tradición de baloncesto en Madrid y se fue un día al San Viator, para hablar con José Domaica, para pedirle un partido amistoso entre su mejor equipo de nuestra edad y los *astros* de Royal Oaks. Cómo me acuerdo de ese partido: llegamos al San Viator, un día entre semana en pleno enero y nosotros pensábamos que jugaríamos en un pabellón como el de la base, qué ingenuos... Cuando salimos al mítico patio del San Viator y vimos la cancha, canastas de *minibasket* sin red y balones de *minibasket* no nos lo podíamos creer. Preguntamos por las canastas grandes y balones oficiales, ya que no existe el *minibasket* en Estados Unidos, pero nos dijeron que ese era el campo y se jugaba al *mini* a nuestra edad. Teníamos varios jugadores afroamericanos y creo que nuestra rueda de calentamiento ha sido la más espectacular que se ha visto en esa época, pero una vez que empezó el partido, la cura de humildad fue tremenda. Su presión a todo el campo, dominio perfecto de ese balón pequeño y gran precisión sobre esas canastas, que nos parecían de juguete, nos endosaron nuestra segunda derrota en cuatro años. Había mucha gente rodeando esa pequeña cancha de *mini* para ver al equipo *americano*. ¡Después del partido los chavales que nos vieron jugar nos pedían autógrafos! Sería porque parecíamos de otro planeta para ellos. A mí no me hizo mucha gracia, pero a mi padre le encantó y rápidamente buscó más partidos amistosos: contra San Patricio, Estudiantes, SEK, Virgen de Atocha. Al año siguiente decidió que era mejor para mí jugar también la liga de Madrid y me obligó a hacer una prueba para el Mini A del Canoe. Yo no quería porque era bastante tímido por aquel entonces, pero él me dio ese último empujón que fue vital y decisivo en mi carrera como jugador de baloncesto. Sin mi padre y sus valores americanos, yo no hubiese llegado a ser jugador de élite en el baloncesto. Se lo debo todo a él por empujarme al máximo y mantener viva esa llama de llegar a conseguir una beca en la NCAA.

Yo he procurado, dentro de mis posibilidades, hacer lo mismo con mis hijos, desde luego inculcarles un amor y un respeto enorme por el deporte, por el que ellos elijan, todos juegan al baloncesto, pero también han hecho fútbol, tenis, y *football* americano (que nos apasiona a todos, pero en España no hay tantas opciones, aunque mi hijo mayor ha jugado aquí, en Valladolid, en un equipo). Es una pena que en España el deporte no tenga la consideración que debiera y que no esté mucho más introducido en la educación obligatoria. Luego de mayor, en cuanto tienes un problema de estrés o cualquier preocupación, los médicos te recetan actividad física, moverte cuanto más mejor y no hacer vida sedentaria, poco a poco alcanzará la importancia que tiene.

Dentro del espectáculo de los deportes americanos, lo que más llamaba la atención fuera de la base, eran las equipaciones, ya no te digo las de *football* americano que es lo normal, me refiero a cualquier equipación con el chándal, los galones de campeones, las bolsas, las cazadoras con los nombres, escudos y diferentes reconocimientos deportivos... aún tengo mucha ropa de mi infancia guardada, es un recuerdo para toda mi vida y para la de mis hijos, que conocen y disfrutan con las historias que acompañan a cada prenda.

Las celebraciones de la base eran a lo grande: el 4 de julio, todos los americanos se citaban en la base y eso parecía una barbacoa gigantesca. Se podía oler las hamburguesas a la brasa, costillas y salsa de barbacoa por toda la base y, al oscurecer, el espectáculo de fuegos artificiales era precioso. Thanksgiving era mi favorito, las cantidades de comida descomunales y las mesas con los mejores postres americanos eran un sueño para cualquiera que le gustara el dulce. Halloween también se celebraba a lo grande y Royal Oaks (Encinar de Los Reyes) se llenaba de niños y niñas disfrazados y yendo de casa en casa pidiendo caramelos con el famoso *trick-or-treat*. Alguna vez llevé a mis amigos españoles y se lo pasaron de muerte. Lo que más respeto me causaba era en Navidad, cuando iba a sentarme en el regazo de Santa Claus para pedirle los regalos que quería; muchas veces me costaba decir una sola palabra. También estaban las fiestas escolares de fin de curso, con sus bailes y trajes de etiqueta, mis primos y amigos alucinaban con todo aquello, ahora en España ya se hacen muchas cosas similares, las fiestas de graduación, las entregas de becas; me parece estupendo que de cada cultura se copie todo aquello que suponga un incentivo para los niños, y un motivo de celebración.

Cada dos años, el gobierno americano pagaba el transporte aéreo a todas las familias para que pudiesen regresar a visitar a sus familiares en Estados Unidos. El año que tocaba era siempre muy especial. A parte de estar un mes con todos mis primos (40) en Portland, Maine, mis padres aprovechaban para que fuese a campus de baloncesto y *football* americano. Un campus que repetí varios años fue el de John Wooden (UCLA), todavía considerado el mejor entrenador universitario de todos los tiempos. Las instalaciones del campus eran en Thousand Oaks, California y eran 10 días de baloncesto para desayunar, comer, cenar y soñar. Fundamentos, más fundamentos y competiciones durante 10 horas diarias. Un verano que recuerdo con especial cariño fue el de 1984, el año anterior sé que mis padres estuvieron ahorrando para poder comprar entradas para las Olimpiadas. Pudimos ver varias modalidades, Carl Lewis en los 100 m, el relevo 4 x 100, voleibol... Pero la gran sorpresa para mí fue cuando pude ver a España ganar en semifinales a Yugoslavia (¡¡¡¡¡Estuve allí viéndote Juan!!!!!).

Gracias a ese empujón de mi padre empecé a destacar en la liga madrileña con el Canoe, hasta llegar a formar parte de la Selección Española Infantil que quedó Campeona de Europa en Stuttgart en 1985. Para mí, era muy habitual terminar un partido de *football* americano y, rápidamente, meterme en el asiento trasero del Ford Fiesta dorado de mi madre, cambiarme las hombreras, botas y protecciones y ponerme el uniforme amarillo de baloncesto de camino al Pez Volador. ¡Qué tiempos aquellos! En juveniles fiché por el Estudiantes, después de descartar al Real Madrid, porque no me metían con los de un año más y el Estu, sí. Ese verano en el Europeo juvenil de Hungría, un ojeador americano me vio jugar y esa frase que me dijo mi padre años atrás, se hizo realidad: me encontraron y hacia Kentucky fui con Sergio Luyk, para terminar el último año de instituto, luchar por una beca y conseguir ese sueño.

La verdad es que mi vida en la base me ha proporcionado un montón de vivencias inolvidables, incluso para ser un sitio tan reducido, he sido partícipe de momentos históricos de los que ahora soy aún más consciente. Un ejemplo, los aviones cargados de soldados paraban en Torrejón a repostar combustible, descansar, cuando USA estaba inmersa en plena guerra del Golfo. Se recibía a los soldados con un respeto, orgullo y admiración increíbles, lo normal en la cultura americana. A nosotros viviendo allí nos parecía algo normal, ahora a veces viendo alguna película de la Segunda Guerra Mundial con mis hijos alucinan con la destreza y rapidez que suben y bajan los soldados de los aviones. Se sabía cuándo iban a llegar los aviones con los soldados y mi padre y madre les preparaban comida y la llevaban a la base para entregársela a los soldados antes de ir al Golfo o de volver a casa. En el colegio los alumnos les escribían cartas de ánimo y agradecimiento, que también les entregaban. Mi padre siempre cuenta la cara de miedo que tenían esos soldados jóvenes entre 18 y 21 años, empaquetados como sardinas en las bodegas de los Lockheed C-130 Hércules, camino a lo desconocido. Otra de las cosas que recuerdo con mucha frecuencia fue el tema de la OTAN, no podíamos acceder a la base porque había piquetes y nos gritaban e insultaban. A mí me daba bastante miedo, al igual que cuando había atentados en Madrid y se cerraban todas las salidas de la capital. El trayecto de mi casa a la base era interminable, lleno de retenciones y muy lento, además del miedo que teníamos por si atentaban contra nosotros; en esos momentos críticos de tanto atentado, estábamos en alerta máxima, el ambiente en la base se notaba muy diferente, mucho.

Cuando cerraron la base, sentí una pena inmensa, no era un cambio de casa, aquello fue como si mi ciudad hubiera desaparecido; poco a poco todo se recogió, la gente o se fue a otras bases o se volvió a América. Nos fuimos quedando solos, sólo unos pocos; aún hoy suelo ir por toda esa zona, también por el Encinar. Durante

Baloncesto entre aliados militares: Francia contra Estados Unidos en 1919.

92

mucho tiempo aún estaban intactas las casas de muchos de mis amigos, también el pabellón, la señal de mi vida anterior. La base movía mucho la economía de la zona, en ella trabajaba mucha gente española que se quedó sin trabajo después de toda una vida en la base. La cantidad de casas que estaban alquiladas por toda la gente que vivía fuera —mis padres tenían su casa porque mi madre era española, pero los demás, para cuatro años que iban a estar, vivían alquilados—, dejó muchas zonas vacías. Además, los americanos gastaban mucho dinero fuera de la base en ocio: restaurantes, museos…, el cierre supuso una importante pérdida económica para mucha gente, yo perdí una parte de mi historia, físicamente, porque nada borrará todo lo que viví y aprendí en mis dos mundos.

Y para cerrar el círculo de cómo un padre americano y una base americana en el corazón de España pueden tener tanto que ver en que el sueño de un chaval se cumpla, conseguí ser capitán en Louisiana State, junto con Shaquille O'Neal, y jugar de titular. Antonio Díaz-Miguel fue a verme jugar cada año, quedándose un par de semanas en el campus. En 1991, me convocó para la Selección Nacional Absoluta y después de ganarme el puesto durante casi dos meses, formé parte de la selección que ganó la medalla de bronce en Roma 91. Ha sido el momento que más orgullo he sentido en mi larga carrera como jugador de baloncesto.

Cuando ya era profesional, mi padre volvió a decirme una de esas frases tan americanas suyas: «hijo, si alguna vez tienes la oportunidad de devolver al baloncesto todo lo que te ha dado, hazlo, porque será lo correcto».

Años después, cuando desapareció el Fórum Filatélico de Valladolid, recordé ese mensaje de mi padre y di un paso al frente para crear un nuevo club y que Pucela no se quedara sin baloncesto. Gracias a mi padre y esos sabios consejos, hay un club sano y creciente en la cuidad donde hoy en día vivo.

«LA CABEZA ME PESA COMO EL PEÑÓN DE GIBRALTAR»

Merece la pena transcribir esta escena muy significativa de la vida de Jim Carroll entre las drogas y el baloncesto. Poniéndole una vela a Dios y otra al diablo:

Como esta noche teníamos que jugar en Horace Mann, Marc y yo nos dimos una vuelta al salir de clase y nos fuimos a rastrear Central Park para ligar alguna anfeta. Me he encontrado a un menda bastante legal que nos ha ofrecido anfetas y tranquilizantes muy guapos, y ligamos diez de cada... Aquí tenemos veinte píldoras, mejor dicho, cápsulas. Diez son rojas y negras, las otras diez de un rosa pálido. «¿Cuáles has dicho que son las anfetas, Marc?», le pregunto distraídamente. Traga la saliva, y dice: «No se lo pregunté, pensaba que tú ya lo sabías». «¡Qué putada!». Lang afirma que las rojinegras son las anfetas, pero no lo dice muy seguro...

Naturalmente se han equivocado de píldora, han tomado el tranquilizante en vez de la anfetamina. La situación es hilarante y dramática a la vez:

Empiezo a sentir las piernas como si alguien me hubiese hecho un bonito agujerito encima de cada muslo y por ellos me hubieran echado unos cuantos litros de plomo líquido; la cabeza me pesa como el peñón de Gibraltar.

Este fragmento de la novela me lleva a reflexionar sobre el uso de las drogas en el baloncesto que yo he vivido. Hicimos muchos

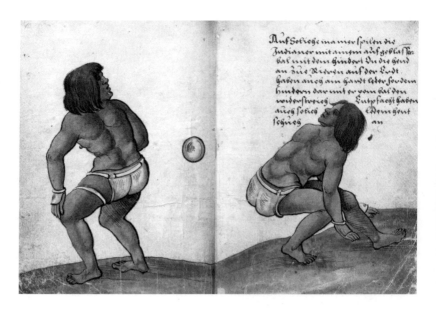

¿Dónde está el balón?

controles *antidoping* durante la década de los noventa y los primeros años del entonces nuevo siglo, que tantas fatiguitas nos está trayendo. Hicimos muchos controles *antidoping*, sobre todo de fútbol. Muchas tardes, noches, por las carreteras de Andalucía y Extremadura, con amigos compañeros: Pepe Naranjo, uno de los mejores fisiólogos del ejercicio de España y sobre todo baterista de *jazz*. Antonio Bizcocho, coriano del río, que es una categoría superior a la kantiana, y sindicalista médico. Y Antonio Bohórquez, único, que se fue, no por la velocidad que le metía a su carro, sino por una mancha de radiografía. Duele el recuerdo cuando vuelve. En baloncesto hice también algunos controles, muchos menos, estaba trabajando en el entonces Caja San Fernando y los pasaba acompañando a los jugadores del equipo a los que les tocaba. La verdad es que no supe de ningún caso de *doping* en mi equipo, durante casi quince años, ni en el resto de los equipos de la ACB. Ah, se me olvidaba, nos tocó hacer el control *antidoping* a Diego Armando Maradona, en el Ramón Sánchez Pizjuán, campo del Sevilla F.C., una mañana de Domingo de Ramos. Dio negativo, como es sabido. Fue el único control que Diego pasó en España. Pero no contaré nada más, porque este no es un libro de fútbol, es un libro de ba-lon-ces-to.

¿CHIMPANCÉ O LEOPARDO?

Si seguimos leyendo *The basketball diaries* nos encontramos con una peculiar clasificación de los jugadores de baloncesto: en leopardos o chimpancés:

> Presencia del leopardo mejor que la del chimpancé. Los dos la tienen, pero el chimpancé tiene que ofrecerla todo el día, brincando para que se le note, mientras que el tímido leopardo está simplemente sentado, pasando de todo, o bien se mueve en plan sexy. Sobre la cancha es igual de fácil; ligas el balón, regateas o lo pasas por atrás...

Jugadores como Carmelo Cabrera, Slavnic, el Chacho, Sergio Rodríguez, capaces de darle la vuelta a un partido en pocos minutos o jugadores como Corbalán o Ricky Rubio, la intensidad y la regularidad. Hay que elegir, a veces, entre la eficacia o el espectáculo. Tengo mi particular teoría de que en España ha habido dos jugadores que han marcado dos épocas: Juan Antonio Corbalán y Ricky Rubio. Los dos bases que han cambiado el *timing*, la intensidad y el ritmo de juego. Con ellos se empieza a jugar a otra velocidad. Por supuesto, rodeados de grandísimos jugadores como fue Fernando Martín o el legendario San Epifanio, Epi, y muchos más. en el caso de Juan; y los hermanos Gasol en el caso de Ricky Rubio. Por nombrar sólo a los jugadores más emblemáticos. Detrás, hay una nómina, posiblemente irrepetible, de jugadores españoles de mucha calidad, de primera línea. Que me disculpen, pero este libro está escrito para mojarse: yo me quedo con los leopardos Corbalán y Rubio.

La novela transcurre ahora en la primavera y verano de 1965. El conflicto racial está al rojo vivo. Hay numerosas marchas por los derechos de la población negra. encabezadas por Martin Luther King Jr. El 17 de marzo el presidente Lyndon Johnson envía al congreso una propuesta de ley para el derecho al voto. Continúa la escalada atómica y la guerra espacial. En Vietnam, ocurre el primer bombardeo de Estados Unidos sobre el norte de Hanoi. Ese verano, además, ocurre algo muy importante para los dylanianos como yo. El 25 de julio en el Festival Folk de Newport, Bob Dylan provoca un escándalo entre los puristas de la música folk, por utilizar instrumentos eléctricos. Y seguimos mojándonos, jugando donde se da la leña, pienso que estuvo muy bien que le dieran el premio Nobel de Literatura a Robert Allen Zimmerman, vulgarmente conocido como Bob Dylan.

GANCHOS DEL CIELO

Seguimos leyendo *The basketball diaries* hasta encontrarnos con esta sorpresa:

> Ayer la cagamos. Perdimos el último partido de la liga de verano, para los de hasta quince años en el instituto George Washington;

esto nos ha impedido llegar a la final del campeonato que se celebra hoy. Éramos una buena pandilla, la mayoría chavales de los *pisos protegidos*, pero el reglamento decía que ningún jugador titular podía participar. Por esto no pudo jugar el gran Lewie Alcindor, aunque fuera del barrio. Joder, qué mala suerte, casi todos los equipos tienen sustitutos, pero es un poco difícil meter por la cara a un tío de más de dos metros, campeón en todas las categorías. En la cancha y para que no lo reconocieran, hubiera podido llevar unas gafas de sol, ¿no?

Con Kareem Abdul-Jabbar hemos topado. Nacido con el nombre de Ferdinand Lewis Alcindor Jr. En el barrio de Harlem (Nueva York) el 16 de abril de 1947. Era hijo único. Pesó al nacer casi seis kilogramos de peso y medía 57 centímetros. Con nueve años ya medía 1,75 metros y a los 14 creció hasta los 2,03 metros. Era el adolescente más largo de Harlem. Estudió en la Power Memorial Academy, una escuela católica de secundaria, potencia en baloncesto, de la que salieron varios jugadores NBA. Tras conseguir tres campeonatos escolares consecutivos, se enroló en el equipo de la mítica UCLA, la Universidad de California en Los Ángeles. los Bruins, entrenados por el legendario John Wooden.

Es curioso, pero Lew Alcindor impuso, sin querer, la «ley seca» de los mates en la Liga Universitaria desde 1967 hasta 1976. La propia NCAA reconoció que era una norma anti-Alcindor. Pero no consiguieron pararlo. Los Bruins de Wooden ganaron los tres campeonatos universitarios en los que participó. En vez de machacar el aro, el entonces Lew Alcindor, se dedicó a perfeccionar su arma de destrucción masiva: el *skyhook*, su famoso gancho que caía del cielo. El ganchero o ganchista —¡cómo se dirá en español!— por antonomasia, ha sido el mítico jugador del Real Madrid, y de la selección española, Clifford Luyk.

En su paso por UCLA, Lew Alcindor aprovechó para graduarse en Historia y de paso fulminar todos los récords posibles de la liga universitaria. Durante un partido con los Bruins sufrió una lesión en la córnea, que le hizo llevar sus características gafas protectoras.

Lew Alcindor fue elegido en la primera ronda del Draft de la NBA en 1969 por los Milwaukee Bucks. Los Harlem Globetrotters

Kent Benson *ganchea* ante la impotencia de Kent Ferdinand.

le ofrecieron un contrato de un millón de dólares para que se uniese a ellos, pero declinó la oferta y se enroló con los Bucks.

En sus dos primeras temporadas en la NBA era conocido como Lew Alcindor, antes de cambiar su nombre a finales de 1971, varios años después de convertirse al islam, según confesión propia, después de leer *The autobiography of Malcom X*. Adoptó el nombre de Kareem Abdul-Jabbar.

Hasta 1975 jugó con los Bucks, con éxito consiguiendo algunos de sus numerosos galardones. No obstante, no era feliz, por su forma de vida y sus creencias religiosas. Por ello pidió traspaso a Nueva York o a Los Ángeles donde recalaría con los Lakers, que estaban intentando olvidar a Wilt Chamberlain, retirado un par de años antes.

En el Draft de 1979, Los Ángeles Lakers ficharon a un base de sólo 2,06 metros llamado Earvin *Magic* Johnson, procedente de la Universidad de Michigan State. Magic Johnson llegó a jugar algún partido de pívot, sustituyendo a Kareen Abdul-Jabbar lesionado y, además, lo hacía bien. Con la llegada de Magic Johnson empieza el tiempo del espectáculo, el famoso *showtime*, un fantástico baloncesto de contrataque. Y llovían anillos en Los Ángeles. En los últimos años en los Lakers practicó yoga y artes marciales para mantenerse fuerte y ágil a la vez. Su maestro era Bruce Lee.

Los Lakers alcanzaron las finales de la NBA ocho veces en las diez temporadas entre 1979-80 y 1988-89. Ganaron cinco títulos, derrotando a Boston y Philadelphia, dos veces a cada uno, y una vez a Detroit Pistons. 1988-89 fue la última temporada de Abdul-Jabbar como jugador en Los Ángeles Lakers. Se retiró con cuarenta y dos años.

EL HOMBRE DE LAS RODILLAS DE CRISTAL

Durante todo el tiempo que he estado escribiendo acerca de Abdul-Jabbar ha sido inevitable acordarme automáticamente del gran Abdul Jeelani. El mejor jugador de baloncesto, sin duda, con el que he trabajado, a pesar de que sus rodillas eran de cristal.

Qadir Abdul Jeelani, nacido como Gary Cole, en Bells (Tennessee) el 10 de febrero de 1954. Con 2,07 metros de estatura era uno de los pívots más elegantes que he conocido. Estudió en la Washington Park High School. De 1972 a 1976 jugó en la Universidad de Wisconsin-Parkside, donde quedó para la historia como el máximo anotador y el máximo reboteador de los llamados Rangers. De 1977 a 1979 jugó en el Lazio Roma, equipo de la Lega italiana. Jugó en dos equipos de la NBA, Portland Trail Blazers la temporada 1979-80 y en Dallas Mavericks, la temporada de 1980-81. Después regresó a la Lega italiana, al Libertas Livorno de 1981 a 1985. De ahí vino a España, al Baskonia de Vitoria de 1985 al 1987. La temporada 1987-88 jugó en el Askatuak de San Sebastián en Primera B y la temporada 1988-89 en el Caja San Fernando de Sevilla, donde tuve la suerte de conocerlo.

Desgraciadamente falleció, de un infarto de miocardio, el 3 de agosto de 2016 en el hospital Wheaton Franciscan-All-Saints de Racine (Wisconsin). Tenía sesenta y dos años. Al parecer estaba bastante deprimido durante esos días, se acababa de enterar de que tendría que usar una bolsa de colostomía el resto de su vida, por el cáncer que padecía. Y esa era una realidad que él, tan vital, no estaba dispuesto a vivir.

El día siguiente a su muerte el *Racine Journal Times* se refiere a Abdul como «el talentoso pero problemático jugador de balon-cesto». Y así era, Abdul fue elegido en la tercera ronda del Draft por los Cleveland Cavaliers el 8 de junio de 1976. En el mes de octubre de ese mismo año se le rescinde contrato. El 2 de septiembre de 1977 ficha por los Detroit Pistons y es suspendido un mes después, antes de la temporada 1977-78. Jugó una temporada con los Portland Trail Blazers en 1979-80 y estuvo disponible en el llamado Draft de expansión el 28 de mayo de 1980 siendo elegido por los Dallas Mavericks donde jugó la temporada inaugural 1980-81, siendo el jugador que anotó los dos primeros puntos en la historia del equipo. En el caso de los Dallas Mavericks no lo cesaron, sino que fue él quien pidió la baja para regresar a Italia. Tengo muy claro que si no encajó en la NBA no fue por su calidad como jugador, que le sobraba, sino, al menos por dos motivos: su rodilla izquierda y su personalidad. De su rodilla izquierda recuerdo que, al fichar por el Caja San Fernando, le hicimos el *mapa óseo* habitual que hacíamos en los reconocimientos pretemporada en la clínica Fremap. La cara que se nos quedó a mi maestro y amigo, el fabuloso doctor José María Madrigal, y a mí. ¿Cómo era posible que con aquella rodilla que veíamos en las radiografías se jugara a baloncesto? Abdul Jeelani podía hasta el punto de ascender al Caja San Fernando de Primera B a la ACB. Hicimos el correspondiente informe y el bueno de José Alberto Pesquera, entrenador, y la junta directiva del club decidieron apostar. Y acertaron de sobra. Contemplo una foto de Abdul Jeelani jugando con los Mavericks y ya llevaba puesta, desde muy joven, su sempiterna rodillera izquierda.

El recuerdo que tengo de Abdul Jeelani como jugador es su tremenda facilidad para anotar. Para él, encestar era algo natural. Parecía que no le suponía ningún esfuerzo. Una mañana, durante un entrenamiento en el pabellón de Amate, metió una canasta estratosférica que paró el entrenamiento. No he visto nunca un lanzamiento así, ni en directo ni en televisión. Sus compañeros prorrumpieron en un largo aplauso. Era un momento delicado de la temporada y lanzó su mensaje. «No os preocupéis, ascenderemos, aquí estoy yo, Abdul Jeelani, de jovencito me llamaban Gary Cole». Fue una de las contadas mañanas que asistió a un entrenamiento, por eso lo recuerdo bien.

Tras su muerte, Jameel Ghuari, excompañero de equipo de Abdul en la Park High School y en la Universidad de Wisconsin-Parkside, cuenta al periodista Peter Jackel. cómo, tras dejar de jugar, cayó en una fuerte adicción al alcohol y las drogas, a mediados de los noventa. Un divorcio, la enfermedad de su madre, diabética con las piernas amputadas y que él cuida hasta que fallece en 2004, la situación económica y la soledad, influyeron sin duda. En el año 2010 llegó a convertirse en un *homeless*, un sin hogar, totalmente arruinado. Vivía en una residencia para personas sin techo y contaba con la única ayuda puntual de sus dos hijos, Azim y Kareema.

Un ejecutivo de una empresa italiana lo reconoce en un comedor social y transmite la información a un periodista, que se hace eco de la noticia en Italia. El presidente del Lazio, el equipo en el que jugó antes de hacerlo en la NBA, mueve cielo y tierra para ayudar a su ídolo de adolescencia. Abdul Jeelani era una leyenda en Livorno. Lo trae a Italia y le ofrece liderar una escuela de baloncesto para quinientos niños con problemas sociales, con edades comprendidas entre ocho y quince años, de veintisiete países diferentes. En este rescate, intervino también activamente Dino Meneghin, rival en la cancha, con el que había jugado muchos duelos a máximo nivel en los tiempos de esplendor de ambos jugadores. Abdul Jeelani vuelve a ver la luz y pasa dos años muy felices en Italia. Se implicó a fondo con los niños. En un libro, *Ritorno a colori*, publicado en 2011, se cuenta toda esa experiencia. El libro está escrito por Simone Santi, el presidente del Lazio Basket.

Tenía el pelo afro, las piernas delgadísimas, el tórax abombado donde escondía un gran corazón. Era muy generoso. Después de los triunfos, invitaba a los jugadores más jóvenes, a cigalas y bogavante. No he visto a nadie más feliz que a Abdul Jeelani, regresando del avión de Palma de Mallorca al día siguiente del ascenso del Caja San Fernando a la ACB. Lloraba de alegría. «El baloncesto es mi vida», decía. Había cumplido con creces. En esos momentos, debía sentir el orgullo del caballero que responde a la palabra empeñada.

Siempre me quedé con la sensación de que, a nivel personal, no había aprovechado bien mi relación con Abdul Jeelani, en el sentido de que había aspectos muy interesantes de su vida de los que no había hablado con él. Por ejemplo, su conversión al islam y su postura ante el problema racial en Estados Unidos, sobre todo en su juventud.

En el caso de Kareem Abdul-Jabbar no cabe duda de que van unidos. Pienso que obedece a la misma dinámica que existió en muchos afroamericanos en los años sesenta y setenta, en pleno apogeo del Movimiento por los Derechos Civiles. Para una gran cantidad de norteamericanos negros, convertirse al islam fue también una decisión política. En cierto modo, era la reivindicación de los derechos civiles desde el punto de vista de los jugadores y entrenadores de baloncesto en universidades históricamente negras.

En un bonito retrato en la página web de Endesa basket lover, que escribe Antonio Rodríguez, se define bien la extraña elegancia de Abdul Jeelani: «había en él baloncesto hasta en la mirada». Como bien recuerda la página web de los baskonistas, en Vitoria se le conocía como «la mano de Mahoma». Su compañero de equipo Iñaki Garaialde, en un magnífico artículo, en la misma página, describe muy bien las sensaciones que yo también tenía cuando veía jugar…: «Con el balón en las manos ya era un gran generador de sensaciones, con la seguridad de que algo mágico iba a pasar». Y pasaba. No en vano, sus estadísticas de NBA revelan unos números muy productivos, en relación a la calidad de los minutos disputados. No he visto a nadie jugar con tanta inteligencia los minutos finales de los partidos. Ahí radicaba su gran secreto. En el baloncesto no todos los minutos son iguales. Ni valen lo mismo. Abdul se reservaba durante el partido y sabía cuándo tenía que actuar decisivamente. Sabía cuándo no podía fallar. Y no fallaba. La mano de Mahoma era implacable, infalible. Grande, muy grande, Abdul Jeelani. Como un chiquillo, comía a escondidas el buen jamón serrano cuando Dios no lo veía.

Abdul Jeelani con el entrenador, del Caja San Fernando, José Alberto Pesquera. Dos importantes artífices del ascenso a la ACB del club sevillano: temporada 1988-89.

EL MEJOR JUGADOR DE LA HISTORIA DEL BALONCESTO NUNCA JUGÓ EN LA NBA

La lectura *The basketball diaries* nos sigue deparando continuas sorpresas:

> Me acerco y me pongo a charlar con unos conocidos, Vaughn Harper, un americano multicategorías, de Boys High, y con Earl Manigault, una de las figuras de Harlem, que mide uno setenta y ocho, capaz de darle a una moneda de medio dólar colocada encima de la tabla de la cesta. Ha sido admitido y despedido del equipo escolar un montón de veces por rollos de droga y otras mierdas por el estilo. Estos dos chavales, incluyendo al gran Lew, son los mejores jugadores de instituto de la ciudad.

En la novela Jim Carroll se refiere a dos jugadores reales más: Vaughn Harper y Earl Manigault, el mejor jugador de la historia que nunca jugó en la NBA.

Vaughn Harper nació el 1 de marzo de 1945 en Nueva York. Jugó en la escuela secundaria Boys High School en Brooklyn. Luego jugaría en la Universidad de Siracusa, donde destacaría como reboteador. Era un gran saltador por lo que fue apodado como Kangaroo Kid. Jugaba de pívot, aunque no era especialmente alto para esa posición, rozaba los dos metros. Después de jugar un breve periodo de tiempo en la liga comercial americana, la CBA, fue seleccionado en la sexta ronda del Draft de la NBA por los Detroit Pistons, con los que no llegaría a jugar por una lesión en la rodilla. Tras dejar el baloncesto alcanzaría la fama como locutor de radio, donde se convirtió en el legendario DJ Vaughn Harper, de voz aterciopelada. Tuvo un gran éxito, durante tres décadas, con su programa nocturno Quiet Storm (la tormenta silenciosa), en la WBLS, una conocida emisora de FM neoyorquina. Estaba muy involucrado en asuntos sociales. Todos los años llevaba a cabo el WBLS Sure Shooters para recaudar dinero con fines benéficos. Falleció el 9 de julio de 2016 en Englewood (New Jersey) por complicaciones de la diabetes que padecía. Tenía 71 años.

Para hablar de Earl *la Cabra* Manigault, es necesario primero adentrarse en el fascinante mundo del baloncesto callejero.

Rucker Park es la pista de *streetball* más famosa del mundo. Está, naturalmente tiene que estar, en el barrio de Harlem, entre la ciento cincuenta y cinco y la octava avenida. Harlem esquina con el Bronx. Todo comienza en el año 1946, cuando el profesor Holcombe Rucker decide crear un torneo de baloncesto juvenil al aire libre, con el objetivo de apartar a los jóvenes del ambiente de drogas y crímenes que se vivía en las calles de Harlem. Rucker logró que más de setecientos jóvenes obtuviesen becas a través del baloncesto.

En esa cancha de asfalto jugaron Julius Erving o Kareem Abdul-Jabbar, cuando soñaban con el estrellato de la NBA. En Rucker Park se juega otro baloncesto, el baloncesto primigenio, quizás, sin ataduras de esquemas, pizarras o jugadas prefabricadas. Aquí, en este patio de Harlem, ha jugado siempre el talento, la improvisación pura. Y aquí han jugado también ilustres desconocidos, grandes jugadores que, por distintas circunstancias, no dieron el salto de oro. El escritor de baloncesto Gonzalo Vázquez, en sus imprescindibles y recomendables *Leyendas del playground*, nos proporciona vida, santo y seña, de estos ases del baloncesto heterodoxo, quizás, del baloncesto perdido. Earl *la Cabra* Manigault, el primero, el mejor jugador de la historia del Rucker Park, que no es poco decir. Jim Carroll lo deja claro en *The basketball diaries*. Era el auténtico dios del Rucker Park.

Earl *The Goat* Manigault. Nació en Charleston (Carolina del Sur) durante el verano de 1944. Era el más pequeño de nueve hermanos. Con apenas cinco años su familia se traslada a Nueva York, a Harlem, a la calle 99 del West Side. Creció en un ambiente muy pobre, viviendo con sus padres y hermanos en una chabola de madera, sin agua corriente, ni luz. Su infancia transcurre en la calle, entre el baloncesto, el delito y la miseria.

Estudió en la Benjamin Franklin High School de Charleston, instituto donde se convirtió en estrella del equipo de baloncesto, gracias a su extraordinaria facilidad anotadora. El equipo de la Benjamin Franklin gana el campeonato escolar de Nueva York. 34 puntos, 15 rebotes, 10 asistencias son las credenciales de The Goat en la final jugada en el Madison Square Garden.

Como Jim Carroll, el protagonista de *The basketball diaries*, pronto, demasiado pronto, empezó a consumir drogas, marihuana al principio, primer paso de la adictiva escalada a la heroína que tanto le perjudicaría como jugador de baloncesto. Fue expulsado del instituto por consumir marihuana, por lo que ingresó en el instituto Laurindburg de Carolina del Norte. Al finalizar la enseñanza secundaria, a pesar de su pobre rendimiento académico, tuvo ofertas para jugar con universidades importantes como la de Duke o North Carolina. Al parecer recibió hasta setenta y cinco cartas de ojeadores universitarios. Finalmente optó por la Johnson C. Smith University, en Charlotte (Carolina del Norte), debido a que acogía solamente estudiantes de raza negra. Allí tuvo problemas constantes con su entrenador, Bill McCullough, por lo que a los seis meses abandonó el equipo para regresar a Harlem.

Earl *The Goat* Manigault vivía prácticamente en el parque con un balón, esperando a sus víctimas. Incansable, jugaba y jugaba partidos. Se hizo famoso especialmente por sus vuelos y sus mates, que congregaban a gran cantidad de público que acudía a la cancha para verle. Un depredador con un peculiar salto *doble dunk*, un machaque doble, primero con la mano izquierda y antes de que el balón caiga, con la mano derecha. Nadie ha vuelto a hacer este machaque doble como Manigault.

Otra de sus especialidades, a la que se refiere Jim Carroll en la novela, era el dominio de la parte superior del tablero de la canasta, aunque esta no era privativa de él. Allí le colocaban una moneda, un billete o una billetera. Así ganó muchas apuestas, mucho dinero. Algo increíble para un jugador que apenas llegaba a los 1,85 metros de altura.

En 1969 fue acusado de posesión de drogas e ingresó en prisión durante dieciséis meses. Su regreso al Rucker Park fue todo un acontecimiento. A sus partidos acudían cerca de diez mil espectadores. Enganchado fatalmente a la heroína tuvo de nuevo problemas legales. Su físico mermaba considerablemente. Volvió a la cárcel en 1977 por un atraco fallido. Pasó dos años en prisión, donde parecía haberse rehabilitado.

Al salir de la cárcel se fue a Charleston (Carolina del Sur) con el firme propósito de no probar más nunca la heroína. No quería ser

Shaquille O´Neal: el tiro libre comienza en la mirada.

un mal ejemplo para su hijo del que apenas se ocupaba. No duró mucho en Charleston. Regresó a Harlem derrotado y empezó otra vez la decadencia. Tras ser operado del corazón pareció reaccionar y comenzó a trabajar con jóvenes para evitar que repitieran los mismos errores que él. Fundó el proyecto Supportive Children's Advocacy Network para ayudar a la infancia más desfavorecida. Organizó durante muchos años veinticinco años el torneo Aléjate de las drogas en el Rucker Park. Más de cinco mil niños participaron en él. Pobre, físicamente muy deteriorado, en 1998 le falló el corazón.

Pete Axthelm, considera a Manigault «un símbolo de todo lo sublime y terrible del baloncesto callejero de Nueva York».

Tras el homenaje que Los Ángeles Lakers dieron a Kareem Abdul-Jabbar, el 23 de abril de 1989, en su último partido oficial, un grupo de periodistas le abordaron a la salida de los vestuarios. Uno de ellos le pregunta quién era el mejor jugador al que se había enfrentado durante su carrera deportiva. Tras una sonrisa irónica, Abdul-Jabbar no menciona a Wilt Chamberlain, Larry Bird o Michael Jordan. Su respuesta fue clara: «The Goat». Earl Manigault, el mejor jugador de baloncesto de la historia que nunca jugó en la NBA.

Los Harlem Globetrotters: los maravillosos titiriteros del baloncesto.

EL ANIMAL ADAMS Y EL HOMBRE HELICÓPTERO

Otro de los jugadores míticos del baloncesto callejero, en los años setenta y ochenta, fue

Richie *The Animal* Adams, 2,06 metros de estatura; se ganó el apodo por su forma salvaje de entender el baloncesto. Buen reboteador, gran saltador, le encantaba el juego aéreo, poner tapones estratosféricos que, a veces ejecutaba con el puño cerrado, como si boxeara con el balón. Llegó a jugar con los Rebels de la Universidad de Nevada, donde llegó a ser mejor jugador del año en 1984 y 1985. En estas temporadas parecía controlar mejor su adicción a la cocaína y su fuerte temperamento en la cancha. Es elegido, en la undécima posición, en el Draft de 1985, por los Washington Bullets, con los que no llegará a jugar nunca, pues es detenido al día siguiente por robar un coche en su barrio de Harlem. Luego cometerá una serie de delitos que acabarán condenándolo a cinco años de cárcel. A partir de ahí desaparece. Juega esporádicamente, pero con mayor agresividad, más violencia. La fuerte dependencia a la cocaína le hace cometer más atracos. Vive unos años entrando y saliendo de la cárcel. Hasta que mata a una vecina suya de una brutal paliza, por no acceder a sus proposiciones. Ingresa en prisión en 1998 donde debe estar todavía, cumpliendo su condena de veinticinco años por homicidio involuntario, que finaliza en 2023. Se demostró que Richie Adams no tenía intención de matar a Norma Rodríguez, en ese caso la condena hubiera ascendido a treinta y cinco años. El destino le había llevado a vivir en la planta de arriba del *Animal*. Norma Rodríguez tenía sólo quince años.

Herman *Helicopter* Knowings, el hombre al que más alto ha visto saltar en su vida Wilt Chamberlain. Literalmente podía volar. Nació en el verano del 42, como la célebre película, que vi varias veces cuando era un adolescente, queriendo ser el protagonista Hermy (Gary Grimes) que se enamora de Dorothy (Jennifer O'Neill).

Cuenta la leyenda urbana que a *Helicopter* un árbitro le señaló tres segundos en un salto. Subía y no bajaba. Se quedaba allí.

Parece invención si tenemos en cuenta que las suspensiones más duraderas registradas oficialmente fueron la del gran Dominique Wilkins que alcanzaron como mucho 1,7 segundos.

Siempre he pensado que ahí radica una de las grandes diferencias entre el baloncesto blanco y el baloncesto negro. El dominio del aire. Mientras un jugador negro mantiene el salto, por norma general, un jugador blanco sube y baja dos veces. No sé si es una cuestión de distribución de masa corporal, de centro de gravedad, de potencia de piernas...

Herman Knowings era el prototipo de jugador *armario*. Medía 1,93 metros. Parecía no saber jugar en el suelo, siempre estaba en el aire, debido a su ingenuidad técnica. Respondía a todas las fintas, a todos los balones, a todos los tiros. Saltaba, saltaba y saltaba. Era un jugador intimidador, defensivo, granítico. Herman Knowings. *Helicopter* participó en todas las grandes proezas del Rucker Park de los años sesenta y setenta, pero siempre en un segundo plano. Herman Knowings, era una auténtica bestia parda bajo los aros callejeros. Literalmente, se cernía, águila gigante, sobre los demás jugadores. Hay quien defiende que tenía un *detente*, salto vertical, de cinco pies, quizás exageradamente, pues supondría una altura de un metro y medio aproximadamente. El entrenador Milton Wadler asegura que nunca vio a ningún jugador saltar más alto. En un partido en la cancha de Rucker Park vio cómo era encerrado por tres hombres grandes; Helicopter pasó por encima de ellos como un enorme pájaro.

Knowings no traficaba con drogas, pero sí consumía cocaína con sus colegas, también había nacido en la calle. Parece ser que llevaba mejor la adicción que ellos, que controlaba más que el resto de la camarilla. La droga apenas le hacía mella en su cuerpo y en su mente. Jugó varios años en los Harlem Globetrotters, los maravillosos titiriteros del baloncesto.

Cuando cumplió los treinta años consiguió reunir dinero suficiente para crear su propio negocio de alquiler de vehículos. Un sábado noche americano, el 12 de abril de 1980, falleció de un accidente cuando su automóvil iba a gran velocidad corriendo detrás de la velocidad. Tenía treinta y siete años. A Knowings le gustaba correr rápido, saltar alto. En una ocasión, un periodista le preguntó cuál era la razón por la que estaba siempre saltando. «Well, it's fun to fly», le contestó. Probablemente tenía razón, saltar es lo más divertido del baloncesto.

EL INVENTOR DEL CAMBIO DE DIRECCIÓN

Otro de los grandes del baloncesto callejero fue Richard *Pee Wee* Kirkland, el primer jugador en Nueva York en realizar un giro de 360 grados en el aire, para finalizar cara al aro, inventor además del *crossover-dribble* o cambio de dirección. Fue el mejor base que jamás viera Nueva York. Aún no hemos señalado que Jim Carroll jugaba también en esa posición. Richard *Pee Wee* Kirkland creció en un ambiente pobre en la calle 116. Su madre vendía periódicos.

A los trece años estaba vendiendo droga en la calle. El trapicheo, las apuestas, los dados le fueron tan rentables que tenía un Rolls Royce antes de tener la licencia de conducir. Pee Wee vivía rodeado de coches, mujeres, joyas y drogas. Cóctel explosivo. Arenas movedizas. En 1968 fue el máximo anotador de la liga universitaria jugando en Norfolk State (Virginia), una universidad pública, históricamente negra. Allí estuvo a las órdenes de un prestigioso entrenador Ernie Fears, quien entre 1962 a 1969, obtuvo un récord incontestable. Su equipo presentó un palmarés difícil de superar: 147 victorias frente a 31 derrotas. Ni siquiera el contacto con este mítico entrenador consiguió mitigar la mala fama que Pee Wee arrastraba por sus correrías callejeras en Harlem. De otra forma no se explica que fuera elegido en la decimotercera ronda del Draft de 1969 en una humillante posición para un jugador de tanta calidad: 172.

Chicago Bulls le ofreció un contrato por un año, cuarenta mil dólares, después de ver los primeros entrenamientos en el campus de los *rookies*. Pee Wee Kirkland no jugaría nunca, ni en Chicago ni en la NBA. «Gano más dinero en la calle, que el que nunca me podáis ofrecer aquí», le dijo a los Bulls antes de regresar a Harlem para vender droga en la calle y jugar al baloncesto en el Rucker Park. Pee Wee no fue un camello cualquiera. El periódico

Financial Times calculó que había acumulado hasta treinta millones de dólares, en su máximo apogeo como gánster. Al Capone del *crossover* le llamaban. En la bolsa de deportes llevaba las zapatillas gastadas y un revólver.

En 1971, días después de que el entrenador blanco Red Holzman le invitara a hacer una prueba con los New York Knicks, fue arrestado. Alguien había dado el chivatazo. Fue acusado de narcotráfico, posesión de armas, desobediencia a la autoridad y evasión de impuestos.

En la cárcel de máxima seguridad en Lewisburg (Pennsylvania), Pee Wee se dedicó a reclutar, poco a poco, un excelente equipo de jugadores de baloncesto presidiarios. Luego negoció con la dirección del penal la entrada del equipo en la Anthracite Basketball League, que enfrentaba a equipos de distintas prisiones del país. Richard *Pee Wee* Kirkland promedió en esa liga 70 puntos por partido. En una ocasión, visitó la cárcel un equipo lituano que se llevó un serio correctivo: 228 a 47. Aquella tarde Pee Wee anotó 135 puntos. Reclamaba la atención sobre jugadores como él, que, por otros motivos, se le daban pocas oportunidades. De 1981 hasta 1988 estuvo en la prisión de La Tuna, en Texas.

Cuando salió de la cárcel, algunos de sus amigos habían muerto, otros estaban en la cárcel. Su generación ya no pisaba el asfalto para jugar. Su mundo había cambiado y él cambiaría también. Acabó sus estudios sociales, escribió una tesis doctoral sobre violencia juvenil y diseñó un ambicioso programa de escolarización para niños de zonas desfavorecidas.

LOS CINCUENTA MIL DÓLARES DE LOS ÁNGELES LAKERS

Joe *Destroyer* Hammond representa, con Richard *Pee Wee* Kirkland el prototipo de jugador que se niega a abandonar Harlem para jugar en la NBA. Sencillamente no le interesa. Él mismo lo explica, de forma clara, en una entrevista: «Aquellos tipos debían pensar que le estaban ofreciendo el mundo a un miserable negro del gueto, pero yo no necesitaba para nada su

El gran Kobe Bryant, antes del trágico cambio de dirección que dio su vida.

dinero. Cuando los Lakers me hicieron una oferta de cincuenta mil dólares, tenía unos doscientos mil pavos en mi apartamento», señalaba en una entrevista. Joe *Destroyer* Hammond era el líder de una de las bandas de narcotraficantes más importantes del este de Harlem, que controlaba una vasta zona de manzanas entre las avenidas 95 y la 155. Abastecía a miles de clientes. Con el tiempo fue perdiendo poder. Las leyes antidroga de Ronald Reagan hicieron mella en el negocio más rápido del mundo. En 1984 fue acusado de narcotráfico. Hammond pasaría doce años en la cárcel. Cuando salió de la prisión, toda su fortuna se había volatizado.

El entrañable Lou Carnesecca, al que tuve ocasión de conocer gracias a Antonio Díaz-Miguel en el aeropuerto de Nueva York, afirmaba que Hammond fue «Magic antes de Magic».

Era un jugador único, diferente, pero indomable. Nunca hubo un joven al que pretendieran más franquicias de la NBA. Ni hubo nunca un hombre más terco en no cambiar su destino. Hammond era incapaz de mantener una disciplina de equipo. Sólo jugaba con sus colegas negros en la cancha de la Rucker. Acabó vendiendo maletas, botas y cintas de video en las calles de Harlem.

PAUL MCCARTNEY JUGANDO A BALONCESTO

A la mitad del mes de mayo, quedan dos años para el 78, se publica en Estados Unidos *Blonde on blonde*, uno de los primeros elepés dobles en la historia de la música moderna. Para muchos, el mejor disco de un tipo llamado Robert Allen Zimmerman, a quien el vulgo conoce como Bob Dylan, debido a la fascinación que el músico de Minnesota tenía por el poeta británico Dylan Thomas.

Si traigo a colación a Bob Dylan es por una hermosísima canción, muy *dylaniana* rizando el rizo, llamada *Dignity*, inspirada por la muerte de un exquisito jugador, uno de los mejores *playmaker* de la historia de la NBA llamado Pete *Pistol* Maravich. Dylan lo cuenta en sus fascinantes memorias fragmentadas *Crónicas*:

La radio estaba encendida y emitían las noticias. Me sentí horrorizado al oír que Pete Maravich, el jugador de baloncesto, se había desmayado en una cancha de Pasadena; simplemente se había caído y ya no se volvió a levantar. Una vez vi jugar a Maravich en New Orleans, cuando los Utah Jazz aún eran los New Orleans Jazz. Era algo digno de ver —una tupida mata de pelo castaño y calcetines caídos—, era el sagrado terror del mundo del baloncesto, el que volaba alto, el mago de las canchas.

Bob Dylan sigue contando que, tras escuchar la noticia del fallecimiento de Pete Maravich, comenzó y terminó la canción ese mismo día, una tarde y una noche del cinco de enero de 1989. La dignidad, al fin y al cabo, es la calidad o condición de ser estimado, honrado. Dylan había visto jugar una vez a Maravich, un espíritu creativo como él, lo suficiente para inspirarle una de las nobles sensaciones o aspiraciones del ser humano: la dignidad.

Sería bueno detenernos, aunque sea brevemente, en la figura de Pete *Pistol* Maravich. El primer *yugoslavo* de la NBA si tenemos en cuenta su estilo de juego, con un aire muy *delibasesco*: pases mirando a otro lado, de espaldas, pases picados desde el centro de la cancha, contrataques vertiginosos… No en vano por sus venas corría sangre balcánica. Su padre era hijo de un emigrante serbio. Es curioso el parecido físico que existe entre Pete Maravich y Mirza Delibasic. Además, tenía una buena estatura, 1,96 metros y una buena envergadura, para su condición de base. Y un detalle, que en aquel momento seguía teniendo su importancia: era blanco.

Peter Press Maravich nació en Aliquippa (Pensilvania) el 22 de junio de 1947. Era conocido como Pistol Pete por su gran habilidad en el tiro a canasta. Mote que le pusieron sus compañeros en el instituto cuando ya destacaba sobre todos ellos. Pete Maravich era, entonces, un adolescente pegado a un balón de baloncesto que soñaba con tener un anillo de campeón de la NBA.

Jugó con los Tigers de la Universidad Estatal de Louisiana durante cuatro temporadas. Pete Maravich fue uno de los mejores jugadores universitarios de su época, marcada por la influencia *beatle*, el pelo largo a lo Paul McCartney que le sirvió para publicitar alguna marca de champú. Hay quien afirma que cambió para

LeBron James: «no todo el mundo quiere jugar en los Lakers».

siempre el baloncesto universitario americano. Tras finalizar su etapa universitaria militó en los Atlanta Hawks, con veintidós años, tras firmar en 1970 un contrato estratosférico para la época de casi dos millones de dólares. Pronto empezarían los problemas dentro del equipo. Sus compañeros le acusaban de un exceso de individualismo. Pero la alarma se dispara cuando el entrenador, Cotton Fitzsimmons, lo sorprende bebiendo alcohol en el descanso de un partido. Obviamente, no era la primera vez. De 1974 a 1979 jugará con New Orleans Jazz.

En la temporada 1977-78 se lesionó gravemente de la rodilla. Aunque fue operado y jugaría en los Boston Celtics, en el año 1980, nunca volvería a alcanzar el nivel de juego anterior a la fatídica lesión. En Boston coincidió con un novato llamado Larry Bird, un blanco que estaba revolucionando el baloncesto negro.

Pete *Pistol* Maravich se retiró, relativamente pronto, con treinta cuatro años. Su padre acababa de fallecer de un cáncer y su madre unos años antes, por problemas con el alcohol. «No quiero jugar hasta los cuarenta años y morirme de un ataque al corazón», dijo para explicar su retirada. El día 5 de enero de 1988 jugando una pachanga con amigos cayó fulminado al suelo de un infarto de miocardio. Tenía cuarenta años. Nunca supo que le faltaba una arteria coronaria. «Me siento genial», había dicho a sus amigos un minuto antes. Las últimas palabras de uno de los mejores pistoleros de la historia del baloncesto.

LA MUERTE DE LA INOCENCIA

La vida de Jim Carroll sigue transcurriendo al filo de la navaja. Apenas acude a clase, sale y entra del correccional, sigue experimentando con todo tipo de drogas:

> Hoy hemos tomado peyote (es el hongo mágico de los indios mexicanos) con Mark Clutcher, que lo pasó en el radiocasete, a su vuelta de México. La cosa iba de reunirse nueve tíos en una tienda del tipo de los tipis indios, sentados en círculo, y comiendo los hongos y bebiendo una infusión también de hongos; permanecían diez horas sin moverse, y sin prisas por marcharse… simplemente esperando el empujón cósmico por todo el cuerpo.

Jim Carroll se refiere al peyote, sustancia alucinógena que puso de moda el antropólogo peruano, el *brujo* Carlos Castaneda, sobre todo con su mítico libro *Las enseñanzas de don Juan,* que tuvo una enorme repercusión en la juventud *hippie* de la época, también en España.

Uno, también quería ser puro jugando al baloncesto, como Jim Carroll.

The basketball diaries finaliza en el verano de 1966, entre manifestaciones de carácter racial, que a veces adquieren un matiz violento. El 5 de agosto: en Chicago, Martin Luther King Jr. es herido en la cabeza por una piedra lanzada por una enardecida multitud de blancos, durante una marcha por los derechos de los negros. Mientras, continúan las pruebas atómicas, los viajes espaciales y la guerra de Vietnam atraviesa su fase más encarnecida.

En las últimas páginas el baloncesto desaparece por completo, eclipsado por la adicción a la heroína. No va a ser fácil conseguir la beca en alguna universidad. El sueño de ser un gran jugador de *basket* queda atrás, como un cometa alejado por un viento intempestivo, como el globo que se le escapa al niño la última tarde de inocencia.

> Cuando los niños juegan con la pelota,
> allí donde el sol se cuela entre las ramas,
> en gráciles rayos de luz, yo sólo quiero ser puro.

Con la última frase de este poema terminan los fabulosos *The basketball diaries*, de Jim Carroll, una de las mejores ficciones que se han escrito con el baloncesto de fondo, con el permiso de Harry *Conejo* Angstrom y el viejo, rutilante, escritor judío John Updike, dels que ahora nos ocuparemos.

Jim Carroll sólo quería ser puro escribiendo y jugando a ese hermoso juego que, saltando, te despega del mundo. Uno también, quería ser puro jugando al baloncesto. Uno también quería volar, bajar a la tierra y luego, seguir volando.

La expasión del baloncesto en España

ESPAÑA 1921

Una España parlamentaria entonces y con ciertos parecidos a la actual: izquierdas, derechas, liberales, republicanos, autonomistas y, en su inicio, los partidos localistas vascos y catalanes, eran el espectro político del país. Nada que no nos suene en la actualidad. Enfollonada pero democrática.

España capeaba como podía su aislamiento internacional y la pérdida de colonias y de influencia internacional, aumentado, si cabe, por la no-toma de partido en la Gran Guerra, que acababa de terminar en el 18, primera gran protagonista de la historia en esas fechas. La gripe del 18 fue la segunda. Errónea, pero interesadamente, llamada «española». Realmente tuvo su primer caso en Kansas, pero EEUU por sus dimensiones y su política sanitaria ya avanzada, logró controlar mejor el foco, aunque la bibliografía dice que hubo pueblos que desaparecieron por completo al morir o huir todos sus habitantes. Si es cierto que fue España el país más perjudicado en cuanto al número de personas fallecidas, quizás porque era el único país de Europa donde todavía quedaban jóvenes. La Primera Guerra Mundial había acabado casi con todos los hombres de Europa y España fue el país que más casos comunicó internacionalmente. Estos factores y las características socioculturales del país hicieron el caldo de cultivo para la progresión de la enfermedad. La desigualdad social, la pobreza, el hacinamiento, la incultura y la falta de una política sanitaria adecuada, unidas, sólo podían traer malas consecuencias.

La Restauración borbónica de 1874 iniciada con el pronunciamiento del general Martínez Campos, acabó con la Primera República Española, instauró la monarquía en la persona de Alfonso XII y duró hasta el 14 de abril de 1931, fecha en que se proclamó la Segunda República. Esta etapa histórica iba a recibir al deporte del baloncesto en 1921 de la mano de Eusebio Millán, religioso procedente de Cuba, donde había tenido contacto con el baloncesto a través de los soldados americanos que adoptaron este juego en sus tiempos de asueto.

Estado liberal, revolución industrial y cierta estabilidad institucional iban a durar hasta la dictadura de Primo de Rivera. Cánovas (conservador) y Sagasta (liberal) se repartían el poder alternándose, sin que un sistema parlamentario *sui generis* pudiera acabar con los viejos fantasmas españoles. Incultura y analfabetismo, oligarquías, opresión religiosa, desigualdad social y educativa. España era un país confesional y católico. Una teocracia en términos prácticos.

También fue una etapa de convivencia y fecundidad para las letras españolas con la generación del 27, la Institución Libre de Enseñanza y una larga lista de grandes pensadores, intelectuales, músicos, artistas y científicos. Una etapa de acercamiento a Europa, iluminadora, de apertura de mentes y de un cosmopolitismo social que no había tenido precedente desde el Siglo de Oro. Las ciudades y las universidades se beneficiaron de todo ello. El baloncesto y otros deportes que empezaban a entrar en España cada vez con más fuerza dentro de los planes educativos, casi como rindiendo homenaje a los olvidados Francisco Amorós y Manuel Becerra.

Lamentablemente el Estado y la institución política no supo ni quiso aprovechar esta inercia y poco después España se deslizaba a la dictadura de Primo de Rivera. No eran tiempos fáciles, el centralismo, la oligarquía empresarial, la corte y sus cortesanos inútiles que medraban de ella, las luchas sindicales, el inmovilismo de la iglesia contrario al anticlericalismo de la sociedad, favorecieron las inclinaciones reaccionarias previas a la dictadura.

EL MISIONERO DE CUBA

En 1921 Eusebio Millán (Quiñonería, Soria, 1886-Alella, Barcelona, 1956). Desde muy joven estuvo de misionero en Cuba y a su vuelta a España, fue destinado por la orden de los escolapios a las Escuelas Pías de San Antoni en Barcelona. Allí desarrolló una gran actividad a favor de este deporte, calando profundamente en la sociedad de aquellos años. No es de extrañar que, algunos educadores o personas principales de toda España, hubieran tenido contacto con el juego fuera de nuestras fronteras. Pero fue Cataluña y Barcelona en concreto, donde gimnasios y centros deportivos, frecuentados por la oligarquía catalana, actuaron de soporte de este inicio y primer impulso local del baloncesto español. Este es el caso del gimnasio del francés Emile Tibergheim, un avanzado de la época, o del centro de Fidel Bricall que, además era profesor de Gimnasia en los escolapios.

De su mano, en 1922 se formó el primer equipo en España, el Laietà BBC (Layetano) con los antiguos alumnos de su colegio, alguno de ellos, como Ricardo Pardiñas, posteriormente presidente del club. Otros clubes y sociedades, generalmente de fútbol

Nadie soñaba con que el baloncesto español llegara
a las cotas que lo llevaría Pau Gasol.

siguieron el esfuerzo de Eusebio Millán y fundaron nuevos clubes; el CD Europa fue el siguiente. El Europa es un histórico club de fútbol y lo era en la época. Ambos equipos, ante el nuevo juego, contaron con los alumnos o miembros del club más aficionados al deporte, generalmente atletas o futbolistas, que rápidamente cogieron los rudimentos de un deporte, que no era especialmente fácil al principio.

El baloncesto se desarrollaría a través de las instituciones religiosas y los nuevos colegios católicos y las iniciativas de centros YMCA. Pronto llegó a Madrid y al resto de España y a partir de esta fecha, el baloncesto fue adquiriendo gradualmente popularidad, siendo adoptado mayormente por los colegios religiosos; destaca, especialmente, el impulso de los padres escolapios en las zonas de Mataró, Mongat y Badalona.

Después de una primera etapa, un tanto caótica siguió otra más formal, pasando en pocos años de ser un juego (casi un pasatiempo) a convertirse en un deporte organizado, reglamentado y federado en toda España.

El primer partido internacional se disputó el 25 de marzo de 1927 entre el campeón de Argentina y un combinado de los equipos catalanes. Desde esa fecha los equipos catalanes, vascos y madrileños multiplicaron sus enfrentamientos entre ellos y con equipos de otras ciudades y países cercanos como Francia y Portugal.

En la actualidad el baloncesto está concebido como deporte espectáculo, realizándose fichajes y operaciones comerciales de ocho guarismos. Las dificultades que esto provoca en las tesorerías de los clubes europeos, han propiciado que, salvo contadas excepciones, estos precisen de potentes empresas que hagan frente a un deporte cada vez más profesionalizado.

LAS PRIMERAS LIGAS

En 1957, se disputó la primera competición de Baloncesto en nuestro país, con un sistema de liguilla de todos contra todos. Hasta 1983, se trataba de una competición de liga, organizada por la Federación Española de Baloncesto, a doble partido entre los

48 equipos, donde el campeón tenía acceso a jugar en la copa de Europa, actualmente conocida como Europa League. Los segundos, terceros y cuartos puestos, jugaban la copa Korac. Una competición por eliminatorias daba el campeón de Copa que adquiría plaza para la Recopa europea.

De esta época, tan solo tres equipos permanecieron siempre en la máxima categoría: el Real Madrid y el Joventut —equipo de Badalona, en sus inicios obligado a castellanizar su nombre al de Juventud—, popularmente conocido por la Penya. Hasta hace un par de años también el Estudiantes (fundado por Antonio Magariños, catedrático del instituto Ramiro de Maeztu) formaba parte de esta élite. El Barcelona desapareció en 1961, para volver al año siguiente y en 1964 descendió de división.

Desde 1983, la competición de baloncesto español cambió de organizadores, dando paso a un nuevo formato organizado por la ACB, la Asociación de Clubes de Baloncesto. Hoy en día, la liga se denomina, liga Endesa, debido al patrocinador de la competición. Está formada por diecisiete equipos, todos afincados en España y un principesco vecino invitado, Andorra.

Exjugadores de baloncesto

HUIR COMO UN VULGAR CONEJO

Harry Angstrom, apodado Conejo por «la anchura de su cara, la palidez de sus iris azules y la nerviosa vibración que aparece bajo su corta nariz cuando mete un pitillo en su boca», es el exjugador de baloncesto que todos llevamos dentro. Su creador es John Hover Updike, reducido a John Updike en la portada de sus libros, un portentoso escritor, de prosa contundente, nacido en la Pensilvania de los años treinta, que empezaba a remontar el *crack* financiero de 1929. Falleció en la melosa Massachusetts de los Bee Gees en el 2009, sin que la Academia de Suecia tuviese la decencia de reconocer que era un auténtico Premio Nobel de Literatura. Con Jorge Luis Borges a la cabeza, pertenece a ese listado de grandísimos escritores ninguneados por Estocolmo. Desde León Tolstoi a Kafka. Desde Marcel Proust a Rubén Darío. Desde Émile Zola a Benito Pérez Galdós, el de la sublime literatura «garbancera», según un envidioso Valle-Inclán, otro ilustre excluido.

La obra más interesante de John Updike fue la serie de novelas sobre Harry *Conejo* Angstrom: *Corre Conejo* (1960), *El regreso de Conejo* (1971), *Conejo es rico* (1981) *Conejo en paz* (1990) y la novela póstuma, por así llamarla, de evocaciones del personaje ya fallecido: *Conejo en el recuerdo y otras historias* (2001). Con *Conejo es rico* y *Conejo en paz* ganó sendos Premios Pulitzer. Un servidor se ha leído toda la saga. Sin lugar a dudas de la mejor literatura escrita con música de baloncesto, la mejor literatura rebotada, es esta saga de Conejo. La historia de un protestante de clase media, de un pequeño pueblo norteamericano que, lo mejor que ha hecho en su vida, quizás lo único importante, ha sido jugar al baloncesto.

Corre Conejo (1960) es la historia de un hombre que sale de su casa a comprar tabaco y no acaba en La Habana, como escuchaba yo de pequeño, sino en la América profunda. Un día, sin razón aparente, Harry *Conejo* Angstrom obedeciendo a un «impulso inexplicable» abandona a su mujer; Janice y a su hijo, Nelson. Huye como un vulgar conejo, antes que enfrentarse al mundo o a sí mismo.

Bob Cousy, jugador de Boston Celtics, considerado
uno de los mejores jugadores de la historia.

La primera novela de la saga comienza así:

Unos chicos jugaban a baloncesto en torno a un poste de teléfonos, en el que ha sido clavado un tablero. Piernas, gritos.

Y poco después Updike cuenta:

La pelota rebota en el borde del aro, pasa por encima de las cabezas de los seis y aterriza a los pies del uno. Él la recoge al bote con una agilidad que le sorprende. Mientras le contemplan callados él mira a través de las nubes azules del humo de tabaco, convertido ahora en una oscura silueta parecida a una chimenea recortada contra el cielo de la tarde primaveral, sitúa cuidadosamente los pies, tantea rápidamente la pelota a la altura del pecho con una mano abierta en la parte superior de la pelota y la otra debajo, sigue agitándola velozmente para conseguir en el aire mismo la posición adecuada. Las medialunas de sus uñas son grandes. Después la pelota parece ascender por la solapa derecha de su americana y salir por encima de su hombro, al tiempo que sus rodillas se hunden y da la sensación que fallará el lanzamiento, porque, aunque ha tirado en ángulo, la pelota no se dirige hacia el tablero. No iba dirigida allí. Cae en el círculo de alambre y sacude la red como un susurro femenino.
—¡Zas¡ —grita, orgulloso.
—Suerte —dice uno de los chicos.
—Destreza —contesta él, y pregunta—: ¿Puedo jugar?

El autor nos lleva, magistralmente, a la nostalgia, al vano intento de Harry *Conejo* Angstrom de recuperar el tiempo perdido. Todos lo hemos intentado alguna vez.

EL PRIMER ENTRENADOR, EL PRIMER MAGO

Harry *Conejo* Angstrom vive en un suburbio del pueblo de Mt. Jugde, en la ciudad de Brewer, la quinta ciudad del estado de Pennsylvania. Está casado con Janice una mujer alcohólica, embarazada y con ataques de pánico.

De vez en cuando, se pasa a visitar a Marty Tothero, su antiguo entrenador, que vive en un edificio de la Sunhine Athletic

Association. Ya hemos hablado antes de las huellas que deja el primer entrenador: «Después de su madre, no había nadie que tuviera tanta *fuerza* como Tothero». Más adelante, John Updike plantea el dilema entrenador-jugadores.

—¿Cómo es que, reconociéndome a mí, no has reconocido al señor Tothero? —pregunta él—. Él era el entrenador de ese equipo.

—¿Y quién se para a mirar a los entrenadores? Si no sirven de nada.

—¿Qué no sirven de nada? Un equipo depende exclusivamente de su entrenador, ¿verdad?

—Depende exclusivamente de los chicos. Harry —responde Tothero—. No se puede convertir el plomo en oro.

—Claro que sí —dice Conejo—. Cuando terminé mi primer curso no sabía distinguir mi cabeza de mi codo.

—Desde luego que sí, Harry, desde luego que sí. No me hizo falta enseñarte nada; bastó dejarte correr —Tothero sigue mirando a su alrededor—. Eras un gamo —continúa— con unos pies muy grandes.

El eterno dilema entrenador-jugadores ¿quién es más importante para un equipo?, ¿qué influencia tiene el entrenador en el juego de un equipo? Por otro lado, qué gran verdad, que los primeros entrenadores nos han enseñado algo más que baloncesto. Nos iban enseñando la vida... De ese tiempo privilegiado, en el que íbamos descubriendo el baloncesto y el mundo a la vez.

El baloncesto, ese juego que transcurre, como el voleibol, entre el cielo y la tierra. Darías parte de tu alma por regresar a una tarde de primavera, el sol todavía alto, la camiseta mojada, el corazón palpitante, la vida un juego de pelota rebotada, compartida, en el patio del colegio. El baloncesto, un salto al vacío de arriba, quizás porque no querías conocer el vacío de abajo. Si no hubieras jugado a baloncesto serías un tipo peor, más esquinado, tal vez uno de esos que piensan que están jugando solos en la complicada cancha del mundo. El baloncesto te enseñó la lucidez: hay gente, hombres, mujeres, que juegan mucho mejor que tú dentro de las líneas blancas y fuera del parqué almendrado. El balón rebota para todos y cada uno lo atrapa como puede. Sensaciones. La plenitud es una tarde adolescente jugando a baloncesto. Y luego la sed, mucha hambre de agua, de vida.

Nuestros primeros entrenadores nos la enseñaron: Va por usted, querido Alfredo de la Cerda, el primer mago, imprescindible. Gracias a usted aprendí a torear el morlaco astifino de la vida. Y a jugar siempre limpio...

LOS PADRES MÁNAGER

Seguimos leyendo *Corre Conejo*:

> De pronto, el abuelo paterno le pregunta a Nelson, el hijo de Conejo:
> —¿Vas a jugar al baloncesto como tu padre?
> —No puede, Earl —interrumpe su madre y Conejo se alegra de oír su voz, cree que se ha roto el hielo hasta que oye sus palabras—. Tiene las manos pequeñas, como los Springer.
> Estas palabras, dichas en un tono duro como el acero, hacen saltar chispas en el corazón de Conejo.
> —Déjalo correr, por favor —dice Conejo, y lamenta haberlo dicho porque, al hablar, ha caído en una trampa.

Este diálogo nos lleva a reflexionar sobre la necesidad que he visto en algunos padres de que sus hijos jueguen a baloncesto sí o sí. De perpetuarse como jugador a través de ellos. De trasladarles su propia frustración a ellos. Y en algunos casos, a los hijos no les interesa el baloncesto para nada... Con mucho acierto, el amigo Javier Imbroda, que descanse en paz, los bautizó como los «padres mánager».

LOS CINCO OJOS DEL BALONCESTO

En *El regreso de Conejo* (1971), Harry *Conejo* Angstrom, un modesto linotipista que obedece al tópico de «americano medio», regresa a casa después de haber huido. Al poco tiempo su mujer lo abandona, dejándole con su hijo de trece años, Nelson. Conejo conoce entonces a una joven, Jill, que se ha

Autógrafo de Tom Heinsohn. Formó parte de la mítica plantilla de los Celtics que ganó ocho campeonatos en nueve años, en los años 50 y 60 del pasado siglo.

escapado de su hogar, y le ofrece refugio en el suyo, así como a un negro amigo de ella. Su intento de acercarse a esos jóvenes, de comprenderlos, fracasa. No es sólo problema suyo, sino el de toda una generación que intenta amoldarse a los nuevos códigos de conducta. Los tiempos están cambiando, canta Bob Dylan. Posiblemente, sea esta la mejor novela de toda la saga de Conejo. En ella, el baloncesto sigue estando muy presente.

Si seguimos leyendo:

> Conejo puede leer muy deprisa, del derecho, del revés, y aun palabras reflejadas en un espejo. La verdad es que siempre ha tenido una vista muy rápida. Para alabarle, Tothero solía decirle que veía la pelota por los agujeros de las orejas, así, de lado. Ha muerto ya, el pobre. Ahora el juego del baloncesto es muy diferente, todo es saltar y tirar la pelota a la cesta, todos son negros altísimos y con aspecto de hambrientos, pegando saltos y flotando en el aire durante un segundo, mientras lanzan la pelota con una palma de color de rosa, larga como un antebrazo.

Curiosa alusión del autor, sin duda exjugador de baloncesto, a la importancia de la visión lateral en el baloncesto, lo que yo siempre he llamado *achicar espacios*, elegir la trayectoria de pase más rápida y más eficaz para el compañero. El baloncesto no se juega con las manos, ni con los pies, se juega con el cerebro que aúna talento y habilidades que se optimizan con el entrenamiento. Siempre me ha maravillado esa capacidad de decisión en milésimas de segundo, sobre la marcha. Todo esto me lleva a la conclusión de que existen jugadores más *entrenables* que otros. Así como movimientos más *entrenables* que otros. Creo que debe haber un gen de la *entrenabilidad* en el baloncesto. Y cosas que, como no estén ya en lo más recóndito de tu cerebro, son imposibles de aprender. Los cinco ojos del baloncesto.

EL PASADO SIEMPRE VUELVE

Conejo es rico (1981) cubre la década de los años setenta del pasado siglo en los Estados Unidos. Desde que Harry Angstrom, en *Corre,*

Conejo se largara de casa sin previo aviso, abandonando a su mujer Janice y a su hijo Nelson, han pasado veinte años, y diez desde los febriles acontecimientos descritos en *El regreso de Conejo*.

Harry ha conseguido por fin disfrutar de una considerable prosperidad como jefe de ventas de Springer Motors, un concesionario de Toyota en Pennsylvania. Es dueño de un concesionario de automóviles, el de su suegro ya fallecido, a medias con su suegra, En él trabaja el antiguo amante de su mujer, Charlie Stavros.

En 1979, el satélite Skylab describe su órbita triunfal, el precio de la gasolina sube vertiginosamente, el presidente de Estados Unidos, Jimmy Carter, sufre un colapso mientras corre una maratón, y una inflación en alza coincide con un momento de desaliento nacional. Sin embargo, Harry se encuentra en buena forma, dispuesto a disfrutar por fin de la vida... hasta que su hijo regresa del oeste y reaparece un antiguo amor. Pese a todo, el incombustible Conejo seguirá buscando, a su manera, la felicidad.

En el concesionario de automóviles sigue planeando el recuerdo del baloncesto:

> La pared de madera de imitación, en realidad láminas de *masonita* acanalada, en torno a la puerta que da acceso a su despacho, está llena de viejos recortes y retratos de equipos enmarcados, entre ellos dos de los mejores diez del condado; datan de sus días de héroe del baloncesto, veinte años atrás... no, hace ya más de veinte años. A pesar del cristal que los protege, los recortes van amarilleando, debido a algo en la composición química del papel cuando no está en contacto con el aire, algo parecido a la mancha crecientemente honda del pecado con que la gente trataba de asustarte. ANGSTROM EN CABEZA CON 42 PUNTOS. «Conejo lleva al Mt. Judge a las semifinales». Rescatadas del desván donde sus padres las habían guardado, durante mucho tiempo, en álbumes de recortes, cuya goma de pegar se ha secado y desprendido como pieles de serpiente.

Cuando, en alguna vieja fotografía, miro mi pasado de jugador de baloncesto, tengo una marcada sensación de extrañeza. Acaso ese chico joven, pletórico de vida, no sea yo. Fuera otro. Me acosa una duda borgiana imposible de dilucidar sólo con el recuerdo.

Las imágenes, las sensaciones, que tenemos almacenadas en la memoria están grabadas en nuestro cerebro desde dentro hacia fuera. Aquel que vemos en la fotografía está rescatado en el papel desde fuera hacia dentro. Y entonces, tal vez, no nos reconocemos. No obstante, siempre que veo alguna imagen que me recuerda mis tiempos de jugador noto la implacable brecha, el precipicio del tiempo, entre aquel joven más o menos habilidoso con el balón y el hombre mayor al que cada vez, ay, le queda menos vida.

LAS CAMAS DE LOS GIGANTES

En *Conejo en paz* (1990), Harry Angstrom tiene 55 años, está muy avejentado, y ya no hace más que jugar al golf y ver la televisión. Desde que tuvo un infarto, le embarga un irremediable sentido de fatiga. Janice, la esposa desvalida, es ahora toda una mujer de negocios. Nelson el hijo, estafa y roba a sus padres para mantener su adicción a la cocaína. Conejo vive en el temor constante, obsesivo, de la muerte que, en efecto, parece rodearle por todas partes: muere su amante de un cáncer, muere de SIDA un empleado de la empresa, sus amigos caen presa de enfermedades o depresiones, y hasta la televisión le acosa diariamente con noticias de desastres y guerras. A Conejo sólo le quedan ya un pasado nostálgico.

Y en esta, también excelente novela, retorna la nostalgia. Cualquier detalle nimio le evoca su época de jugador:

> … es la moqueta de pared a pared, de esa mezcla de tonos verdes y naranjas que le recuerda los adornos de borlas de las animadoras en los partidos de baloncesto…

Si seguimos leyendo:

> Por deferencia a su metro noventa, por fin han comprado una cama gigantesca, de modo que, por primera vez en su vida, no le cuelgan los pies obligándolo a dormir boca abajo, como un muerto flotante.

Uno no ha tenido muchos problemas, pero recuerdo los que tenían los compañeros de dos metros o más con las camas de las pensiones y de los hoteles. En los casos de Vladímir Tkachenko o de nuestro Fernando Romay dormir más o menos bien suponía toda una odisea. Recuerdo las tablas supletorias, que en algunos casos eran más grandes que la propia cama…

Michael Jordan y Barak Obama en la Casa Blanca.

¿SE ESTÁ BIEN AHÍ ARRIBA?

Si seguimos leyendo *Conejo en paz* encontramos una referencia irónica a la famosa lengua de Michael Jordan, que queramos o no cambió el baloncesto. ¿Se está bien ahí arriba?, preguntaba el gran Andrés Montes.

> ... y en el televisor de la cocina, una retransmisión por cable del último desempate de anoche entre los Knicks y los Bulls. Le revienta la forma en que Michael Jordan mueve su lengua rosada por la boca mientras va en busca de un mate. Ha visto una entrevista que le hicieron a Jordan, es un tipo inteligente, ¿por qué menea la lengua como un imbécil?

Si se avanza en la novela nos podemos encontrar con momentos de muy buena literatura de baloncesto como este:

> Los chicos, seis, en *shorts* y camisetas, varían en altura y grado de soltura, pero todos tiene ese talento lento que a él le gusta ver, fallando lanzamientos o acertándolos, pasando hacia afuera y atrás y luego cruzando en pantalla, regateando para lanzar y luego quedándose inmóviles para pasarla en un raro movimiento por detrás de la espalda, a imitación de las fantasías que ven por la tale, componiendo entre todos un tejido, ninguno de ellos demasiado empeñado, la vida es larga, la tarde es larga.

O este referido al balón:

> Lo recuerda exactamente. Esa tensa redondez guijarrosa, las suaves costuras intermedias, el pequeño círculo para la válvula de aire. Una enorme bola guijarrosa que quiere volar.

Ba-lon-ces-to. Li-te-ra-tu-ra.

UN RECUERDO DE LO QUE HABÍA SIDO

Conejo en el recuerdo y otras historias (2000) es una novela corta, inserta en un libro con otros relatos de John Updike, que nos devuelve al mundo del ahora difunto Harry *Conejo* Angstrom. Todo gira en torno a la inesperada aparición de Annabelle, una mujer que dice ser hija de Harry y que removerá viejos dolores en la conciencia de todos los miembros de la familia.

Las referencias al baloncesto, en esta novela corta que finaliza la saga de Conejo, son escasas, como corresponde a un personaje de ficción que ya no existe.

La referencia más interesante, sin duda, es esta, que refleja magistralmente la vida y la personalidad de Harry *Conejo* Angstrom:

> A la luz mortecina, parpadeante porque el viento se abate contra los árboles, Nelson se inclina hacia delante y, en voz baja le explica a su hermana (Annabelle):
> —Era alto, unos veinte centímetros más alto que yo, tenía el porte atractivo y ágil de un atleta. Le dolía que no me pareciera más a él. En el instituto fue un excelente jugador de baloncesto, en la época en que todavía era un juego de blancos.

En definitiva, magnífica saga de Harry *Conejo* Angstrom que recoge, en mi humilde opinión, la mejor literatura escrita acerca del baloncesto, con *The basketball diaries* de Jim Carroll. Además, estas cinco novelas del inmenso escritor que fue John Updike conforman el cuadro más completo de la intrahistoria de Estados Unidos en la segunda mitad del siglo xx. Una genuina obra maestra. Un broche de oro para este paseo por la literatura rebotada en el parqué del talento.

El equipo nacional

LOS PRIMEROS EUROPEOS

Desde los sesenta el baloncesto español empezó a hacerse un hueco en el mejor baloncesto mundial y su presencia no era extraña en los certámenes europeos mundiales y Juegos Olímpicos. Bien es cierto que nuestras aspiraciones eran más bien simbólicas: estar en los campeonatos, más que aspirar a algo reseñable. No era raro si tenemos en cuenta que España, aunque se declaró neutral en la Segunda Guerra Mundial, quedó marcada para Europa por su alineamiento ideológico con el eje fascista de Hitler. Esto generó un aislamiento social y económico que nos retrasó cincuenta años respecto a nuestros vecinos. Estados Unidos nos homologó como país, cuando empezó a temer más a la Unión Soviética que a la derrotada Alemania, para instaurar un punto de control en el Mediterráneo, que le diera más presencia en la zona a través de sus bases.

En esos años, en los campeonatos, España se conformaba con la zona media de las clasificaciones y estar entre el sexto y el décimo era lo más habitual en los campeonatos de Europa, después de la medalla de plata del año 1935, justo antes del inicio de la guerra civil. No reaparecimos hasta el año 1959 en Estambul con una decimoquinta posición. Esa fue nuestra tónica hasta los años setenta.

Ya en esa década tuvimos una clara mejoría, que nos colocaba habitualmente entre la quinta y la novena selección, pero ya fuera de las clasificaciones de dos cifras. A partir del año 1973, con la

José Manuel Calderón: uno de los grandes bases del baloncesto español.

medalla de plata de Barcelona y el famoso gancho de Estrada, fuimos deshaciéndonos de los países del Este y acercándonos a Francia e Italia, aunque todavía Yugoslavia y la Unión Soviética se hacían inalcanzables. Un nuevo salto nos colocaba dentro de los seis primeros y este ascenso se materializó con la medalla de plata del Europeo de Nantes en el año 1983, aunque ya España había dejado ver la patita por debajo de la puerta, con clasificaciones cercanas a los puestos de medalla en Belgrado, año 1975, y Checoslovaquia, año 1981; fuimos cuartos. Desde el 1981 hasta el 1984 creo que España hizo su mejor baloncesto de la historia hasta entonces, capaces ya de codearnos con las grandes potencias, sólo igualado y mejorado, por la generación del mundial de Japón 2006, después de la disgregación de las dos grandes potencias URSS y Yugoslavia. Aunque España tuvo un bache de unos, que nos hizo perder alguna medalla más, como en el año 1985 en el Europeo de Alemania, España ya solía ser habitual en la disputa de las medallas.

Pasados esos años de mediocridad que duraron hasta bien avanzados los 90 con la excepción del bronce en el Europeo de Roma, nuestro equipo no se ha bajado prácticamente del pódium y podemos decir que desde ese año 2006, podemos presumir del mejor palmarés europeo. Es bueno recordar que la última mejora coincidió con la debacle del comunismo y las crisis nacionales de las dos grandes potencias europeas divididas en muchos países de magnífico nivel, pero de menor capacidad competitiva.

Sea como fuere, esa es la base sobre la que se sustenta nuestra situación actual, que parece sacada de un cuento de hadas, que no podíamos ni imaginar los que conocimos el trabajo que costaron los primeros pasos. Podemos estar muy orgullosos de estas generaciones de los últimos 15 años.

EL GRAN INVENTOR

El equipo nacional ha sido, desde esos años, la gran base sobre la que ha construido nuestro baloncesto. Si durante muchos años el mejor baloncesto español dependía de los clubes, sobre todo del Real Madrid, por su palmarés europeo, fue el equipo nacional el que nos acostumbró, en Europa y también en el mundo, a hacer de España un favorito permanente a las medallas, como quedó demostrado a partir del mundial de Japón en el que fue campeona del mundo. Podría extenderse a los Juegos Olímpicos donde, sin embargo, no se ha podido desbancar al equipo de Estados Unidos, aunque en Beijing estuvimos más cerca que nunca.

Siempre he dicho que nuestro baloncesto nacional va bien cuando el equipo nacional está arriba y que languidece con los peores momentos de nuestra selección. La selección, como algo de todos, estimula al deporte, más aún en los momentos de globalización que vivimos, donde puedes tener un equipo en el que no haya ningún jugador nacional.

Su mérito está en el gran trabajo que, desde muy abajo, se hizo en los años del tándem Saporta y Segura de Luna, antes de la época oscura, y con la llegada de los años de gloria de José Luís Sáez y su delfín Jorge Garbajosa que va a mejorar su palmarés como jugador, desde el trabajo en los despachos como dirigente deportivo.

Detrás de ellos hay que destacar la memoria de su gran inventor, sí digo inventor. Fue Antonio Díaz-Miguel que, sin un gran club en sus manos, hizo de la selección nacional el equipo en el que todos queríamos estar, de norte a sur y de este a oeste. Él, su ayudante Josep Lluís Cortes, Pitu, hombre de la Penya, y su sempiterno delegado Manuel Padilla, heredero de la historia del Águilas bilbaíno, hicieron el todo de las partes y eso marcó un carácter del equipo de España, reconocido en todo el mundo.

Antonio marcó un antes y un después en el baloncesto. Él, estudió el baloncesto americano como un becario, trabajando año tras año con los mejores entrenadores del mejor baloncesto. Él, puso ante nosotros los detalles que te hacen ganar o perder un partido. En España se jugaba muy bien al baloncesto, pero cometíamos muchos errores y éramos muy pequeños... y el baloncesto es de altos. Crecimos, y poco a poco pudimos ir mirando a los ojos de nuestros adversarios. Realmente eso ocurrió con la incorporación de Fernando Romay.

LA FILOSOFÍA DÍAZ-MIGUEL

Antonio nos dio unas reglas que, al principio, tuvimos casi que explicarle a él. Todo se centraba en un término estadístico *puntos por posesión*, que es un indicador de la eficiencia del juego, que te demostraba cómo todas las circunstancias y pequeños detalles del juego influían en el resultado.

Pero un equipo no se hace en los territorios de la comodidad y, desde finales de los años setenta, Antonio dio con otra de las claves: jugar mucho contra los equipos grandes, que copaban las medallas en los certámenes internacionales. Ante la lejanía de Estados Unidos, con cuya selección también llegamos a hacer concentraciones juntos, la Federación Española prohijó a los equipos de Yugoslavia y la Unión Soviética, con los que hacíamos casi todos los partidos de preparación previos a los grandes campeonatos. No era cómodo, te solías ir con veinte puntos a la espalda en cada partido, pero eso sacaba lo mejor de nuestras capacidades y nos ponía ante la máxima exigencia. Jugar con buenos, te hace bueno. Ese fue otro acierto de Antonio Díaz-Miguel.

Pero volvamos a los *puntos por posesión*. Antonio, con más voluntad que acierto, nos trataba de explicar lo siguiente:

- Cada ataque vale dos puntos.
- Un porcentaje de acierto aceptable estaba en el 50% más o menos.
- El número de posesiones de un equipo es limitado (digamos que 50).
- Si nuestro acierto fuera el máximo haríamos 100 puntos (2 puntos/posesión).
- Si nuestro acierto fuera nulo, haríamos 0 (0 puntos/posesión).

Así pues, con un 50% de acierto estimado estaríamos en los 50 puntos (1 punto/posesión).

Según esto, el secreto del baloncesto es tener el mayor número de posesiones posible durante un partido y obtener la mayor eficacia en cada posesión. Pero, ¿cómo conseguir esto? Aumentando nuestras posesiones y disminuyendo las del contrario.

Aquí el meollo de la cuestión y el decálogo de Antonio. Cómo jugar para acercarnos al 2 p/posesión. Veíamos que un 1,7 era casi una victoria asegurada, claro todo dependía también del otro equipo. Pero esta reflexión en aquellos tiempos no la hacían todos los entrenadores, si no se analizaban con detenimiento cada uno de los detalles del juego.

¿Cómo tener más posesiones que el equipo contrario? Defendiendo bien, robando balones y adueñándote de los balones divididos en juego, los rebotes y las luchas.

¿Cómo ser más eficaces? No perdiendo balones y no hacer malos tiros con poca probabilidad de acierto. De esta manera también disminuíamos la posibilidad de un rebote defensivo adversario y por lo tanto una posesión. Un buen equipo sabe asumir el mayor riesgo, con el menor grado de inseguridad.

De esta manera podríamos decir que, en baloncesto, un tiro en mala posición, una pérdida de balón, un tiro libre fallado, una violación realizada, una técnica o personal, etc. es, estadísticamente, perder una posesión y darle una al contrario. Si estimamos el 50% de acierto, supone perder nuestro 50% de la posesión (1 punto) y darle 1 punto al contario, con el mismo criterio. Naturalmente las técnicas eran evitadas al máximo. Más todavía cuando eran tiros libre y posesión.

Muy resumida, esa era la esencia del Método ADM y poco a poco llegamos a perfeccionarlo hasta la excelencia. Me gustaría poder ver las estadísticas de aquellos años. Tuvimos un estilo que fue exclusivamente español, tanto en clubes como en la selección española: defensas agresivas, forzar malos tiros, contraataque sin pausa, transiciones muy agresivas, contraataque después de canasta, no dar descanso al adversario para celebrarla. Así lo reconoció la revista *Sport Ilustrated* de julio de 1984. Un baloncesto *made in Spain*.

Para todo ello, había que enfatizar mucho en las normas que recalcaba ADM y que nos repetía literalmente antes de cada partido:

- Defender bien y contratacar.
- No perder los rebotes defensivos.
- No perder balones.
- Hacer buenos tiros.
- No hacer faltas innecesarias.

Con todo aquel bagaje acometimos aquellos años, y el dominio de nuestro juego rozaba casi la perfección, con mínimas pérdidas a pesar de lo rápido y arriesgado que jugábamos. Esa perfección nos dio las medallas de aquellos años y fue también la que nos permitió estar entre ellas cuatro años consecutivos, quedando cuartos en europeos, mundiales y Juegos Olímpicos. No era infrecuente ganar a nuestros adversarios robando treinta y seis balones o perdiendo sólo seis u ocho posesiones. Realmente merece la pena que cualquier curioso repase las estadísticas de esos años que con tanto mimo hacía Manolo Padilla y en algún sitio estarán. Posiblemente en la Fundación Ferrándiz, ahora bajo propiedad de la FEB.

EL BALONCESTO CONTROL

Antonio Díaz-Miguel nos inculcó estos conceptos al año siguiente del verano de 1978. Ese año jugamos cinco partidos de preparación contra la Universidad de Saint Johns, dirigida por Lou Carnesecca, gran amigo de Antonio. De los cinco partidos jugados en toda la geografía española, Segovia, Gijón, Valladolid y algún sitio más que no recuerdo: el primero lo ganamos por cuarenta puntos de diferencia, disminuyendo a veinte en el segundo, diez en el tercero, uno y dos en el cuarto y quinto.

Antonio me preguntaba muchas cosas; era como su fonendoscopio para ver cómo veíamos los jugadores sus planteamientos, tanto en lo deportivo como en lo social. Él me dijo: tengo que hablar con Lou para que me explique esto. Cada día hemos ganado por menos diferencia. No entiendo nada.

Yo sí había notado que los jugadores americanos, a pesar de ser más jóvenes, venían de una liga en la que no hay límite de posesión, por lo menos no la había, y jugaban sin mirar al aro, sólo tiraban cuando se acababan los treinta segundos de entonces y a veces ni tiraban. Es mejor no tirar que tirar de cualquier manera. Naturalmente el número de nuestros ataques disminuyeron mucho del primer partido al quinto.

Un día después de esa serie de partidos y ante la pregunta de Antonio de cómo podía ser posible esa disminución de los resultados, Lou Carnesecca se limitó a contestar:

—Antonio, tú no puedes meter canasta si tengo yo el balón.

Al año siguiente lo empezamos a hacer y se puso de moda en muchos equipos. En parte el baloncesto control se inventó para España, en esos años.

Realmente el nivel de un país lo da su equipo nacional. Aunque España tiene entre sus equipos actuales a cuatro o cinco colocados entre los buenos de Europa, la actual despersonalización del baloncesto y su profesionalización hace que cualquiera con dinero pueda comprar un equipo en el país más recóndito y colocarlo como el mejor club. Esto nos debe llevar a la reflexión de que, nada hay mejor como trabajar de forma coordinada con las canteras, y esa es una tarea que deben cuidar nuestros clubes y fomentar y proteger desde la Federación y la Asociación Española de Clubes. Todo esto no es mejor ni peor, solamente distinto. El baloncesto globalizado no ha contribuido a disgregar a las grandes figuras, sino a concentrarlas en los países que mejor pagan y aún más, en los que dan mayores ventajas fiscales a los deportistas. Para cuándo Europa tendrá normas fiscales iguales.

Marc Gasol: lucha titánica por el control del balón.

Cosecha propia. El baloncesto escrito en España

EL JUGLAR DE LA PAJARITA

No es fácil encontrar literatura de baloncesto escrita en castellano. No hay apenas una tradición de ficción en nuestro deporte. Con algunas excepciones que veremos. Sí se han escrito libros muy interesantes, a caballo entre el reportaje periodístico, la historia, la biografía o la autobiografía. De ellos nos ocupamos.

Todos le debemos a Antoni Daimiel insomnes madrugadas, sueños desvalidos, legañas de *basketball*. Y a otro grande, André Montes, tatatatá, tutututú, sus inolvidables baladas de trompeta después de algún *jugón*. Hoy no ha sido el mejor día de mi vida, decía, ocultándose detrás de sus insobornables lentes redondas. La pajarita al cuello, la sonrisa amplia, radiante, cuando en la cancha se volvía a demostrar que el baloncesto es el juego más hermoso del mundo. Cómo nos gusta el cuento, Daimiel, decía. Y era verdad, si algo era Andrés Montes era un excelente narrador de historias. Marear la perdiz, clamaba cuando el juego le aburría. La vida es así, Daimiel, el talento bajo sospecha, ¿por qué?, bramaba cuando contemplaba alguna injusticia, que las hay, dentro o fuera de la cancha. Es una vergüenza tener a este tío sentado en el banquillo, Daimiel. Fuera la pizarra, tiremos la pizarra, Daimiel. Aplaudía la orfebrería de hilo de seda de Houston. El balón para Chocolate Blanco Williams, pipipipipí, la informática a su servicio. Vaya jugada que ha hecho aquí el amigo, el claqué, cantando bajo la lluvia. Todo era posible en un partido de baloncesto. Algo voló sobre el nido de San Antonio, tras un estratosférico mate de Pau Gasol por encima de Duncan y Robinson. Para Andrés Montes, José Manuel Calderón no sólo era un gran base sino Míster Catering, por su capacidad de distribuir y hacer jugar al equipo. Rasheed Wallace era Etiqueta Negra. Tim Siglo XXI Duncan, la Guerra de las Galaxias, episodio número cuatro. Mister Bonobús era Avery Johnson. Y aquí está nuestro amigo, Pau Gasol, E.T. Adivina quien viene esta noche, canastaaaa. Triiiiiiiiiple. Jugón. Silencio se rueda, antes de un tiro libre. American Graffiti. El puente sobre el río Kwai. Rebote para Robocop. Melodía de seducción. Estamos todos aquí. El baloncesto, detrás de las inolvidables gafas redondas era una auténtica fiesta. Pasen y vean. Vaya salto de Steve Francis. Qué descaro. ¡Sinvergüenza! Samurai. Lanzamiento de Kobe Bryant, canastaaaa, suavemente me matas con tu canción, Bryant. La magia del *basket*. Cómo tocas la guitarra Bryant. Tócala otra vez Sam. Jordan, Jordan, bienvenidos al vuelo número veintitrés, aerolíneas Jordan. Canasta de Michael, me llamo Michael, Michael Jordan, me llamo James, James Bond. Estamos aquí para divertirnos. Para hacerles felices. No hemos venido a este mundo a sufrir, Daimiel. Vamos a procurar buscar la felicidad, que llevamos muchos años detrás de ello, ¿no?, decía este gran juglar del baloncesto, locutor de glorias, que tanto nos ayudó a disfrutar frente a una pantalla de televisión. Era de noche, de madrugada, había algo de magia en el ambiente. Allí estábamos todos, inolvidable Andrés Montes. Viva el *basket*. Ratatatatatatatatá…

EL BALONCESTO ES UN DESVELO

En un magnífico libro, Antoni Daimiel recoge la atmósfera de aquellas madrugadas inolvidables en las que desatamos nuestra pasión por el baloncesto. Se titula *El sueño de mi desvelo* y lleva como subtítulo toda una declaración de intenciones: «Historias nocturnas e imborrables de la NBA». El libro empieza en la habitación de un niño que sueña con llegar a ser Hakeem Olajuwon. Se llama Marc Gasol, autor del prólogo. Este libro de Daimiel, escrito a medias entre la crónica periodística y la narración literaria, es imprescindible para entender el baloncesto NBA y su repercusión en nuestro país.

A destacar, por ejemplo, la semblanza del mítico Jordan, al que autor considera, con razón, el primer deportista global de la historia. No es fácil adentrarse en la personalidad tan simple y compleja a la vez del que, posiblemente, sea el mejor jugador de baloncesto de todos los tiempos. «Dios volvió a disfrazarse de jugador de baloncesto» fue la frase que hizo historia en el año 1998. ¿Quién la pronunció? ¿Larry Bird? ¿Antoni Daimiel? El autor del libro nos regala un brillante hallazgo descriptivo: cuando Jordan jugaba, los demás jugadores parecían formar parte de una imagen congelada.

De Phil Jackson, el entrenador más importante en la historia del baloncesto, piensa Antoni Daimiel que es un personaje de múltiples aristas, poliédrico. Y resalta de él, los que, quizás, fueran sus principales hallazgos: considerar al equipo como un ser vivo y dedicar muchas horas de lectura e influencias de asuntos ajenos al propio baloncesto. El autor deja constancia de su perplejidad en el empeño de Phil Jackson en aplicar su filosofía budista, la disolución del yo, en jugadores tan ególatras como el mismo Michael Jordan. Para saber más, no duden en leer su interesante *Once anillos*, libro peculiar, diferente, donde Phil Jackson explica con detalle su filosofía zen aplicada al baloncesto: empieza dejando el ego en el banquillo, escribe.

Avanzando en *El sueño de mi desvelo*, que se lee con el interés de las novelas buenas, nos encontramos con un afilado retrato del Pau Gasol emergente, que iba camino de convertirse Rookie del Año en 2002. Sin duda la llegada del jugador de Sant Boi, nos acercó mucho más al sueño NBA. Leyendo este capítulo surgen hechos, partidos, lugares, personas, que aguijonean mi memoria. La final de la ACB de la temporada 98-99 que enfrentó al Caja San Fernando, mi equipo, contra el Barcelona. La figura entrañable de André Turner, maravilla de *playmaker*, del que tuve la suerte de ser su médico. El Palacio de Deportes de San Pablo: tanto entrenamiento, tanto partido, tantas emociones, tanta amistad, tanta vida. La final del Campeonato del Mundo junior en Lisboa, con un Juan Carlos Navarro galáctico y un Pau Gasol suplente de

LeBron James: pura NBA.

Felipe Reyes. Allí estuvimos viendo el espectacular juego de aquella generación, que luego colocaría al baloncesto español en lo más alto.

El libro se ocupa, además, de las nuevas generaciones que relevaron a Larry, a Magic, a Jordan, un tal LeBron James, Dwyane Wade, Chris Bosh o Carmelo Anthony, por ejemplo. O como un jovencito alto de Sant Boi de Llobregat llegaría a lucir en su mano dos anillos NBA, todo el oro del mundo, para los que amamos el baloncesto. O la emigración española a la NBA con Fernando Martín al frente, allanando el camino. Raúl López, José Manuel Calderón, Sergio Rodríguez y Ricky Rubio, cuatro bases españoles que han jugado en La NBA. Falta uno, Juan Antonio Corbalán, que en otras circunstancias hubiera jugado en la NBA de todas, todas. La lista es larga: Pau y Mark Gasol, Jorge Carbajosa, Rudy Fernández, Juan Carlos Navarro, Victor Claver, hasta llegar a los hermanos Willy y Juancho Hernangómez, que para mí siempre serán los hijos de mi amiga Wonny Geuer, jugadora de aquel fantástico equipo de las irlandesas de Sevilla, campeón de España.

Y, por si fuera poco, el libro, que tiene su mayor virtud en el ambiente que recrea, puro baloncesto, acaba como las buenas novelas, con máxima tensión. Tiene de todo, hasta la crónica rosa y la crónica negra de la NBA, que bien que las tiene. Si quieres leer baloncesto, lee *El sueño del desvelo* de Antoni Daimiel.

LA VUELTA AL MUNDO EN BALONCESTO

El ritmo de la cancha, de Jacobo Rivero, historias del mundo alrededor del baloncesto, no podía faltar en este recuento de letras rebotadas.

Tras lúcidos y pertinentes prólogos de José Ajero y Ángel Goñi, este magnífico libro de relatos se abre con las peripecias de un jugador de baloncesto judío en las hitlerianas Olimpiadas de Berlín en 1936.

Baloncesto bajo las pirámides. Baloncesto en Heliópolis… de El Cairo, en el Egipto del rey Faruk I, que tiraba pelotazos de pimpón desde su avioneta.

Guerra fría en los Juegos Olímpicos: Estados Unidos contra Rusia.

El baloncesto sonaba entonces a *jazz*, a góspel. a *rhythm and blues* en la bahía de San Francisco. Ahora suena a rap, a hiphop. No se puede entender el baloncesto sin los afroamericanos y la lucha por los derechos civiles. No es fácil ser Big Don, el primer afroamericano en jugar un All Star Game, el primer *disc jockey* negro de la impresionante bahía de San Francisco (si pudiera, viviría entre dos bahías, la del Golden State y la de la Caleta en Cádiz... y la primavera en mi barrio de San Lorenzo).

El baloncesto y las piletas, la manera tan original de llamar a una piscina allá en Bahía Blanca, la Argentina. El Estudiantes, no el entrañable de la nevera que te congeló tu corazón de baloncesto, sino el del Río de la Plata.

Rusia frente a Yugoslavia en el Mundial de Manila de 1978. Leonid Brézhnev contra el mariscal Tito en las Filipinas de Imelda Marcos, la mujer que almacenaba más de tres mil pares de zapatos.

Kim Van, baloncesto y taichí en el Vietnam que no acaba de olvidar los malos tiempos.

Baloncesto en Sarajevo sitiado, jugadores corriendo la pista de un aeropuerto para poder jugar en otro país libre de la guerra. Los francotiradores no distinguen a un jugador de baloncesto de otro hombre que no juega. Interesante el baloncesto yugoslavo, que en poco tiempo vimos saltar en añicos. Tuve la suerte de trabajar con el gran Aza Petrovic, que gana muchos enteros en las distancias cortas. La sombra de su hermano Drazen le seguía a todos lados. Quizás sea aquí el momento de aconsejar otro magnífico libro de *basketball*: *Sueños robados, el baloncesto yugoslavo* que Juanan Hinojo publicó en 2011. Alguien me contó que Mirza Delibasic se sentó en medio de la pista del aeropuerto sitiado y se fumó plácidamente un cigarrillo.

Jacobo Rivero, escritor y entrenador, se ocupa también en uno de los relatos de la adicción a las drogas en el baloncesto americano. De la heroína callejera, de nuestros ya conocidos Jim Carroll y Earl Manigault, a la sofisticada cocaína de Spencer Haywood y Len Bias. Destellos rebotados.

Otro fuego cruzado, otra balacera atraviesa la noche de La Vega, un barrio de Caracas. En el cerro, en Las Casitas, se juega a baloncesto callejero. Alguno de esos adolescentes quizás llegue a jugar en el Coso Saurio con la camiseta de los Cocodrilos. O acabe jugando el sórdido campeonato del narcotráfico cuyo final conocen casi todos. O blanco o negro. O cara o cruz. O todo o nada.

Admiro mucho, me estremece la poesía de Mahmud Darwish. Jacobo Rivero parte de un hermoso poema del juglar para hablarnos del baloncesto imposible palestino. Sobre todo, el femenino.

Toni Smith, jugadora de padre afroamericano, pagó bien cara su negativa a saludar la bandera de su país tras el 11-S y en el entorno de la guerra de Irak. La difícil relación del baloncesto con la política y los derechos civiles.

Ser mujer y jugar al baloncesto supuso una amenaza de muerte para la capitana de la selección somalí. El baloncesto o la vida.

Y para terminar Woody Allen enfrentando a Kant, Nietzsche y Kierkegaard contra los New York Knicks de Pearl Monroe, Bill Bradley y Walt Frazier. La inteligencia frente al poder físico. Llegó a grabar la escena para la película *Annie Hall*. Luego no le sirvió o no se atrevió a incluirla en la misma. Woody Allen se había incluido como un jugador más del equipo de los ilustres pensadores.

No se podría entender la historia reciente del *iuesei* de Bruce Springsteen sin contemplar a Marlon Brando sentado detrás del banquillo de Los Ángeles Lakers, en el Staples Center o a Woody Allen en el Madison Square Garden. A ras de parqué. A ras de tierra. Los Ángeles frente a Nueva York. El baloncesto reivindicando que es algo más que una frenética explosión de músculos.

El ritmo de la cancha, de Jacobo Rivero. Absolutamente imprescindible para seguir amando el baloncesto.

EL TAMAÑO DE LA VERDAD

La primera vez que vi a Fernando Romay fue bajando de un autobús en el que las puertas habían empequeñecido. Después de bajar dio dos o tres pasos sobre un suelo más sumiso de lo habitual. La posición en el mundo también tiene que ver con el espacio que se ocupa. Hay gente que hace trampa para parecer más grande de lo que son. Amplificadores, asesores de imagen, teleobjetivos. Todo lo contrario a lo que vi aquella tarde en Málaga, el tamaño de la verdad. Fernandito Romay en estado puro, atándose los cordones de su vida en unas gigantescas botas de baloncesto hechas a medida, a su honesta medida.

En un inteligente prólogo de Juanma Iturriaga a su biografía *Altísimo*, de Jacobo Rivero, señala lo difícil que tiene que ser, SER Fernando Romay. Y estoy muy de acuerdo. Dificilísimo.

Más adelante su antiguo compañero afirma: «Se supone que el valor de un deportista se mide aplicando la fórmula talento por esfuerzo. De lo primero no llegó sobrado a Madrid, las cosas como son. A quienes le conocimos entonces, no nos resulta fácil olvidar sus dificultades para dar armonía a un cuerpo exagerado, al que su casi sesenta de pie no aportaba demasiada agilidad. Pero ni esto ni las bromas que tuvo que soportar le apartaron de una ética de trabajo que al final dio sus frutos».

Soy testigo de ello. En un campeonato de España juvenil, en el clásico pabellón Carranque de Málaga, vi cómo el grandísimo jugador que luego sería Fernando Romay tenía serios problemas para recibir el balón que, en la banda, le pasaba un preparador físico. Sencillamente se le caía de las manos. En el partido que jugamos Amigos del Baloncesto contra el Real Madrid, Fernando Romay no saltó al campo ni un solo minuto. El mismo lo reconoce: «¡Pero yo no tenía realmente ni idea de jugar, ni de moverme! Yo intentaba hacer lo que podía, cometía muchos pasos e infracciones, pero el baloncesto ya estaba conmigo».

De ahí a convertirse en un jugador imprescindible para el Real Madrid y la selección española. A base de trabajo, trabajo, trabajo… y bonhomía. «O terror dos tableiros» como le llama con su humor inconfundible, Juanma Iturriaga, otro grande de la historia del baloncesto español.

Altísimo es un interesante viaje a la personalidad de Fernando Romay, casi un niño gigantesco, que tras doce horas de tren llega a Madrid acompañado de su padre. «Llegar en 1974 desde La Coruña a una ciudad como Madrid con 14 años no es un asunto menor». Ese chico altísimo había llegado a la estación de Chamartín desde La Coruña para ponerle un tapón al mismísimo Michael

Jordan en la madrugada de Los Ángeles, diez años después. «Al pódium se sube con el pie derecho» le diría con el tiempo el mismísimo Raimundo Saporta. Su madre le había insistido mucho: «Aprovecha la oportunidad». Jamás se le olvidaría ese consejo al niño gigante que tenía los pies más grandes del mundo.

Con dieciséis años saltaba la comba antes del entrenamiento cinco minutos por indicación de Santiago Bernabéu. También le vi hacerlo antes de los partidos. Vivía entonces en la pensión de doña Pilar con otros compañeros, ilustres y elegantes jugadores como Arturo Seara y Jose Beirán. Más de un partido cruzamos con desigual suerte. Estaba claro...

El Campeonato Europeo Junior de baloncesto se celebró en Santiago de Compostela en el verano de 1976. Fernando Romay estaba en la selección española junior que dirigía el inolvidable Ignacio Pinedo, un estilo. Los entrenadores, como los escritores, tienen su estilo, su punto de vista, su narrativa. Quizá Ignacio Pinedo era el Juan Marsé de los banquillos. Antonio Díaz-Miguel, F. Scott Fitzgerald y Lolo Sainz, Miguel Delibes. Fue aquel un campeonato de entrenadores elegantes. A Italia la entrenaba un tal Cesare Rubini, puro Trieste vestido en las galerías de Milán. El resto de jugadores de la selección española junior eran: Joaquín Costa, Juan Carlos López Rodríguez, Nacho Solozábal, Quino Salvo, Pedro Ansa, Josep María Ferrer, Ricardo Gaínza, Juan Antonio San Epifanio (Epi), Juanma López Iturriaga y Josean Querejeta. En los dos últimos descartes quedó fuera mi queridísimo amigo Miguel Piedra que entonces jugaba en el Estudiantes. Dos ¡ay! enormes, dos sonoras ausencias, muy dolorosas, en esta lista. Quino Salvo y Miguel Piedra, fallecidos antes de tiempo, porque sabido es que esta vida imparte de todo menos justicia. Dos grandes jugadores de baloncesto que ocupan un vacío en el banquillo de mi corazón.

Los campeones, en Santiago, fueron los yugoslavos. La plata se la llevó la Unión Soviética. España, con una actuación muy digna, fue medalla de bronce. Lo recuerda uno muy bien porque, muy jovencito, estaba allí. Había ido con ilustres chalados y chaladas que empleaban el tiempo libre en ver más y más baloncesto. Buenos tiempos.

En aquel campeonato de Santiago de Compostela se dio a conocer, se presentó en sociedad, el gigante del baloncesto europeo Vladímir Tkachenko. En el ángulo superior interno derecho de la puerta del pabellón apoyaba plácidamente su codo izquierdo. Parecía relajado. Dos metros veinte centímetros de estatura. Como bien cuenta Fernando Romay, llevaba una camiseta naranja chillón horrible. En aquel campeonato, con sorna gallega, se le puso a Fernando Romay el Tkachenkín, que traducido al andaluz significa Tkachenko chico. No he visto un tío más grande en mi vida.

En 1980, cuando empieza su etapa como jugador senior, Fernando Romay se muda de la pensión de doña Pilar a un apartamento. Recibe un coche, un ciento veintisiete adaptado, después de jugar la temporada de 1979 en el equipo del Tempus. Todo un espectáculo, verlo salir del coche. Tenía un gran éxito de crítica y público.

A partir de ese momento empieza a crecer como jugador. Su aportación era determinante en defensa y su capacidad de intimidación en la zona era un valor en la liga y en las competiciones internacionales. Tanto para el Real. Madrid como para la selección española. Todo gran jugador tiene su lastre: a Fernando Romay le llovían rápido las personales.

Si tuviera que componer un quinteto ideal, Fernando Romay se quedaría con: «de base Juan Corbalán, de escolta Wayne Brabender, de alero Chechu Biriukov, de cuatro Fernando Martín y de pívot... yo, Fernando Romay». Me apunto a ese equipo.

Tras jugar en el entrañable OAR del Ferrol y en el no menos cordial CAI de Zaragoza se retira del baloncesto en el año 1995.

... Y comienza el espectáculo. Romay estrella televisiva con Emilio Aragón, en ¡Mira quien baila! y muchos programas más. ¿Quién lo iba a decir del gran tímido que llegó a la estación de Chamartín? Y es aquí donde Fernando Romay se hace más popular, más conocido, Y también donde Tkachenko chico hace una ingente obra social. No existe nadie en España, más generoso, que haya participado en más actos benéficos. Fernando Romay siempre dice sí. Ha olvidado decir que no. Altísimo, muy alto, dice Jacobo Rivero. Grandísimo, muy grande, digo yo que tengo la suerte de ser amigo de un tipo tan noble, en la mejor tradición de nuestro querido baloncesto.

UNO DE BILBAO

Juan Manuel López Iturriaga, Itu, ha sido el único jugador español de baloncesto internacional en todas las categorías: *minibasket*, cadete, juvenil, junior, sub-23 y absoluto. Comenzó a jugar al baloncesto por casualidad, pues lo que en realidad le gustaba era el fútbol y como buen bilbaíno soñaba con jugar en San Mamés, «apareció en mi vida Michel Ureta, el entrenador del colegio, me cogió de la oreja (en sentido literal) y me obligó a cambiar de deporte». Así comenzó su andadura deportiva en el equipo de baloncesto de su colegio, el Loyola Indautxu.

A los diecisiete años se traslada con su familia a Madrid y ficha por el Real Madrid donde jugó doce temporadas, «tuve la fortuna de compartir vestuario y vida con auténticos fenómenos como Brabender, Luyk, Corbalán, Cabrera, Cristóbal, Fernando Martín, Fernando Romay, Mirza Delibasic, Brian Jackson o Randy Meister, entre otros». Juanma Iturriaga forma parte de la generación de jugadores que provocó el *boom* del baloncesto en España, a principios de los años ochenta, y que culmina con la consecución de la medalla olímpica de Los Ángeles en 1984. Fue internacional con la selección española absoluta en noventa ocasiones.

«De forma sorprendente, al menos para mí, una mañana del verano de 1988, Lolo Sáinz me comunicó que no contaba conmigo y fiché por el Cajabilbao, donde pasé los dos últimos años de mi carrera. A los treinta y un años y plenamente satisfecho de lo que había conseguido, decidí colgar las botas y dedicarme a otros menesteres».

A grandes rasgos, y simplificando mucho, esta es la biografía deportiva de Juanma Iturriaga. A partir de ese momento comienza a desarrollar su otra gran faceta de comunicador nato. Ha hecho, y sigue haciendo de todo en el ámbito mediático: televisión, radio, prensa, blogs, redes sociales y también la escritura de libros.

En febrero de 2010, después de haberlo pospuesto muchas veces y en plena crisis de los cincuenta, según confesión propia, comienza a escribir su autobiografía: *Antes de que se me olvide*. «No es un libro de batallitas deportivas, o al menos intenté que no fuese sólo un libro de batallitas». Como el propio autor escribe en el epílogo: «este libro ha tenido una intención doble. Por un lado, realizar un ejercicio de conexión de los puntos de mi vida pasada, que los ha habido de todo tipo y condición. Alegres y tristes, felices y trágicos, sorprendentes y esperados, comunes y especiales. Como en la mayoría de las vidas. Y por otro, sumar uno más a la lista».

Antes de que se me olvide es un libro ameno, divertido, con ciertos tintes nostálgicos.

En el libro se hace referencia, cómo no, a su famoso incidente con Mike Davis, del que recibió el puñetazo más famoso de la historia de la ACB. Se reencontraron en el homenaje al gran Iñaki Solozábal. «El abrazo que nos dimos fue entrañable. Sobra decir que nuestro conflicto no duró más allá de aquella noche de 1984, pero seguimos representando nuestro papel de enemigos sacándonos fotos en plan pelea».

No podían faltar alusiones a la medalla de Los Ángeles: «Y ahora era yo el que hacía ese movimiento, el que subía al cajón, el que se agachaba para que le colgasen la medalla del cuello, el que saludaba al público con una sonrisa, el perseguido por las cámaras de televisión. El triunfador era yo. ¡Qué momentazo! Nunca, ni antes ni después, he sentido nada igual a aquellos minutos que pasamos allí arriba. Eran treinta centímetros de elevación, pero me encontré más cerca que nunca de la cima del mundo».

También se ocupa Juanma Iturriaga de la gran *bestia negra* del Real Madrid. El jugador que más desesperación, impotencia y rabia provocaba en los jugadores blancos: Drazen Petrovic. Todavía se recuerdan los famosos *aviones* con los que los hermanos Petrovic, Aza también, con los brazos abiertos, recorrían la cancha madridista. Las caras de provocación, de burla, que ponían, no sólo los Petrovic, sino todos los jugadores de la Cibona de Zagreb.

A Itu, en realidad, le hubiera gustado ser guitarrista de rock y jugador de fútbol en San Mamés. Por contrapartida, jugó al baloncesto al máximo nivel y se sube al escenario para contar historias al público. Desde ese punto de vista, Juanma Iturriaga es un ingenioso escritor oral, rápido, con reflejos y con un agudo sentido del humor.

Antes de que se me olvide tiene su continuación en *Ahora que me acuerdo*, publicado cuatro años después, con periodicidad olímpica, en la misma editorial Turpial. Un libro que parece tener vocación de atar flecos sueltos de su primer libro.

Como el mismo autor confiesa pretende recordar y homenajear a una serie de personajes importantes en su vida personal y deportiva. Compañeros como Juan Antonio Corbalán o el *Maestro Tejada*, Fernando Martín o Rafa Rullán, adversarios como Epi o Solozábal e ídolos como Perico Delgado o Severiano Ballesteros.

También hay lugar en el libro para reflexiones personales y para aficiones particulares, como ver compulsivamente series de televisión o tirarse en paracaídas cuando a uno se le va la olla.

Pero quizás, lo más destacable del libro sean las restituciones. La primera a su entrenador Lolo Sainz al que tardó veinticinco años en perdonar y la segunda la de Drazen Petrovic, la *bestia negra* del madridismo.

HISTORIAS DE LA TELEVISIÓN

Muchas de las historias que cuenta el libro *Historias del Real Madrid* las ha vivido uno, viendo la televisión en blanco y negro sobre todo. Escrito a tres manos, Óscar Antón, Macarena García y Brais Iglesias es una interesante revisión de los dimes y diretes de la sección de baloncesto de uno de los clubes de fútbol más importante del mundo. Desde sus comienzos en los primeros años treinta, cuando aún no se presagiaba la tragedia de la guerra, hasta Sergio Llull, «el que nunca hinca la rodilla».

Por este interesante libro desfilan la sección femenina, los primeros portorriqueños, la famosa autocanasta ideada por el inefable Pedro Ferrándiz y por supuesto la vieja pregunta: ¿Emiliano o Sevillano? Las primeras veces que un equipo de un país franquista llega a la URSS. El *look* de un *beatle* de Vista Alegre, Vicente Paniagua. Las copas de Europa. El inolvidable Torneo de Navidad. El retrato de un directivo peculiar llamado Raimundo Saporta.

Wayne Brabender, un español de Minnesota. El libreto de Lolo Sainz. La figura de Juan Antonio Corbalán, el director de orquesta. El camarada Biriukov. Tirso Lorente, un profesor del baloncesto. Zeljko Obradovic obsesionado por la copa de Europa. Un zar en la calle Goya llamado Arvydas Sabonis. El tifón Arlauckas. El error histórico de la salida de Dejan Bodiroga. La huida de Drazen Petrovic a la NBA. El Real Madrid de Ettore Messina. Luka Doncic o cómo se forma una estrella. Y mil cosas más. Este libro rebosa baloncesto por todos los poros.

EL TIEMPO EN UNA BOTELLA

Historia del baloncesto en España. (1910-2018), de Carlos Jiménez Poyatos, es una obra mastodóntica. Se documenta el deporte de la canasta en nuestro país a lo largo de más de cien años y recoge más de trescientos testimonios en primera persona.

Selección española de baloncesto: Oro en el Mundial de Japón 2006.

Mejor que nadie, lo dice el autor en el prólogo. ¿De qué trata este libro? «Del tiro de cuchara, al infalible lanzamiento a tabla de Epi o en suspensión de Sergi Llull. De que en los sesenta nuestras chicas eran eliminadas a las primeras de cambio en torneos internacionales, y ahora son unas asiduas al podio. De cómo, entre los 40 a los 60, nace y se extiende el tiro de gancho con los Galíndez, Soro o Luyk, de Pau Gasol superando con ese mismo recurso a Rudy Gobert para doblegar a Francia en las semifinales del Europeo 2015. Que en el quinteto habitual de esa selección española campeona de Scariolo no hubiera ningún jugador más bajo de 1,90 a que, con esa misma estatura, Jesús María Pérez Loriente fuera el techo de aquella selección subcampeona en los juegos del Mediterráneo del 51. De cómo Pedro Ferrándiz convenció, hace más de cinco décadas, a Wayne Hightower para venir a España y mostrar qué diablos era un mate, a las nueve veces que Rickie Winslow se colgó del aro en el Palacio de Deportes de Madrid el 8 de mayo de 1992 ante el Joventut».

Pues de eso trata, de puro baloncesto, jugado Pirineos abajo. En este enciclopédico libro está casi todo. Un gigantesco maratón de baloncesto escrito. Todo un reto a la memoria de los que tanto hemos amado este juego. *El tiempo en una botella* era, es, una maravillosa canción de Jim Croce, un cantautor americano que falleció muy joven en un accidente de aviación. Y es lo que parece hacer el autor de esta historia del baloncesto en España. Meter tanto tiempo de baloncesto feliz en una botella.

Leyendo este libro confirma uno lo que ha vivido. Se aferra a la certeza de que así fue. Hemos vivido más intensamente jugando, viendo baloncesto, disfrutando de la belleza de un balón en el aire que no siempre caía donde hubiera sido más conveniente. Un libro imprescindible para conocer el baloncesto español.

El libro, además, tiene el morbo de que fue regalado por Pablo Iglesias a Pedro Sánchez con una explícita y premonitoria dedicatoria: «Es bueno empezar por lo que nos une». Era el año 2016 y ninguno de los dos había pisado moqueta todavía.

LAS MIL CARAS DEL BALONCESTO

Tiros libres. Relatos de baloncesto es un libro de cuentos de varios autores y autoras españolas, publicado en el año 2014 por Ediciones Lupercalia, Alicante.

En el prólogo, los tres coordinadores del libro, los escritores David Refoyo, Patxi Irurzun y Daniel Ruiz recurren al humor y lo titulan: «El tapón de Vrankovic a Montero».

Esta introducción recoge interesantes reflexiones:

> Hemos elegido el baloncesto como tema central porque es el deporte donde —creemos— la metáfora del éxito y el fracaso se reproduce con más asiduidad, de un modo constante en todos y cada uno de los partidos disputados.
>
> El baloncesto es, quizá, el deporte que mejor ha sabido conectar con la sociedad a lo largo de su historia. Nadie supo plasmar con mayor rigor los desencuentros de la Guerra Fría entre EEUU y la URSS como sus enfrentamientos en los Juegos Olímpicos.
>
> El baloncesto consiguió lo que ningún gobierno norteamericano había conseguido, la igualdad racial, entender que las diferencias entre blancos y negros, eran, simplemente una cuestión de matices físicos y no de supremacía moral o intelectual.
>
> Esta antología sirva para romper, desde hoy y para siempre, la estúpida barrera que algunos levantaron entre la cultura —entendida como creación artística— y el deporte. Como si, después de todo lo que hemos comentado, el baloncesto no formase parte de la cultura popular, al mismo nivel que el cine, la literatura, la música o la moda».

Concluyen los prologuistas. Amén.

Y ahora haremos un breve repaso de los relatos que componen la antología *Tiros libres*:

«De joven jugaba a baloncesto», de Ana Pérez Cañamares.

Es un hermoso relato que habla del tiempo pasado en el que el baloncesto, en la figura de Fernando Martín, simboliza una época en la vida de la narradora. Amores, desamores, pérdidas. Alguien más fallece, además del gran jugador de baloncesto.

«Un tiempo muerto», de Miguel Serrano Larraz.

Este lúcido y ágil relato comienza con una sonora contradicción, que conocemos bien los que apostamos por este juego aéreo. ¿Por qué el entrenador te dice que salgas, cuando entras a la cancha en el cambio decisivo que hará ganar a tu equipo? Los entrenadores son poetas surrealistas que hablan con metáforas imposibles: «mecánica de tiro», por ejemplo, ¿qué tendrán que ver los talleres literarios con un triple sideral de Drazen Petrovic?

«La fuga de Gomelski», de Jacobo Rivero.

No le gustaba a Alexander Gomelski que le llamaran Coronel. Ni que le hablaran de sus supuestas relaciones con los servicios secretos soviéticos, el KGB. Su amigo Antonio Díaz-Miguel no soportaba que se le empañaran las gafas, uno de los pares que coleccionaba a granel, ni el olor a tabaco. Mirza Delibasic no le hacía ascos a la nicotina, en la que encontraba un peculiar estímulo que lo relajaba. Alexander Belostenny era un gigantón preocupado por las crisis existencialistas que, de vez en cuando, asolaban al Zorro Plateado. Le llamaban así a Alexander Gomelski por una lograda mezcla de inteligencia, astucia y cabello cano.

«El analista», de Javier López Penacho.

Lorenzo Francés, el hombre que lo sabe todo de baloncesto, fallece de madrugada, tras una ingesta masiva de somníferos, en un hotel de mala muerte de Boston. «Cuando un anciano muere, una biblioteca arde», escribió alguna vez el escritor malí Amadou Hampâté Bâ. Esta hermosa frase se ha convertido en un proverbio clásico de la cultura africana. Lorenzo Francés no era anciano, ni tan siquiera un hombre mayor. Las preguntas son inminentes: ¿por qué muere un hombre que conoce como nadie la «tela de araña con la que Doc Rivers hacía defender a sus Celtics»? ¿un suicidio o una sobredosis?

«La canasta millonaria», de Patxi Irurzun.

Este cuento, que huele a Cheever y a Bukowski, comienza con humorísticas referencias escatológicas. Jacinto Pikabea, Jarri, se adentra en el sueño infantil del baloncesto. Con el tiempo se desilusiona del baloncesto y recala en las barras de los bares. La vida se acelera hasta acabar divorciado, con una hija que vive con su madre y trabajando en una triste fábrica de sanitarios, con los suelos del baño sucios, donde encuentra un folleto que puede ser redentor. El baloncesto, como la vida, es una cuestión de probabilidades. Como cuando se tira desde seis veinticinco.

«Rimantas Kanastauskas: el porqué del *dream team*» de Mario Crespo.

La gran promesa del «nuevo periodismo español» vegeta como administrativo en una revista de baloncesto. Entró como periodista, pero el desdén y la ginebra lo han relegado a una esquina húmeda, cercana a los aseos, de la redacción. Hasta que recibe el encargo del reportaje más ambicioso y con más presupuesto de la historia del periodismo deportivo español. «Pero ¿por qué?, me preguntaba. ¿Por qué me han elegido a mí?, ¿precisamente a mí?».

«Partizan 71-Joventut de Badalona 70», de Javier Avilés.

No hay que olvidar nunca que, hasta el último segundo, no hay nada decidido en un partido de baloncesto. Llevar una foto del jugador serbio Aleksandar Djordjevic, que jugaba entonces en el Partizan de Belgrado, ayuda a ello. Desequilibrado y cayendo en una trayectoria inverosímil anotó en los límites del tiempo y del mundo. Final de la Liga Europea de 1992 en Estambul.

«Tiempo muerto para Alí Abdul-Jabbar», de David Benedicte.

Alí, diecisiete años. Marroquí. De Tánger. Un hervidero de sentimientos contradictorios, a quien el hachís hacía sobrevolar con frecuencia minaretes y desiertos sin la necesidad de salir del cuarto

Anderson Varejao: jugador brasileño de Cleveland Cavaliers (2004-2016).

de estar. En esta situación, Alí encuentra la válvula de escape del baloncesto. Además, el cuento incluye, desde el título, un guiño a Karim Abdul-Jabbar, precursor de la conversión al islam de muchos jugadores afroamericanos.

«La increíble historia de la granja de caballos de Pino Hermosos», de Mercedes Díaz Villarías.

Los días de lluvia, el entrenador del club de baloncesto junior femenino del Colegio Diocesano María Inmaculada las reunía en círculo, bajo la cubierta de uralita y les contaba historias sobre la joven Florinda, una niña abandonada por su madre en el Antiguo Hospital de San Julián. Un relato de caballitos de cartón, madres de leche, un hombre misterioso y caballos de verdad. Y de niñas que prefieren que llueva, escuchar historias, antes que jugar al baloncesto.

«El baloncesto no se juega con las manos», de Francisco Gallardo. Sin comentarios por motivos obvios.

«Pick & roll, baby», de David Refoyo.

Hay que pisar la cancha con el pie derecho y luego santiguarse. Las supersticiones del baloncesto. El calentamiento antes de los partidos es un ritual. La chica del abrigo rojo es una Penélope que cada sábado teje y desteje en la cuarta fila, cerca de la barandilla. El partido es importante, se juegan las semifinales de un Eurobasket Junior. Hay gente que decide quién tiene que ganar. El baloncesto también tiene su política.

«El último tiro de Tommy Larkin», de Sergi de Diego Mas.

El 15 de diciembre de 1891 James Naismith inventó el baloncesto. La historia son puntos y elipsis. Es este un relato científico que viaja por la historia del baloncesto, analizándolo desde distintos planos físicos y temporales. Está escrito con un elaborado lenguaje técnico, que coloca al lector en el límite de la ciencia-ficción.

«El periodista deportivo», de Sergi Puertas.

El título de este buen relato es un homenaje, consciente o inconsciente, a la espléndida novela de Richard Ford que lleva el mismo nombre. Borrás Barracchina, exjugador de baloncesto, cuarenta años. Con hostilidad y desconfianza le concede una entrevista al periodista deportivo. Su vida no pasa por los mejores momentos. No están solos, el abogado, el terapeuta y la asistente social les esperan en la cafetería del pabellón, donde entrena la mejor selección de baloncesto de la historia de España.

«Volar», de Josu Arteaga.

El baloncesto en el colegio, el más puro, quizás el que nos hizo más feliz. El entrenador, profesor de Educación Física, un tipo odioso. Un día lo trasladan a otro colegio. El relato maneja el lenguaje callejero de la época, una jerga a medias entre el punk y los porros. Ha pasado el tiempo y sólo quedan las fotografías del equipo y del juego en una caja de zapatos. El único testimonio que puede constatar que aquello fue verdad.

«*Homecoming* o el síndrome de la Copa Korac. (Materiales para un relato)», de Javier García Rodríguez.

Este relato tiene una estructura múltiple. Fotografías de una entrada para un partido del equipo de la Iowa Sate University en la temporada 1989-90. Banda sonora, la hipnótica música de Julee Cruise flota dentro de la noche. Un enlace de internet para pinchar. Una fabulosa historia de baloncesto. Matizaciones sociológicas. Un ensayo sobre la puntería y la precisión del cuerpo.
Otra historia impactante de baloncesto. Una pequeña autobiografía de baloncesto del autor. Imágenes escaneadas de un video de un partido de NBA.

«Como el puñetero Spud Webb», de Daniel Ruiz García.

Este intenso relato trae el baloncesto callejero de Harlem, del Rucker Park, a las Tres Mil Viviendas y a un pueblo, cercano a

Sevilla, donde los albures se tragan toda la porquería del río Guadalquivir. El baloncesto callejero se juega de tres en tres con el Colombia, el Ortu, el Trina, el Niñato, el Zana... De pronto el protagonista del relato tiene una oportunidad de jugar con un equipo profesional. Anthony Jerome *Spud* Webb (Dallas, 1963) es un exjugador de baloncesto que disputó doce temporadas en la NBA. Con una altura de 1,68 metros se convirtió en el jugador más bajo de la historia en ganar el concurso de mates en el All Star Game de la NBA en 1986.

«Tras el cristal. Cuento de una realidad», de Juan Antonio Corbalán.

Tras una ventana, tras un cristal, se puede ver un patio de colegio con campos de baloncesto y también toda una vida. El colegio está en uno de aquellos barrios de posguerra que surgieron en la periferia de Madrid. El padre José, cincuenta años en el colegio, vivía al otro lado de los cristales, del cristal de la realidad y del cristal del tiempo. El chico del colegio no fue elegido finalmente entre los doce que representarían a España, en el Campeonato del Mundo de *minibasket*.

Con el relato de Juan Antonio Corbalán termina este libro en el que destaca la calidad de la escritura y la originalidad de los enfoques, de los distintos puntos de vista acerca del baloncesto. Leyendo este libro se tiene la sensación de que el baloncesto es plural, poliédrico. No todos vemos el mismo partido de baloncesto. Posiblemente esa sea una de sus grandes riquezas. Las mil caras del baloncesto.

UN HABITANTE DEL AIRE

Hemos dejado para el final, de este repaso por la literatura de baloncesto escrita en castellano, la novela *La soledad del tirador*, del escritor Toni Montesinos. Un texto, pulcramente escrito, con muy buen pulso literario, En esta novela, el autor nos acerca a las expectativas, frustradas e ilusionantes a la vez, de un joven, en un barrio del suburbio barcelonés de los años ochenta del pasado siglo. Con un deprimido entorno social, una desestructurada familia y unas pésimas perspectivas profesionales, el protagonista encuentra en el baloncesto y en su habilidad como encestador la vía de escape a su opresiva realidad exterior.

La soledad del tirador desvela un profundo conocimiento del baloncesto. «El baloncesto constituía para mí lo más importante en el mundo: única religión, creencia y fe». Quien haya jugado a baloncesto lo comparte plenamente. El club de baloncesto supone para el protagonista de la novela el refugio, el lugar sagrado y mítico por excelencia. «Mientras jugaba me olvidaba de todo», confiesa. «Veo poesía en un salto o en un tiro a canasta», añade. Cierto, el baloncesto tiene su lírica y también su épica.

La soledad del tirador es la historia de un jugador de baloncesto melancólico, casi existencialista, de un «habitante del aire», a ratos. Una de las mejores novelas escritas en nuestro país en torno al baloncesto.

EL BALONCESTO INVISIBLE

Es evidente la evolución del baloncesto en las últimas décadas. Cada vez se juegan más partidos, hay menos tiempo para recuperarse y el juego es más intenso. A su vez los jugadores son más altos, más fuertes y corren más rápido. Sin lugar a duda el juego es más físico hoy en día y raro es el jugador o la jugadora capaz de resistir esta intensidad más allá de cinco minutos. De ahí la frecuencia de relevos, de *cambios* en la dinámica del partido. Por ello, cada vez es más complejo el diseño del trabajo físico y técnico que deben desarrollar los jugadores en los entrenamientos, para poder responder satisfactoriamente a estas altas demandas. Entrenadores, preparadores físicos y médicos de equipos necesitan cada vez más conocimientos científicos para optimizar el rendimiento de sus jugadores. En el imprescindible libro *Fisiología, entrenamiento y medicina del baloncesto* pueden adquirirlos. Está escrito a cuatro manos por Nicolás Terrados Cepeda, uno de los más brillantes fisiólogos del ejercicio de nuestro país, con una sólida formación en los países escandinavos, bajo la dirección del mítico investigador Bengt Saltin, y Julio Calleja González, doctor en Ciencias de la Actividad Física y el Deporte, con amplia experiencia con la Federación Española de Baloncesto y la Asociación de Clubs de Baloncesto (ACB).

Este riguroso libro, desde el punto de vista científico, es un fascinante recorrido por el baloncesto que no se ve. Estructurado en tres grandes bloques, aborda exhaustivamente las variables externas e internas que influyen en el jugador de baloncesto. El bloque de fisiología se ocupa de las cargas físicas, respuestas de la frecuencia cardíaca, el metabolismo energético, capacidad anaeróbica, la fatiga física y la percepción del esfuerzo. El bloque de entrenamiento se ocupa de la fuerza, la velocidad, la flexibilidad, puesta a punto y la planificación del trabajo, tanto físico como técnico. Y el bloque médico aborda cuestiones referentes a la salud y rendimiento, tanto de jugadores como de árbitros: cirugía de rodilla, patologías de sobrecargas, lesiones musculares, lesiones tendinosas, prevención de lesiones y el papel de la fisioterapia en un equipo de baloncesto.

Textos de este tipo, estrictamente científicos, no forman parte del objetivo de este libro. Valga *Fisiología, entrenamiento y medicina del baloncesto* como botón de muestra de otros valiosos libros, escritos en castellano, en la órbita de la ciencia del baloncesto. El bueno de Nico Terrados, exjugador y prestigioso investigador, conoce mucho y bien el baloncesto invisible. Las canastas no caen del cielo. Son frutos de un minucioso trabajo científico, al que nos acerca este enciclopédico libro.

NO SE PUEDE LEER TODO

No se puede leer todo. Siempre se quedan en el tintero algunos libros que bien merecerían formar parte de este recuento de literatura rebotada que, necesariamente, tiene que ser incompleto. De momento, valga la siguiente y breve referencia a estos libros, que no he podido leer pero que leeré. Por distintas causas, la mayoría de las veces por razones de logística bibliófila, no he podido hacerme con ellos. Pero no desisto. Me gusta ese rincón de mi biblioteca que va creciendo, lleno de libros de baloncesto. Seguirá aumentando. La información está sacada de las propias reseñas editoriales:

Una rata siempre sabe cuándo está con una comadreja, de David Aragonés Cuesta.
Una curiosa historia en torno a la elaboración de un encargo literario dirigido al mundo del baloncesto femenino.

La bicicleta de Leonardo, de Paco Ignacio Taibo II.
El periodista e investigador José Daniel Fierro intenta esclarecer el secuestro y la posterior extracción de un riñón de una adolescente jugadora de baloncesto, de quien se enamora perdidamente.

Muerte a seis veinticinco, de Jordi Cervera.
Todo comienza con el asesinato de la mujer y el hijo de un famoso deportista norteamericano, exjugador de la NBA, mientras este juega un importante partido con su actual equipo, el DKV Joventut.

Kolia, de Leandro Pérez.
Novela que comienza cuando Kolia tiene que encestar tres tiros libres para ganar el campeonato de España cadete. Es un jugador que tiene catorce años, mide dos metros, sueña con la NBA y ama el baloncesto casi tanto como a Vega, la dueña de la sonrisa más encantadora del universo.

Quinta personal, de Monserrat Torrecilla.
Tres son los protagonistas que polarizan el núcleo sobre el que gira toda la historia. Mayte es quien narra los acontecimientos desde dos perspectivas: la de indiscutible figura como coadyuvadora y la de responsable en la labor de narradora, enlazando el pasado con el presente.

Relatos del deporte. VV.AA.
En este libro colectivo, de relatos relacionados con el deporte en general y no sólo con el baloncesto. Juan Antonio Corbalán

y Juanma Iturriaga participan como autores con sendos relatos. Otros ilustres *cuentistas* son Andoni Zubizarreta y Jorge Valdano.

Jugar en equipo, de Juan Antonio San Epifanio.
Libro del gran Epi, escrito en colaboración con Asunción Velasco. Contiene estrategias deportivas para la gestión empresarial e ideas para el liderazgo y el trabajo en equipo, basándose en la aplicación práctica de la inteligencia emocional.

Fernando Martín. Una vida con acento, de Manolo Lama y Ángel Montero.
Este libro está escrito al año siguiente del triste fallecimiento del jugador. Con la tragedia aún reciente, recoge la conmoción que produjo en el deporte y en el baloncesto español su temprana desaparición.

Fernando Martín. La senda de los valientes, de Juan Francisco Escudero.
Libro que cuenta con las colaboraciones de Manolo Lama, Dino Meneghin, José Luis Llorente, Johnny Rogers, Angel Goñi y Juan Antonio Corbalán. Un libro coral que ofrece distintas visiones complementarias de un jugador único.

Fernando Martín. Instinto ganador, de Javier Balmaseda.
Obra relativamente reciente, que recoge testimonios con los que el autor pretende hacer el libro definitivo sobre Fernando Martín. Incluye multitud de entrevistas y anécdotas de gente muy diversa que explican el nacimiento del mito y los cambios que experimentó el jugador a su vuelta de Estados Unidos, tras la experiencia en la NBA.

El baloncesto invisible, de Miguel Panadés.
Ensayo acerca del papel social y formativo del baloncesto. El deporte es una forma de vida, pero también es la excusa, el vehículo desde donde aprender y enseñar, desde donde compartir y disfrutar de las muchas sensaciones que puede ofrecer todo aquello que relaciona a las personas.

101 historias NBA. Relatos de gloria y tragedia, de Gonzalo Vázquez Serrano.
Una aproximación al baloncesto norteamericano en 101 historias que revelan estrategias, victorias, anécdotas, derrotas, vivencias dentro y fuera de la cancha. Una obra que permite comprender y disfrutar el más sabroso legado del baloncesto americano. En la misma línea está *Secretos a contraluz: claros y sombras en la NBA,* del mismo autor.

NBA Lovers, de Javier Terrise.
Otro libro de historias de la NBA repleto de fotografías. Partidos históricos, superestrellas, árbitros, entrenadores, todo el mundillo del baloncesto americano. Un recorrido periodístico y ágil por los grandes hitos de la liga que ha convertido el baloncesto en el fenómeno planetario que es.

Michael Jordan. El rey del juego, de Máximo José Tobías.
Y hablando de NBA, no podía faltar una biografía de Michael Jordan en español. En este libro se revela la historia del mítico jugador, desde su infancia hasta los seis campeonatos que ganó durante su carrera.

Paula, Mario y el partido de baloncesto, de Sergio Guillem Diosdado.
Y no podía faltar un libro infantil, un cuento lleno de valores que narra la historia de dos hermanos, Paula y Mario, que juegan en el mismo equipo de baloncesto y luchan por ganar la clasificación. Leyendo este libro, los niños podrán conocer los valores que refleja el deporte, como la constancia, disciplina, amistad y esfuerzo.

Un cumpleaños de altura, de Begoña Oro Pradera.
Otro libro infantil. Ismael celebra su cumpleaños en la peluquería de su madre, pero a Rasi no le gustan las peluquerías. ¡Le aterran las tijeras! La entrada inesperada del famoso Mágico López, el mejor jugador de baloncesto, convertirá el cumpleaños en una fiesta inolvidable.

Tony Parker: Francia en la NBA.

La revolución de los balones, de Ángeles González-Sinde.
A Pablo no le gusta el baloncesto, ni siquiera sabe muy bien lo que le gusta, pero le obligan a estar en el equipo. A Abril le encanta el baloncesto, pero en el nuevo cole no hay equipo de chicas, ni tampoco chicas en los equipos. Tienen que hacer algo. Otro libro infantil escrito por la guionista de cine y exministra de Cultura.

Baloncesto para educar, de Ángel González Jareño.
Tampoco podía faltar un libro de pedagogía del baloncesto. Escrito por un entrenador con amplia experiencia en el baloncesto de cantera en el Real Madrid, aunque llegó a entrenar también al primer equipo. Es este un libro-guía que resalta los valores del baloncesto dentro del proceso educativo de niños y jóvenes.

Transiciones rápidas. VV.AA.
Es un libro de relatos de baloncesto escrito por catorce autores aragoneses. Coordinado por Octavio Gómez Millán, uno de ellos, contiene cuentos de Pablo Ferrer, Doctor Loncho, Víctor Guíu, Víctor López, Ana Muñoz, Juan Luis Saldaña, Rodolfo Notivol, Sergio Ruiz, Jorge Albericio, Eugenio Ramo y Miguel Ángel Tapia. La nómina de escritores la completan un tal Lucio Angulo, elegante jugador del Cai Zaragoza, Taugrés, Real Madrid y Cáceres y un tal León Vela, que, aparte de haber sido árbitro de baloncesto, practica el hermoso romanticismo de ser librero.

Marta Fernández. Volando con los pies en el suelo, de Toni Delgado García.
En el texto no sólo consta el testimonio de Marta Fernández sino de noventa personas más. Una mirada calidoscópica al baloncesto. Una mirada peculiar es la de su hermano Rudy, que escribe el prólogo. Igual que sigue habiendo diferencias estructurales entre el baloncesto femenino y el masculino las hay en el baloncesto escrito, apenas existente cuando se refiere a mujeres. Sobre su hermano Rudy Fernández sólo he encontrado la edición catalana de *El viatge de Rudy: de Badalona a l'NBA*, libro escrito por Ester Romeu Marín y Ramón Aymerich. Ignoro si existe edición en castellano de este libro.

El chico Maravilla, de Albert Díez.
No podía faltar un libro sobre Ricky Rubio. Es la historia de un talento precoz, que ya con once años jugaba a la velocidad de la luz. Este libro intenta explicar cómo un niño llega a ser el primero en ganarlo todo en Europa y a jugar en la NBA. Intenta explicar cómo un niño puede debutar en la ACB con tan solo catorce años. Pocas imágenes más hermosas he contemplado, en el mundo del baloncesto, que la de Ricky Rubio, tras ganar la Copa del Mudo en China 2019 con la selección. La mano derecha en el corazón, la mano izquierda señalando al cielo, la mirada en el infinito de la ausencia de su madre, fallecida de cáncer.

Simplemente Villacampa, de Silvia y Mercé Ballester Rogero.
Dieciséis años vistiendo la misma camiseta no es tarea fácil. Tanto, que cabe preguntarse si la historia de Jordi Villacampa no es la historia del propio club, el imprescindible Joventut de Badalona. Una apabullante estadística de éxitos y victorias; baloncesto jugado al máximo nivel.

Historias del Joventut, de Santi Escribano.
Es un libro que recoge ciento y una historias del mítico club catalán. Refleja la grandeza de la entrañable Penya. Se puede ser campeón de Europa desde una recoleta localidad, a veinte kilómetros de Barcelona.

Sueños robados. de Juanan Hinojo.
Este libro es una historia, en orden cronológico, del baloncesto yugoslavo, de su evolución y de sus distintas generaciones. Imposible hacer una relación de tanto talento. Aquí se intenta hablar de la mayoría de los espectaculares jugadores, nacidos en la antigua Yugoslavia de Tito.

Entrenar para dirigir, de Javier Imbroda.
Libro escrito por un amigo que fue, los últimos años de su vida, consejero de Educación en la Junta de Andalucía. Un texto que intenta trasladar las estrategias de entrenamiento a la gestión

empresarial. Los datos de productividad de nuestro país son de los más bajos entre las grandes economías globales. Sin embargo, en el deporte de alta competición lideramos muchos de los *rankings* mundiales y nuestros deportistas, de muy variadas disciplinas, han logrado un gran reconocimiento internacional. Descanse en paz el gran entrenador de baloncesto que fue Javier Imbroda.

BASKETBALL PEOPLE

«En la literatura en castellano cuesta tanto encontrarse con baloncestistas o aficionados al deporte de la canasta, casi tanto como barrenderos o dependientas. Sin embargo, si el baloncesto como materia literaria no es aparentemente muy fructífero, sí ha nutrido a la literatura desde sus filas, de un buen puñado de autores: jugadores, entrenadores, periodistas, incluso árbitros han escrito libros de ficción, después de colgar las botas», escribe el escritor vasco Patxi Irurzun. Y tiene toda la razón. *Basketball people*, gente de baloncesto que escribe no necesariamente sobre su deporte.

Un jugador
El amigo Aitor Zárate, que jugó la temporada 1988-89 en el Caja San Fernando, cuando el equipo de José Alberto Pesquera ascendió a la ACB. En el año 2008 Aitor publicó una novela titulada *La trampa del oso*, un trepidante *thriller* de abogados. Un gran tipo Aitor Zárate, que también ha escrito varios libros de motivación y autoayuda.

Un árbitro
El catalán Julián Sánchez Romero comenzó en el arbitraje en el 1983 y ascendió a la ACB en 1995, donde estuvo varias temporadas. Con el tiempo se ha convertido en un prolífico autor de libros de misterio y suspense. Tenemos noticia de cuatro novelas: *El anticuario, La voz de los muertos, El rostro de la maldad* y *El restaurador de arte*.

Un entrenador

El barcelonés Joan Plaza, con el que no coincidí en el palacio de San Pablo sevillano cuando vino a entrenar al entonces llamado Cajasol. Ya no estaba uno en el club y estaba trabajando en el ilusionante proyecto del Centro Andaluz del Deporte que dirigía Delfín Galiano, de regreso a Sevilla tras muchas temporadas como médico del Joventut de Badalona. Lo cierto es que no llegué a trabajar con Joan Plaza como médico del equipo. Hubiera estado divertido hablar de consumo de oxígeno, dietas, roturas fibrilares y libros. Joan Plaza ha publicado tres novelas de distinta temática: *Las mantas de Angelina, Despertar a tiempo* y *Curiosidad insatisfecha.*

Un periodista

El malagueño Paco Rengel tiene publicadas dos novelas: *ADN,* sobre el inframundo del periodismo deportivo y *Coma... punto y seguido,* historia de una superación. No olvidaré nunca la presentación de una novela en la mítica librería Luces de Málaga, una tarde-noche que llovía con alevosía. Paco Rengel me presentó el libro acompañado del entrañable José María Martín-Urbano, brillante entrenador y hombre fundamental en el desarrollo y auge del baloncesto malagueño. Panco Rengel falleció un año después de aquella tarde, demasiado pronto. José María Martín-Urbano también falleció recientemente. Descansen en paz los dos amigos que me acompañaron aquella noche del diluvio universal.

La religión del baloncesto

«No te preocupes por la victoria. Ésta vendrá, si la mereces, de cada una de tus acciones».

JAC

LOS ORÍGENES

Los orígenes de la mayoría de los deportes occidentales se remontan al final del siglo XIX e inicios del XX. A pesar de algunas revoluciones, como la francesa, el calado social de las religiones cristianas influyó en todas las manifestaciones culturales, deportivas, políticas o de cualquier índole. Otro de los elementos que influyeron en ese inicio y su posterior progreso fue el desarrollo sociopolítico y económico de las distintas áreas de Europa occidental y USA, que por otra parte eran las potencias emergentes después de la redistribución colonial del mundo.

Como ya hemos dijimos, Alemania y los países nórdicos, Francia, Gran Bretaña y USA acaparan casi la totalidad de los orígenes deportivos, inspirados en un concepto clásico y cristiano de la moral que imperaba en las sociedades de Europa desde la implantación del cristianismo.

Desde el principio de los tiempos algunas diferencias conformaron distintos tipos de liturgia y forma del mensaje como es el caso de la Iglesia nestoriana, o de las monofisitas (copta, siríaca, armenia), nacidas del Concilio de Éfeso (431), y enraizadas en los territorios orientales influidos por Bizancio. Posteriormente el Gran cisma de oriente y occidente (1054) fue el que originó las distintas ramas de la iglesia ortodoxa.

Desde entones el catolicismo como lo conocemos no tuvo una vida tranquila y es que, como vemos, la idea de Dios está siempre sometida a las ideas de los hombres no siempre exentas de determinados intereses terrenales.

Allá por el siglo XVI, la Reforma de Martín Lutero, monje agustino, y el teólogo francés Juan Calvino, fue la respuesta de muchos religiosos ante los estilos de vida poco ejemplares, en lo material y espiritual, de la autoridad eclesial dominante del momento. También fueron tiempos marcados por la política y la lucha de la nobleza local contra la autoritaria Iglesia romana, lo que acabó dando origen a las iglesias-Estado y a la gran disgregación del catolicismo clásico tras el Concilio de Trento. Las ideas filosóficas humanistas también ejercieron una gran influencia para dar más protagonismo a lo humano y menos al teocentrismo imperante hasta la fecha. El Renacimiento y la imprenta no tardarían en llegar.

Vamos a tratar de ver, de qué manera esta reforma religiosa, esta nueva forma de pensar, pudo influir en el nacimiento del baloncesto y otros deportes, a través de las diferencias existentes entre las diferencias de forma de las religiones recién surgidas. La rama protestante, a su vez, también sucumbió a las disidencias de las nuevas iglesias: evangélica, luterana, anglicana y algunas más que hoy se han extendido por todo el mundo.

Grosso modo, las grandes diferencias principales serían tres: Discutir la autoridad del papa y su iluminación divina, la aceptación más o menos literal de la Biblia y la veneración de imágenes sagradas de Dios, vírgenes y santos. Detrás de todo ello, estaba también la necesidad de volver a la austeridad de la Iglesia antigua y la lucha contra la corrupción, la riqueza, el poder impuesto y el mal ejemplo de las autoridades eclesiales del momento.

Para el protestantismo, la Biblia representa la única fuente de revelación divina *sola scriptura* y medida de toda la moralidad religiosa y del mensaje de Dios. Los católicos piensan que la Biblia y las aportaciones de su tradición son igualmente fundamentales pero el dogma católico, tiene aportaciones humanas contra las que el protestantismo luchaba.

Tras la distinta lectura e interpretación de la Biblia, el protestantismo luchaba contra la idea de que el papa fuera la representación de Cristo en la tierra, autoridad divina y humana, dotada de infalibilidad. La libre interpretación de los textos sagrados fue una de las bendiciones que Dios introdujo en los hombres, gracias a su capacidad de comprensión de los mismos.

La salvación viene sólo por la fe, es la proposición protestante. En frente, un catolicismo que elabora una doctrina a través de los sacramentos, hecha por hombres, a la que confiere la misma importancia que a la fe.

BALONCESTO Y PROTESTANTISMO

Qué pasará después de esta vida es solucionado por los protestantes con un cielo que albergará a todos, mientras los católicos creen más en la religión del castigo. Los buenos irán al cielo, los malos al infierno y además apuntan un espacio intermedio para casos que no estén muy claros, el purgatorio.

«A Dios rogando y con el mazo dando» parece ser la propuesta protestante y que además de ser bueno ante Dios, tienes que serlo también ante los hombres y responder ante ellos. No basta con que Dios, ya te haya perdonado, es la sociedad a la que perteneces quien tiene que hacerlo.

Sin ser teólogo, me parece que esta última consideración es la que más tiene que ver con el tema del que estamos hablando. ¿Por qué el baloncesto y casi todos los deportes nacieron en la cultura protestante? Sin duda, aunque no sean las únicas razones hay tres que parecen sobresalir.

La primera, como hemos dicho, es la influencia del humanismo, el hombre, y el protagonismo de este, que acaba con las posturas teocéntricas que dominaban el mundo. Destaca después la interpretación de la virtud, no como algo impuesto por la autoridad de la iglesia, sino como resultado de la libertad cada uno de los hombres.

En tercer lugar, entender que la virtud puede venir por esa interpretación individual de la escritura y por la divulgación de esta escritura, puesta en manos de todos los fieles.

Las virtudes y valores del deporte se explicitan a través del recorrido Dios, su escritura como única forma de dogma y su correcta interpretación, pero sobre todo, por la responsabilidad que emana de esa libertad y te obliga a responder ante los hombres para obtener el perdón.

El hecho que intuyo fundamental en las reglas del baloncesto y que no conozco en otros deportes populares es el reconocimiento de la falta levantando el brazo. La regla te obliga a reconocer tu culpa públicamente para obtener en teoría el perdón social, pero también para recibir la reprobación de tus iguales, con la pena de una posible expulsión si reincides.

Cada uno de nosotros debe superarse para hacer la mejor aportación deportiva o social y admitir la diversidad y la libertad de cada uno de los miembros que aseguren el respeto a los demás y la verdad por encima de todo. Dios es representado, en este caso, por un gran jurado que es la sociedad de iguales.

Hoy, muchas de las virtudes y valores del deporte se vocean a los cuatro vientos, pero no responden a la realidad. El deporte ha cambiado los valores pedagógicos por la cuenta de resultados y aunque en ese magma puede haber virtuosos, la sensación es que se ha vendido el alma a un objetivo único que es el dinero.

Es la persona, el individuo, sea directivo, árbitro o jugador, la que interpreta estos valores a su criterio y los utiliza como enseñanza de vida. Es importante no olvidar el aspecto formativo del deporte en las edades precoces de nuestros jóvenes. Sin duda, la etapa más permeable para introducir los aspectos humanistas y educativos.

EL BALONCESTO ES UNA FORMA DE REZAR

Según palabras de su fundador, el baloncesto era una forma de rezar. La comunidad presbiteriana fue la primera en asumir su apostolado. No era extraño extender su fundamentalismo religioso a todas las actividades del hombre con el criterio democrático de aquellas comunidades. Suiza y Escocia, de donde provenían los padres de James Naismith, fueron focos de aquella nueva manera de interpretar una religión abierta como era el luteranismo: Lutero, Zuinglio, Calvino, Bullinger y Knox fueron sus padres espirituales.

Sus formas podrían compararse a las de un equipo. Entre todos los integrantes de la comunidad eligen a sus dirigentes, los presbíteros, pero todos conservan su libertad como individuos a la hora de interpretar la norma. Es lo más parecido a un jugador que se debe al equipo y a su gestor, el entrenador, pero gestiona su propia individualidad más allá de una obediencia ciega. En el baloncesto la aportación y la visión individual del jugador son imprescindibles para la riqueza del equipo.

Esta forma de entender la religión desde la persona a sus órganos rectores y no al revés se antoja vital para entender el deporte como fuente de virtud, libertad y desarrollo del talento, aunque hagan falta líderes intermedios para el mejor funcionamiento.

El baloncesto y su implantación adoptó este sistema como una forma de apostolado a través de los integrantes de la YMCA, una auténtica ONG religiosa dedicada al fomento del cristianismo en los jóvenes. USA tomó el baloncesto casi como un mandato divino. Hacer mejores personas a través de la religión cristiana, la educación y el deporte.

Sus misioneros establecieron iglesias en los cinco continentes y a través de ellas instauraron el nuevo deporte, dando el primer impulso a la extensión del baloncesto.

Rápidamente, el ideario protestante fue adoptado por la iglesia católica, que replicó el sistema a través de misioneros que habían conocido el deporte en su primera etapa expansiva, como es el caso de Eusebio Millán en Cuba.

Si bien el *dogma* del deporte es la victoria y no se puede entender la competición sin que los contrincantes quieran ganar. Sería un absurdo filosófico jugar a querer perder. *El rito* tiene mucha importancia a la hora de escenificar la ofrenda ante el público que se erige como el representante de un dios menor.

El comportamiento, el respeto al adversario y la norma, la ausencia de engaño, la humildad, la ayuda a tus compañeros y adversarios están en la propia esencia de cualquier religión, pero quizás quien mejor escenifica ese rito es la protestante. Más allá de la caridad, característica más católica, que no elimina el concepto clasista del que da y el que recibe, como una forma de segregación social entre ricos y poderosos frente a pobres y necesitados.

Detrás de todo esto, están los valores que se han voceado a los cuatro vientos que perviven en el baloncesto. «Educación en valores», ¿lo han oído alguna vez? ¿Se han llevado las manos a la cabeza viendo quién era el emisor del mensaje? Los valores son la expresión individual de una forma de entender la vida, Estos están en todas nuestras acciones o no están en ninguna. No se puede decir soy virtuoso hoy, pero no mañana. Soy de los que piensa que una persona es como juega.

Julius Erving, el implacable doctor J de los Nets.

El juego obliga a adquirir esa conciencia y el baloncesto te obliga a respetarte como atleta e individuo para respetar al adversario como a un igual. Eso tiene algo que ver con lo de «al prójimo como a ti mismo».

Baloncesto en clausura

LA SOLEDAD BUSCADA

La vida contemplativa no es una huida sino un encuentro con uno mismo. La vida que no habla no tiene por qué ser estéril. Al otro lado del torno, a veces hay más vida que fuera. Aunque no hagan ruido. No es tiempo de clausuras, ni de vida contemplativa, ni de retiro en busca de soledad, silencio y paz interior. Estos valores no interesan a los gurús de los medios productivos. Existe un gran desconocimiento sobre la vida contemplativa y la vida monástica,

Monjas del convento de clausura Santa Rosalía de Sevilla.

en general, entre la población. Muchos tópicos sobre la vida en clausura son fruto del desconocimiento. Que si solamente pueden hablar un día al año. Que si en caso de cruzarse en un paseo por la huerta, sólo se podían decir entre ellos: *hermano, morir habemus.* Que si los cartujos cavan cada día una palada de su futura fosa. Que si los que optan por esa vida huyen de desengaños amorosos. En realidad, la soledad buscada es ajena al aislamiento. El monje y la monja se separan relativamente del mundo. No se apartan de él, sino de la vida mundana, que no es lo mismo.

Lanzando al aro de Dios.

MONJAS JUGANDO A BALONCESTO

A la pregunta, infinidad de veces formulada, de para qué sirve una monja de clausura, mi amigo Ismael Yebra, médico de las monjas de clausura, respondía con su sorna habitual. «Por lo pronto, para no molestar a nadie». Luego, en serio, afirmaba que la huida del mundo, la renuncia a los bienes materiales o el desencanto de la sociedad materialista, no parecen motivos suficientes para optar por la clausura. Para ingresar en un convento es necesario un sentido de la trascendencia que lleva a una incesante búsqueda del sentido de la vida. Ismael Yebra Sotillo, era, ay, un monje laico que, entendía y vivía lo trascendente, como ese algo que está más allá de los límites del conocimiento. Ahora debe caminar por el compás y el claustro del cielo. Escribió un hermoso libro *Sevilla en clausura*, ilustrado con extraordinarias fotografías del maestro Antonio del Junco. Un día se encontraron a estas monjas que, en el patio del convento, saltaban hacia un aro inclinado. Tras el ajetreo de rezos, de horas, de oficios como la pastelería o el bordado, el balón de baloncesto resonando en el silencio de las columnas. Este deporte, que amamos tanto, llega a todos los sitios. Se puede orar saltando debajo de un aro, driblando, pasando el balón de la vida. Casi todas las monjas son de color, africanas, atléticas. Más de una podría jugar en buenos equipos laicos. Las fotos están hechas en los sevillanos conventos de San Leandro, donde hacen unas luminosas yemas, que tienen el sabor del cielo y en el convento de Santa Rosalía, donde las monjas cantan salmos rodeadas de hermosos retablos barrocos. Conforta ver estas imágenes de monjas elevándose en movimiento detrás de un balón. El resto del día también se elevan en la quietud del silencio. Estas monjas no saltan hacia un aro, saltan hacia Dios.

Corbalán

RECUERDOS PARA EL FUTURO

Corbalán, para el magnífico escritor Manuel Vincent, sigue siendo un base en todos los ámbitos de la vida. Como antaño, orienta y reparte el juego. Crea la estrategia. Cohesiona el equipo. Eleva la moral ante el fracaso. Aplaca la euforia gratuita después de un triunfo aplastante. Pero sobre todo, para el gran escritor alicantino, Corbalán es un ejemplo de estar sentado con elegancia en la cumbre y bajar con sabiduría, sin nostalgia. Un ejemplo de cómo pasar de ser el mejor jugador de Europa al doctor Corbalán. Yo pienso lo mismo.

Juan Antonio Corbalán Alfocea es un niño de barrio del Madrid de los sesenta, hijo de Esteban, aviador republicano, y de Juana, una madre en la sombra, como tantas madres de nuestra generación, la mía incluida. Un niño, un intruso, que tuvo que asimilar muy pronto cómo se vivía en un mundo de mayores, como él mismo confiesa en su autobiografía *Corbalán. El baloncesto y la vida*, subtitulado sugestivamente como «Recuerdos para el futuro».

En el prólogo del libro, el autor tilda al deporte de cultural en lo profundo y de superficial en lo lúdico. Me parece una definición muy acertada aplicada al baloncesto. La magia surge de esa combinación sólida y líquida que provoca la evanescencia que tanto nos seduce. Es sólo un jugador que salta o dribla, pero en realidad no lleva un balón en la mano sino una esfera del mundo. Por eso nos gusta tanto.

ADIÓS AL COLEGIO

Todo empieza en una terraza de un bulevar de Madrid, entre Neptuno y Cibeles, una fresca tarde de junio de 1970. Lolo Sáinz, el entrañable Lolo, tenía que estar por medio. Tuve la suerte de conocerlo, un par de veranos de esos de selección española, y disfrutar de su calidad humana. Mi querido Diego Soto, como preparador físico, sabe de lo que hablo. Al mediodía, nunca se olvidaba de invitar al aperitivo a sus ayudantes. Claro que lo importante no era el vermú, sino su presencia, su lúcida conversación.

En la terraza madrileña, dos cervezas y un refresco. La reunión con su padre pretende convencerle de que se puede jugar al baloncesto y al mismo tiempo estudiar. Lolo Sainz, con sólo veintisiete años, dirigía las categorías inferiores del Real Madrid. Acababa de retirarse, jugador fino, elegante, por una lesión pulmonar. Lolo Sainz habla, el quinceañero Corbalán promete, pero tiene mucho que aprender: Es un diamante en bruto que requiere trabajo, disciplina y humildad… pura filosofía Saporta.

Todo tiene un precio, la operación pasa por salir del barrio, dejar el querido colegio San Viator que tenía forma de avión que «llevaba directamente las almas a Dios», y pasar al colegio Claret, al otro extremo de Madrid, donde las Torres Blancas, en el que el Real Madrid tenía la cantera escolar. El colegio San Viator y su cancha de baloncesto, desde los nueve a los diez años, hasta que Juan Antonio Corbalán ficha por el Madrid, había sido una habitación más de su casa, situada apenas a unos quinientos metros. Atrás quedaron los patios, el cine del colegio, las primeras novias. Y las primeras decepciones.

DEL BALONCESTO DEL FRANQUISMO AL BALONCESTO DE LA DEMOCRACIA

Y a los dieciséis, el año más duro en la vida de Corbalán. Autobuses, metros, taxis, entrenamientos físicos, entrenamientos técnicos con el equipo juvenil del Real Madrid y también con el equipo junior. Cansancio, sueño, estudios, el examen del PREU… un ritmo delirante que, poco a poco, fue dando sus frutos. Selección española juvenil con Antonio Serra de entrenador, al que recuerdo invitándonos a Jou Llorente y a mí a tomar café, una tarde de promesas en Archidona. Una medalla de plata contra Rusia, que se escapó de los dedos en el Campeonato de Europa de Gorizia. Campeón nacional escolar con Claret, campeón nacional federado con el Real Madrid juvenil, mejor jugador... el mito Corbalán se iba perfilando.

Mientras tanto, en el mundo había ardido París tras comprobar que debajo de los adoquines no estaba la playa. Y en Praga los tanques soviéticos aplastaban las flores libres de la primavera. En los campos del Vietnam caían las bombas gelatinosas de napalm. Richard Nixon se convierte en presidente de Estados Unidos. En Nevada se prueban bombas atómicas que matan más y más rápido como un siniestro detergente. John Lennon y Yoko Ono se casan. Un tipo llamado Neil Armstrong camina torpemente por la cara iluminada de la luna. En un pueblecito cerca de Nueva York comienza el festival de Woodstock, inicio de la era Acuario de los *hippies*. Los Beatles ya habían atravesado el paso de cebra de Abbey Road. La libertad estaba al otro lado del semáforo. Willy Brandt es elegido canciller de Alemania Federal, todavía quedaba tiempo antes de que se derribara el muro de Berlín. Pelé marca su gol número mil. Janis Joplin muere, y Jimi Hendrix y Jim Morrison... se había puesto de moda morir joven.

Y en nuestra querida España, Massiel había ganado el Festival de Eurovisión con la canción *La, la, la* que Joan Manuel Serrat había rehusado cantar en castellano. ETA iniciaba su triste *ranking* de muertos. La dictadura de Franco dictaba leyes marciales para intentar detener las protestas estudiantiles. En la entrañable Asturias, los mineros, las manos negras, se declaran en huelga. Los incorregibles poetas van a Collioure, donde yace el bardo que falleció con la infancia escrita en el bolsillo, Antonio Machado. Francisco Franco, ese hombre, nombra a Juan Carlos de Borbón como sucesor en la jefatura del Estado español.

A estas alturas, un jovencito Juan Antonio Corbalán Alfocea, que va mejorando espectacularmente en su juego, ignora que se va a convertir en testigo privilegiado, en referente de la transición del baloncesto del franquismo, al baloncesto de la democracia. Una persona determinante en su ascenso vertiginoso en el baloncesto fue Lolo Sainz que le reconvirtió a la posición de base, aunque a Corbalán, entonces, le gustaba más jugar de dos o tres por su facilidad anotadora.

EL EQUIPO DE LA TELE

El año 1972 fue determinante en una carrera meteórica. Un preuropeo en León para el Campeonato de Europa Junior, jugando a las órdenes de Antonio Díaz-Miguel, fue el trampolín que desencadenó un ascenso fulgurante. Llega al primer equipo con Luis Mari Prada, al Real Madrid de Vicente Ramos, Carmelo Cabrera, Emiliano, Walter Szczerbiak, Wayne Brabender, Clifford Luyk, Rafa Rullán, Vicente Paniagua y... nuestro querido Cristóbal Rodríguez, ese señor canario, tan elegante, que recordaba siempre que el éxito es efímero. El Real Madrid que yo veía en el comedor, todavía en blanco y negro, mientras mi buen padre leía un periódico tan grande como una sábana. Niño, no entiendo, cómo te gustan tanto estas tonterías, decía de vez en cuando, mientras Héctor Quiroga cantaba una canasta de Emiliano al contrataque.

El entrenador era Pedro Ferrándiz. Siempre me ha intrigado la personalidad de este hombre, que aparte de su apabullante trayectoria como entrenador fue reuniendo la mejor biblioteca de baloncesto del mundo. Recuerdo vagamente la genial autocanasta que ordenó a Lorenzo Alocén, para evitar una prórroga que se presagiaba desastrosa para el Real Madrid. El partido, de la Copa de Europa, se disputó en la cancha del Ignis de Varese. Se perdió así de sólo dos puntos, que luego fueron remontados con cierta facilidad en el partido de vuelta. Al parecer, Lolo Sainz contribuyó teatralmente, haciendo gestos ostensibles, corriendo hacia Lorenzo Alocén preguntándole si estaba loco.

Pedro Ferrándiz habló con Corbalán, tras tu primera semana de entrenamiento con el primer equipo. El contenido de aquella conversación, al parecer, fue determinante para su posterior trayectoria en el Real Madrid. Le invitó a reflexionar, durante el fin de semana, acerca de su aportación al equipo. «O nos haces mejores o nada».

Por cierto, el brutal aforismo, «los jugadores son como los tiburones, uno te da el primer mordisco y entre todos te devoran», ¿es de Pedro Ferrándiz o de Cesare Rubini, el gran dandi del baloncesto europeo?

En poco tiempo, algo más de año y medio, el adolescente Juan Antonio Corbalán Alfocea pasa de jugar en el colegio San Viator a ser compañero de habitación, en la selección española, del gran Emiliano Rodríguez, con tan sólo diecisiete años. Un vértigo de montaña rusa.

EL DRUIDA CELTA Y LA AEMB

En el equipo médico de la selección española se encuentra con dos personajes literarios: nuestro común amigo el traumatólogo Jorge Guillén, que se autocalificaba como el Tiburón de Aragón, genio y figura, galán de cine, elegante exjugador de baloncesto y médico durante muchos años de la Penya, el Juventud de Badalona. El otro personaje literario era José Luis Torrado, al que Emiliano Rodríguez apodó como el Brujo, después de curarle una lesión que le llevaba directamente al quirófano. Era todo a la vez: preparador físico, masajista, fisio, amigo, confidente… un druida celta, gallego hasta la médula, con sus hierbas, ungüentos y aceites que, al parecer, hacían milagros.

Y hablando de medicina, no podemos olvidar la querida Asociación Española de Médicos de Baloncesto, la AEMB. Un gran invento de dos grandes, el ya mencionado Cristóbal Rodríguez y Miguel Albanell, mítico base del Picadero de Barcelona y médico del equipo de baloncesto del Fútbol Club Barcelona durante muchos años, prácticamente toda su carrera profesional. A uno le ha aportado mucho ese encuentro anual de todos los médicos del baloncesto del país, tanto a nivel personal como a nivel científico. Sería prolijo nombrar aquí uno a uno a todos los socios y socias de la asociación. Ha sido un lujo conocerlos a todos, a todas, uno a uno, una a una. En la memoria quedan encuentros entrañables de medicina, baloncesto, categoría humana y amistad. Vayan estas palabras en memoria del querido Pedro Montesdeoca, eterno médico del Gran Canarias.

(Y un paréntesis. Los libros también se pueden escribir así, a golpes de vida. De lo que nos va ocurriendo. Sobre todo, lo imprevisto. Hoy he conocido a Antonio Acereto, exjugador de baloncesto, jubilado del juego, como tantos otros, por las rodillas, que no por el corazón. Me ha dicho todo un adagio que justifica este libro: «No conozco a nadie que se haya arrepentido de haber jugado a baloncesto». Amén).

LATAS DE CAVIAR RUSO

Y llegamos a un personaje clave, fundamental, para el baloncesto español. El manchego, de Alcázar de San Juan, Antonio Díaz-Miguel. Un adelantado a su época, un pionero en la exploración del baloncesto USA, contactando con los mejores entrenadores americanos de baloncesto universitario. Sobre todo, con el mítico entrenador de la Universidad de Saint John's, Lou Carnesecca, que tenía auténtica devoción a Antonio Díaz-Miguel. Cada vez que la selección española pasaba por el aeropuerto John Fitzgerald Kennedy de Nueva York, allí estaba para tomar café con él. Hombre afable, sencillo, vivía para el baloncesto. Uno tuvo la suerte de conocer a este gran entrenador que convirtió su universidad en una auténtica factoría de excelentes jugadores NBA.

Antonio Díaz-Miguel era un obseso del detalle que cambió el baloncesto español.

Un gran personaje . No me resisto a contar una anécdota, quizás dos, que viví con él. Llevaba apenas quince días como médico en la selección y una noche, en La Coruña, Antonio me propuso tomar una copa tras la cena, prohibiendo expresamente, al segundo entrenador, el gran Lluis Cortés, que en paz descanse y a Juanito de la Cruz, otro grande, que nos acompañasen como solía ser habitual. Ahora entiendo que Antonio, que no me conocía apenas, quería sondearme. Fue una noche que recuerdo con mucho agrado. Allí entendí a Antonio Díaz-Miguel. Me contó cómo le influyó la temprana muerte, por un cáncer, de Mari Carmen, su primera mujer. Creo recordar que literalmente me dijo: «Entonces decidí vivir rápido. Con un pie en el avión».

Otra anécdota que recuerdo, tiene que ver con el fuerte carácter que sacaba, a veces, ante un contratiempo. Aunque, en honor a la verdad, hay que decir que defendía a su equipo técnico con uñas y dientes. Tras un viaje a Nueva York desde Madrid, un tobillo del bueno de Ferrán Martínez se hinchó como un globo, por la presión del avión. Tenía un esguince previo. Aún puedo verlo, venir hacía mí en el autobús que nos llevaba al hotel, enfurecido, pidiéndome explicaciones. «¿Qué prefieres, Antonio, que se hinche el tobillo de Ferrán o que se caiga el avión?», me defendí como pude.

Antonio Díaz-Miguel parecía, a veces, un personaje de ficción. En las concentraciones se ponía a dieta. A los quince días de comer sólo fruta se le agriaba el carácter. Sus detractores le llamaban Dios Miguel pero había que conocerlo en las distancias cortas donde, de vez en cuando, dejaba entrever una cierta entrañabilidad.

En su libro, *El baloncesto y la vida* escribe Juan Antonio Corbalán de la triste masacre de los Juegos Olímpicos de Múnich 72. Y de cómo los jugadores rusos de baloncesto traían un cargamento de prismáticos, cámaras con teleobjetivos y catalejos para vender. Al respecto, recuerdo a Antonio Díaz-Miguel yendo de habitación en habitación para pedirnos, por favor, que cada uno le compráramos dos latas de caviar a su colega ruso, el legendario Zorro Plateado, Alexander Gomelsky.

LOS CONTRATOS DE RAIMUNDO SAPORTA

En la carrera de Corbalán en el Real Madrid hay un punto de inflexión, un partido determinante: la final de la Copa de Europa contra el Ignis de Varese en Nantes en la temporada 1973-74. «Cuando Cabrera fue eliminado por cinco faltas personales en el minuto 38 (con 78-74 en el marcador), su sustituto, el joven Corbalán, dio la tranquilidad al Real Madrid para vencer en un apretado final 84-82», contaban las crónicas.

Esta situación de partido, ilustra muy bien cómo las expectativas en el baloncesto pueden cambiar de un momento a otro. Quizás, ese sea uno de sus mayores atractivos. Pasar de ver el partido en el extremo del banquillo, junto al médico, el masajista, y demás banquilleros, a ser fundamental jugando unos pocos minutos. Recuerdo, perfectamente, aquel partido en el que fueron a hacerle faltas personales a Corbalán para evitar que recibieran el balón Wayne Brabender o Walter Szczerbiak. Le hicieron dos faltas personales y anotó los cuatro tiros libres con una frialdad, o concentración, impropias de un jugador tan joven.

Todo esto iba ocurriendo mientras uno jugaba un baloncesto más doméstico, provinciano, municipal que hubiera dicho don Camilo José Cela, al que sospecho que el baloncesto no le interesaba lo más mínimo.

Lo cierto es, que poco a poco, Corbalán iba creciendo en el Real Madrid de don Santiago Bernabéu. Alguien me ha contado la peculiar forma que tenía de firmar los contratos otro personaje fascinante, Raimundo Saporta. Fue un hombre esencial, en la trastienda, de aquel mítico Real Madrid de baloncesto. ¿Cuánto crees que debes cobrar, chaval?, preguntaba, al parecer, don Raimundo.

En mi imaginario de niño-adolescente fascinado por el baloncesto, el mítico Trofeo de Navidad era el espectáculo perfecto. Recuerdo, en blanco y negro, el viejo pabellón del Real Madrid en la Castellana, el ambiente navideño en casa. La Unión Soviética, Yugoslavia, y sobre todo un partido inolvidable con la Universidad de North Carolina. Tiene uno metabolizado, a modo de madalena de Proust, el baloncesto asociado a la Nochebuena. El partido del Trofeo de Navidad antes de la cena del pobre pavo, que mi buena madre había sacrificado en la azotea con dolor de su corazón. Baloncesto, mantecados y turrón de almendras.

LA ACCIÓN DEL PENSAMIENTO

En *El baloncesto y la vida* Juan Antonio Corbalán se refiere a su época de plenitud como jugador de baloncesto con una frase que es casi un aforismo: «Era como si la acción se adelantara al pensamiento». A mi modo de ver, esa es una de las claves de este deporte que tanto nos gusta. En el baloncesto hay que pensar una décima de segundo después de actuar. O, dicho de otro modo, en el baloncesto se piensa sólo cuando se está en movimiento. Para mí esa es la clave que distingue a los grandes jugadores de los jugadores que no llegan a la excelencia. Esa automatización del pensamiento es evidente en jugadores como Mirza Delibasic. El baloncesto no se juega con las manos, se juega con la cabeza y con los pies. Me encanta el baloncesto que se juega al otro lado del balón. El ajedrez silencioso de las posiciones mientras aparentemente se lucha por las posesiones.

Creo que, también en el mismo libro Juan Antonio Corbalán cuenta una de las mayores decepciones de su vida, al comprobar cómo se amañaba un partido comprando al árbitro. Al parecer, al menos, un exdirectivo del Juventud confesaba que su equipo había pagado 500.000 pesetas de la época al árbitro del partido Cotonificio-Real Madrid para que perdiera éste último. Como así fue, el partido finalizó con 101-97 en el marcador. En ese partido el Real Madrid perdió la Liga del año 1978. El gran Carmelo Cabrera mantiene la curiosa teoría de que, en realidad, fue Raimundo Saporta quien actuó para ahorrarse las primas.

EL BALONCESTO PERIFÉRICO

Hay un momento, que al baloncesto español le llega mucho dinero, en su libro, con valentía, Corbalán lo dice muy claro: el dinero que llegaba de Europa, de la corrupción inmobiliaria y del lavado del dinero del narcotráfico. Sospecho que esta burbuja influyó mucho para bien y para mal, que perjudicó incluso a los mismos jugadores, que percibían una sensación de progreso y estabilidad falsa, como todo el país… La época de los nuevos ricos llegó también al baloncesto y a mi entender hizo estragos hasta en la selección española. Literalmente, se tiraba la casa por la ventana. Una cosa es la valía y otra el dinero. Parte el dinero del baloncesto era un dinero ficticio, no era real. Inevitablemente, después llegan las crisis para que las paguemos todos.

Antes de este periodo que puso en jaque al baloncesto en España, existió una época, para mí entrañable, de lo yo llamo baloncesto periférico, que es el que yo tuve la suerte de jugar. Un puñado de emprendedores que llevaron el baloncesto a sus ciudades, sin apenas ayudas oficiales, a base de fe y muchas horas de trabajo. Pienso en Casas en Manresa, Mora en Granollers, Gonzalo Gonzalo, en Valladolid, Paco Díez en Bilbao, Laso en Vitoria, Juan Fernández en Ferrol, Pepe Cabrera en La Laguna, Rubio en Zaragoza, o mi admirado Alfonso Queipo de Llano, que puso los sólidos cimientos en los que se asienta hoy el baloncesto malagueño. Cuando el Caja de Ronda estaba todavía en Primera B el bueno de Alfonso quiso ficharme para un equipo ambicioso que subiría a Primera División creo que esa misma temporada o la siguiente. Yo tenía 19 años y estudiaba segundo de Medicina. Hablé con mi padre del tema en la mítica Casa Ovidio en el barrio de San Lorenzo. En Málaga tenía que compartir piso con tres jugadores más y comer en un restaurante de comida casera que estaba muy cerca de la catedral. ¿A ti te falta algo?, preguntó mi padre. Nada, le contesté. Y no me fui.

En Sevilla, el pionero, el emprendedor fue el vasco sevillano Luis Armengou, que descanse en paz, acompañado por su inseparable Gerardo Íñiguez y el bueno de Ignacio Villa. Tres mosqueteros del baloncesto. Así surgió mi equipo, mi club, el club Amigos del Baloncesto que me permitía hacer la cosa que más me gustaba, entonces, en el mundo: jugar al baloncesto.

LA CULTURA DEL BALONCESTO

Uno de los reconocimientos al que Juan Antonio Corbalán tiene más aprecio es el premio Pablo Iglesias que le entregó Alfonso Guerra en la Agrupación Socialista Chamartín. Alfonso Guerra tiene unas interesantes memorias, a uno de sus tomos le tituló *cernudianamente, Cuando el tiempo nos alcanza*. Uno de los últimos capítulos de tu libro se titula «El horizonte ya no te pertenece». En cierto modo se comparte esa misma nostalgia por el paso fugaz, irreversible del tiempo. Tengo la imagen del político socialista en la librería Antonio Machado, en la plaza del Salvador de Sevilla, que regentaba su mujer, Carmen Reina. Muchos sábados estaba allí cuando era vicepresidente del Gobierno. Yo era cliente habitual y alguna vez me aconsejó algún libro de narrativa.

Ravil Cheremtiev, el primer entrenador de Chechu Biriukov en Moscú, sugería que, si un jugador llevaba en el equipaje algún libro de los grandes clásicos de la literatura rusa, si leía durante los larguísimos viajes casi esteparios, tenía más opciones de jugar. Hombre, no era cuestión de obligar a los jugadores a leer, pero me parece una buena insinuación. Los días libres de partido visitaban museos. El baloncesto es una forma de cultura popular y la cultura, sin duda, mejora al baloncesto.

VIDAS CRUZADAS

Valladolid fue el broche de oro a la carrera profesional de Corbalán. Toda una experiencia con Sabonis en el equipo y la labor impagable del doctor Javier Alonso, gran tipo y gran amigo. Ese fichaje lo viví muy de cerca porque me atañía. Estábamos en Zaragoza, concentrados durante quince días en un hotel que lindaba con el estadio de la Romareda. De ahí la selección española de Díaz-Miguel viajaba a Estados Unidos, vía Madrid. «Juanito ha fichado por el Fórum de Valladolid», dice Antonio en la comida. Manolo Padilla, rápidamente afirma: «tenemos un problema». Juan Antonio Corbalán era el médico que se iba a desplazar a Seattle con la selección que iba a disputar los Goodwil Games en el verano de 1990. No tenemos médico, añade el delegado. Durante la siesta Manolo Padilla golpea la puerta de mi habitación. ¿Vienes a Seattle? A la mañana siguiente, moviendo cielo y tierra, tengo un flamante pasaporte en la mano. Mientras Corbalán se pone a entrenar con el preparador físico Paco López para ponerse en forma ante su nuevo reto, yo viajo con el equipo a Seattle, vía Nueva York. Una fantástica experiencia que acabó en Los Ángeles, entrenando la selección unos días en el mítico parqué de UCLA, preparando el Mundial que se jugaba en Argentina donde el gran Juanito de la Cruz tenía ya preparada su ruta gastronómica. Desde Los Ángeles regresé a Madrid compartiendo asiento en el avión con el bueno de Mateo Ramos, el árbitro. En Argentina se incorporaría Cristóbal Rodríguez, maestro de medicina y de vida. Antes pude contemplar y participar de un espectáculo único. Fernando Romay, Ferrán Martínez, Andrés Jiménez, Paco Zapata, Quique Andreu, Manel Bosch, Alberto Herreros, Jose Montero, Jordi Villacampa, Rafa Jofresa, José Miguel Antúnez y Pepe Arcega, subiendo y bajando, como los entrañables niños chicos que eran y que son, en todas las atracciones de Disneylandia. La buena gente grande del baloncesto.

LA NOVELA DE MIRZA DELIBASIC

El gran jugador bosnio, yugoslavo, Mirza Delibasic tiene escritas dos novelas, la de su vida y *Conversaciones con Mirza*, un hermoso texto que le ha dedicado su buen amigo Juan Antonio Corbalán. Un canto a los perdedores que une la ficción y el ensayo deportivo. Un libro de corte intimista, narrado a media voz, que habla del compromiso, la implicación de las personas, sobre todo en los momentos de la vida que hay que tomar decisiones importantes. «Un gran equipo nace con un sueño colectivo y se hace realidad con un compromiso individual», escribe Juan Antonio Corbalán, y añade: «Me gustan las personas que se hacen un poquito dueñas de su historia, las que no viven siempre en función de una voluntad ajena».

Esta sugerente novela está escrita con dos virtudes del autor, que Pascual Olmos señala atinadamente en el prólogo, la perseverancia y una inteligencia emocional extraordinarias. Por ello, el texto está condimentado con sentencias, aforismos, máximas, que recogen la fecunda experiencia de Juan Antonio Corbalán como brillante jugador de baloncesto. «Hay que saber sufrir en silencio» o «hay que ser generoso en la victoria y orgulloso en la derrota» o «cuando amas el balón y lo acaricias, es difícil que no vaya donde tú quieres», por ejemplo.

En la novela hay descripciones muy literarias: «Cerró la petaca y sacó un chisquero de mecha anaranjada que pronto brilló como la yesca. La acercó al extremo del cigarro e inspiró con plenitud, miró al cielo iluminado tenuemente por miríadas de farolas colgadas en aquel negro universo celeste, dio gracias a un Dios, en el que no creía, e inhaló la mejor calada de su vida». El lector ve, con nitidez, al gran Mirza, eterno fumador hasta la muerte.

Conversaciones con Mirza tiene hermosos momentos líricos: «Sentado en un banco de la estación de Sarajevo, sin más equipaje que un hatillo, una pequeña bolsa negra. Un hombre "enjuto, alto, ojeroso y triste". Un hombre "tan cercano, pero inaccesible"». Mirza Delibasic sentado en un sueño. Una novela sobre las pérdidas, la soledad del fracaso: «La gente te deja huella, no desaparece nunca».

A lo largo del texto trasluce la admiración mutua, el sentido de la amistad: «Su forma de jugar al baloncesto se definía la elegancia de un vals vienés». Mirza jugaba a baloncesto como si tuviera puesto el frac. «Pero Mirza era mucho más que un magnífico jugador de baloncesto; era una de esas personas que se agarran a tus entrañas. Afectuoso sin empalagar, simpático y escueto, irónico, con la elegancia de todos aquellos que no la necesitan. Con todo ello Mirza era otro solitario, de esos que desaparecen y escapan hacia un mundo interior que sólo le pertenecía a él».

En la portada del libro Corbalán contempla a un elegante Mirza Delibasic encorbatado que parece estar contándole una confidencia. Hay en la mirada de Mirza un fondo de escéptica tristeza. Mirza era un ser refinado, como tocado por algo especial.

Conversaciones con Mirza es la novela de una amistad que transciende la muerte. Mirza Delibasic y Juan Corbalán, dos grandísimos jugadores de baloncesto que se resisten a abandonar el mismo equipo.

Conversaciones con Mirza es una interesante historia que nos lleva a la España de posguerra que tuvo que huir, a la España perdedora que, si no había perdido ya la vida, la tuvo que rehacer, como dice la copla, en un país extranjero. Suspiros de España…

Y es también un viaje sentimental a Sarajevo. A la *trattoria* donde, durante la guerra, iban Mirza y sus amigos. Al triste cementerio donde hay una sencilla losa de mármol blanco en la que se lee Mirza Delibasic (1954-2001) rodeada de quietud y frío. Donde Pedro, el protagonista de la novela, *alter ego* de

Juan Antonio Corbalán, deja quince rosas rojas, el quince era su número... «Viví una vida paralela y solitaria, tanto que, al final, fui devorado por ella», escribió alguna vez Mirza.

Qué verdad, la afirmación de Juan Antonio Corbalán de que en el deporte, en el baloncesto, «las alegrías de uno se hacen con las lágrimas de otro».

EL LÍDER

El 18 de agosto de 1982 España venció a Estados Unidos por 109 a 99, en el Campeonato del Mundo que se disputaba en Bogotá, en un partido que rayó la perfección por parte de los jugadores españoles. Fue la primera constatación de que había equipo. Y allí estaba Corbalán.

En el Campeonato Europeo de Nantes, en junio de 1983, España vence a la Unión Soviética por 95 a 94 en las semifinales. Luego perdería la final con Italia por 105 a 96. Fue la segunda constatación de que había equipo. Y allí estaba Corbalán.

Para Fernando Romay, que también estaba allí, Juan Antonio Corbalán era el líder indiscutible. Lo cuenta en su biografía, *Altísimo*, escrita por Jacobo Rivero: «Hacía un poco de transición con las anteriores generaciones. Él fue vital para todos: nos ponía firmes y era capaz de aplacar cualquier molestia o diferencia. Además, lograba que en el equipo cada uno tuviera su sitio y nadie se extralimitara. Era el vaso comunicante con Díaz-Miguel y con una figura todavía mayor, Raimundo Saporta, que era el que estaba detrás de todo».

Corbalán tenía un papel preponderante, tanto dentro de la cancha como fuera. Siempre he pensado que los partidos se ganan si hay un buen *feeling* en el vestuario. Un líder, es una persona que encabeza y dirige a un grupo o un equipo con un objetivo común. En el deporte, en el baloncesto, está claro: ganar. El líder trabaja dentro y fuera de los partidos. Un botón de muestra:

«Para la preparación de los Juegos Olímpicos de Los Ángeles la selección jugó dos partidos en México, uno en México D.F. y otro en un pueblo que hicimos un viaje infernal en autobús; llegamos allí y jugamos un partido, que como el de D.F., casi ni se pudo acabar porque nos liamos a tortas con el otro equipo. Había un tercer partido y Corbalán habló con Antonio y le dijo: "Oye, si vamos a jugar unos Juegos Olímpicos no podemos estar así". Antonio y el *staff* técnico lo entendieron y nos volvimos a Los Ángeles», lo cuenta Fernando Romay.

La final de la Olimpiada de Los Ángeles 84 fue el último partido jugado, con la selección, de Juan Antonio Corbalán. Y a mi modesto entender, bien que se notó luego.

Corbalán es un apellido y un concepto. No es fácil que un solo apellido describa todo un universo, el del baloncesto. Suena Corbalán y la asociación de ideas es instantánea. Y eso no es nada fácil. Lo consiguió un niño del colegio San Viator que jugaba a baloncesto como los ángeles y que, a base de talento, inteligencia, trabajo, disciplina, perseverancia y afán de superación se bajó del autobús en Los Ángeles con una medalla de plata colgada al cuello.

Corbalán, un buen tipo que siempre tuvo la inteligencia suficiente para saber cuál era su sitio. Corbalán un tipo culto, que no pierde la curiosidad del saber. Corbalán, uno de los mejores jugadores de la historia del baloncesto europeo.

El baloncesto y la escuela

CORRER, SALTAR, LANZAR

Todo empieza en los primeros años. Las teorías cognitivas cada vez inciden más en la importancia de los primeros años en la adquisición de los hábitos que nos acompañarán el resto de nuestras vidas.

Antes de que seamos capaces de establecer hábitos, los niños presentan tropismos de diversas características, en función de determinados estímulos: genético, ambiental, social, etc. En el caso de los animales superiores el tropismo hacia el movimiento es un elemento común en todas las especies, en mayor o menor grado, y este movimiento actúa como medio para que se cumpla el tropismo. En las etapas precoces de los recién nacidos un test de normalidad psicomotriz es analizar los movimientos de bebé al dejarlo caer levemente de espaldas en su cuna (reflejo de Moro). Hay algunos más y todos tienen que ver con el movimiento de brazos, piernas, tronco o determinadas posturas ante estímulos específicos. La normalidad psicomotriz tiene una expresión neuromuscular que va aumentando con el desarrollo del bebé. Lo podemos ver al gatear y al comenzar a andar. Estamos hechos para el movimiento.

El niño se desarrollará en función de los estímulos al que lo sometamos y él mismo explora su capacidad, inicialmente a través de su capacidad muscular. Por eso no es extraño que el deporte, inicialmente el juego, sea la expresión primordial de los pequeños. A más estímulos, más desarrollo. Pero hasta un determinado límite, que no es el tema que nos ocupa.

Además, el niño entiende poco de optimizar su capacidad: cuando hace algo lo hace hasta la extenuación y deja de hacerlo. El niño corre a lo máximo que su desarrollo le permite. Es un velocista en potencia. No hay niños que piensen en el fondo y corran pensando en una maratón. El niño corre como si le fuera la vida en ello.

Rudy Fernández: más alto, más rápido, más lejos.

Si la carrera se hace fundamental para los pequeños, la coordinación que supone el salto es otro elemento de desarrollo físico en ellos. Su instinto los lleva a proyectarse a través del salto longitudinal o en altura. Experimentarlo les convierte en seres felices y completos. Les hace sentir el poder de su cuerpo venciendo barreras que todavía no entiende como la gravedad.

Un tercer elemento fundamental para la vida es la prensión y el lanzamiento de objetos. Estos movimientos suelen ser la esencia de los primeros juegos infantiles. La habilidad para coger un objeto, casi siempre una pelota más o menos dura, en función de la edad, y lanzarla a su compañero o monitor, le permite dar su primer paso en la interrelación con su entorno social, incluso antes de poder andar.

Correr, saltar, lanzar son la esencia de nuestro deporte. No sé si en la mente de James Naismith estaba buscar esas parcelas en concreto pero, si no lo estaba, da igual; nuestro pionero se merece un gran aplauso.

El baloncesto es un deporte muy complejo y precisa de muchas de las cualidades de un buen deportista. Hay que dominar muchas parcelas para poder llegar a disfrutarlo mínimamente. La complejidad del gesto deportivo, carrera, salto y lanzamiento, coordinados y su riqueza de expresión durante el juego, unido a la interacción de varios jugadores en un campo no muy grande, (42 metros cuadrados por jugador adulto, 22 metros cuadrados para el *minibasket*), sin contar a los tres árbitros que también ocupan su sitio) obliga a un dominio del espacio y del tiempo, si añadimos que las posesiones son limitadas a algunos segundos habitualmente.

EL BALONCESTO LLEGA POR EL MAR

También el baloncesto precisa de un equipamiento completo y ciertamente tecnológico para poderse llevar a cabo. No es fácil fabricarse una canasta. Por eso el baloncesto nació en asociaciones que podían permitirse cubrir esas necesidades tecnológicas y caras para un grupo de varias personas practicantes. Los únicos lugares que tienen estas características son los colegios, los clubes o las distintas asociaciones deportivas. Fundamentalmente los primeros en sus inicios. En aquellos finales del siglo XIX solamente las órdenes religiosas y el ejército tenían esos recursos.

Ya hemos dicho cómo el inventor estaba ligado a un organismo religioso como la YMCA donde ejercía como profesor de Educación Física. Pero si analizamos su extensión nos encontramos con que, casi siempre, existe un o una religiosa que hicieron de pioneros y se encargaron de trasmitir el evangelio a través del deporte, o trasmitir el deporte a través del evangelio, que ambos itinerarios fueron usados.

La asociación cristiana YMCA y sus embajadores lo distribuyeron por el mundo, incluido Rusia, ocurrió igual con Asia, los vecinos México o Canadá y concretamente en Francia que fue la primera en Europa en recibir el nuevo deporte. El resto del trabajo lo hicieron las tropas americanas, que como ya hemos dicho empezaban a colonizar el mundo.

En España se recibió más tardíamente de la mano del Escolapio, natural de Soria, Eusebio Millán, que implantó en Barcelona en sus Escuelas Pías de San Antón, desde allí fue extendiéndose por toda la geografía nacional con un eje fundamental, Barcelona Madrid, que fue completándose fundamentalmente por la implantación progresiva de la educación religiosa tras la Guerra Civil. Muchos son los casos de equipos de élite que se iniciaron en colegios de curas, o monjas en el caso del baloncesto femenino.

Pero España, después de la crisis del 98 se convirtió en una tienda de grandes rebajas, una ganga para ser comprada por las potencias emergentes y sobre todo para ser explotada en sus recursos naturales y humanos por las empresas dominantes de la época. Así, ciudades como Huelva, Cádiz, Málaga, Valencia en el sur y levante y sobre todo Barcelona o Bilbao, Cantabria, Asturias y La Coruña en el norte sirvieron para ejercer polos de introducción por el contacto del comercio marítimo, tanto militar como industrial o comercial.

Los barcos de la armada americana tenían el baloncesto como juego de cabecera y en la superficie de sus cubiertas no era raro ver pintados campos de baloncesto. No fueron pocos los partidos que se celebraron en sus cubiertas con combinados españoles.

Además, desde la implantación de las bases americanas en territorio español, años después de los acuerdos de Madrid de 1953, estas sirvieron de polos de desarrollo local del deporte. Las más importantes eran Rota (naval), Morón, Torrejón y Zaragoza (aéreas) pero toda la geografía peninsular estaba moteada por centros de seguimiento, antenas y todo lo que conllevaba la guerra fría de la época.

BIENVENIDO, MÍSTER MARSHALL

La visita de Eisenhower en 1959 acabó de conformar en España la esencia de un país comprometido con Occidente, después de haber sido estigmatizado por el resto de Europa como régimen fascista. Fue curiosamente el miedo al nuevo enemigo, el comunismo, el que homologó al régimen de Franco y dio cabida a España en esa nueva ubicación geoestratégica.

Sin trabajo en equipo no hay éxito ni baloncesto.

Con los americanos llegaron el baloncesto, la leche en polvo y otros alimentos, algodón, carbón y otras mercancías a través de créditos en dólares. Un «yo te presto para que me compres».

Pero si el gran empujón inicial los dio el apoyo de los colegios de religiosos, poco a poco se le fueron uniendo las iniciativas locales de la mano de universidades, empresas emergentes y clubes sociales deportivos de élite a nivel local. El baloncesto había calado en todo el espectro de jóvenes practicantes.

Las chicas no estaban a la zaga, como ya ocurriera en Estados Unidos, y aunque la sección femenina de la época prefería las actividades gimnásticas, los buenos modos y la costura, pronto surgieron individualidades que arrastraron a las mujeres a la modernidad, de la mano de aquel deporte que, al contrario del futbol, parecía estilizar la figura de la mujer y entonces se identificaba con la feminidad.

Sea como fuere, la realidad del baloncesto español masculino y femenino se fue atomizando por áreas de influencia política, social, económica, geográfica, educativa, y seguro algunas otras, pero fundamentalmente esta última fue la que más influyó en esta realidad. El enclave fundamental, el germen de cualquier desarrollo baloncestístico era la escuela, el colegio, la universidad. Muchos eran los casos de iniciativas mixtas de la sociedad, incluidas ya algunas empresas, en unión con centros educativos, colegios o institutos.

Una de esas grandes mujeres vive todavía con 102 años en el momento de escribir este libro, se llama Encarna Hernández y nació en Lorca (Murcia) en 1917, aunque desde muy niña emigró con su familia a Barcelona. No era muy alta 1,54 pero, como ocurría en aquellos tiempos, eran los pequeños los que mejor practicaban todos los deportes. Sin embargo, el deporte recién inventado era un deporte que, sin querer se ideó para altos.

Cada zona geográfica fue creando su esqueleto. En la base el colegio, escuela, instituto, En la fase de especialización incipiente ya intervenían los clubes públicos o privados y algunas asociaciones gremiales. Finalmente, los grandes clubes de socios, y fundamentalmente los de fútbol, y algunos gremios profesionales absorbían a los destacados en las categorías inferiores.

El tiempo fue pasando y el baloncesto fue haciéndose un hueco en el deporte español, detrás del fútbol. Aunque entonces el ciclismo era muy seguido por la población, el baloncesto tenía un halo de cierto elitismo social, de gente joven, con estudios incluso universitarios y fue haciéndose alternativa al fútbol de tal manera que, en sus inicios, fueron muchos los jugadores de futbol los primeros que optaron por probar también con la pelota.

En sus inicios, se heredó el balón de fútbol y hasta un campo de tierra con las mismas dimensiones. Naturalmente se jugaba a once y posteriormente a siete, nunca he sabido por qué siempre impares.

TRABAJAR EN EQUIPO

Como expresión humana, en nuestra opinión, hay tres elementos que cobran especial relevancia al hablar del deporte. La primera, es sin duda, la expresión psicomotriz llevada a la máxima excelencia. Esa expresión lleva a un desarrollo cognitivo de primera magnitud, haciendo del deporte un estímulo, no sólo físico sino psiconeurológico. La segunda es la supeditación, como casi todo lo humano, al difícil y necesario equilibrio entre el yo y el equipo, para que la respuesta grupal no sea sólo la suma de capacidades sino una relación exponencial, que potencia el todo desde la mejor expresión individual. El yo y el todo no deben enfrentarse, aunque vivan en tensión, sino que cada uno contiene y da esencia al otro. La tercera es la relevancia que toma el rol que ocupamos en ese grupo que supone el equipo, incluso en los deportes individuales. Aquí, es donde los perfiles de liderazgo, que hay en cada uno de nosotros, tienen que domesticarse en la relación con los demás. Esa relación conforma la base de la interacción creativa que supone un equipo deportivo.

Hablar de deporte es hacerlo fundamentalmente de comparación con los demás, para buscar el sitio que nos corresponde, pero también es hablar de colaboración y de asumir que la familia del deporte ríe y llora junta. Como en la vida, toda la alegría de un ganador se sustenta en las lágrimas de un perdedor. Es precisamente en esa relación entre unos y otros donde radica la enseñanza primera del deporte como tal. Primero interaccionan las almas de las personas y luego se pierde o se gana. El manejo de las emociones y el constante aprendizaje relacional va cosido a la esencia del deporte.

El baloncesto cumple a las mil maravillas con estos principios y ya desde su nacimiento podemos decir que estaba ligado a los ambientes académicos, colegiales y de implicación social en una época y en un lugar impregnado de un claro matiz religioso cristiano y protestante. Aunque rápidamente se extendió a otras realidades sociales y religiosas.

Toda la historia, por muy universal que sea, ahora todo es global, tiene como denominador común a la persona. Ese elemento aglutina e iguala todo, porque hagamos lo que hagamos, en cualquier entorno, los elementos motivacionales se hacen generales. Tanto es así, que algunos pensamos que realmente somos como nos enfrentamos al hecho de jugar. Somos como jugamos. Pero también no podemos ser ajenos a la influencia del entorno. De tal manera de acabaremos siendo como el equipo al que pertenezcamos, nuestra tribu. El equipo hace al jugador y los jugadores hacen al equipo. La hipertrofia de un sentido anula al individuo y lo adocena y en el sentido contrario el equipo es roto por intereses individuales que impiden su mejor dimensión. De esta manera el elemento educativo acaba coloreando nuestro bodegón vital y en ese camino aprendemos, o tendríamos que aprender, cada uno de los papeles que el destino nos deparará. No hacerlo es una forma de inadaptación o de incapacidad. Sólo en el mejor de los casos es de rebeldía. Digo mejor, porque el rebelde puede querer serlo para aportar, para cambiar las cosas sin perder la identidad y la lealtad.

El deporte educa y exige. En una primera parte nos educa, obligándonos a expresarnos como somos, en el deporte no podemos escondernos. Somos protagonistas de una película que afianza nuestra identidad, libera nuestro talento e inteligencia y educa nuestra humildad, desde la constante necesidad de los otros. El baloncesto supone asumir un permanente reto colectivo, marcado por el espíritu de no renunciar, no rendirse, desde la asunción de la diversidad, la necesidad de empatía, convivencia y desde una constante demostración de nuestras limitaciones más tarde o más temprano.

Su gran componente educativo está lleno de exigencia y esta da rienda suelta al mundo más primitivo y reptiliano de nuestras emociones. Es pura y simplemente la supervivencia necesaria para seguir en el juego y en su historia. Puro instinto: ganar o perder, seguir o caer eliminado, reír o llorar. Así es el deporte, puro instinto, que luego tratamos de racionalizar, encorsetándolo al tiempo.

INTELIGENCIA Y BALONCESTO

Howard Gardner profesor de la Universidad de Harvard allá por finales de los 90 del siglo pasado estudió la inteligencia como un sumatorio de múltiples capacidades que dividió en doce grupos, aunque seguro que otros autores habrán modificado esta relación. No importa el detalle, lo importante es el concepto. La inteligencia es fruto de muchas cosas. Hace muchos años oí una anécdota acerca de un gran abogado del Estado que, su misma madre decía de él:

—Mi hijo es muy listo para los libros y muy tonto para los recados.

En el baloncesto hay que ser inteligente y cada uno debe saber qué tipo de inteligencia soporta su participación en el juego y en los equipos en los que esté. El mejor signo de inteligencia es conocerse y hacer muchas veces las cosas que se hacen bien y nunca o casi nunca las que se hacen mal y, sobre todo, poner dedicación en aprender para que estas últimas sean cada vez menos.

Aunque la inteligencia… Dotes académicas. No es necesaria como primera variable, sí, como en todo en la vida, puede ser muy útil. Sin embargo, en las actividades creativas y el deporte lo es, o en aquellas que precisan de una cualidad sobredimensionada como la capacidad física, un zote puede ser el mejor de forma indiscutible. Ya hemos dicho: «Se puede ser muy listo pa'los libros y muy tonto pa'otras cosas». Esto es especialmente así para los deportes con poca interrelación social y psicomotriz. Disciplinas individuales de actividades puras o aquellas complejas de gran relación interpersonal.

Se han tratado de hacer muchos trabajos para ligar, de una manera estadísticamente significativa, la inteligencia y el éxito deportivo, pero con poco éxito. Sin embargo, la relación entre cualidades físicas: fuerza, fondo, agilidad, coordinación, velocidad, potencia, han demostrado su relación directa con los grandes resultados.

Lo que sí ha trascendido desde siempre era la expresión: «El deporte es para listos», no sé si en todos los casos referida tanto a la capacidad intelectual, como a la habilidad para el engaño a árbitros, espectadores y adversarios para sacar el mejor resultado, no siempre con el mejor trabajo.

Jugando contra las enfermedades raras

Francisco Javier Lafuente Torralba, más conocido como Chinche Lafuente, es un exjugador profesional de baloncesto en los años ochenta. A lo largo de su carrera militó en equipos como el Estudiantes, Bilbao Basket, Tenerife y el antiguo Caja San Fernando de Sevilla. Fue, en una segunda etapa en Estudiantes, cuando conoció a su mujer Carmen, en mayo de 1980. Luego vendría la boda y su decisión de quedarse a vivir en Gines, un pueblo cercano a Sevilla, en vez de regresar a Madrid, la ciudad natal de ambos. Fruto de su relación tuvieron dos hijos, Lucas y Simón. Hasta aquí la historia transcurre con una feliz normalidad. Un mal día, Carmen empieza a desarrollar tics en la cara y cambios de carácter. Las alarmas se disparan. Está desarrollando la enfermedad que sufrió también su padre (Javier Lafuente se enamoró de la ternura con la que Carmen cuidaba a su padre). Carmen empezó a desarrollar corea de Huntington, una enfermedad hereditaria que provoca el desgaste de algunas células nerviosas del cerebro. Sus síntomas y progresión muestran una mezcla de Alzheimer, Parkinson y Esclerosis Lateral Amiotrófica (ELA). Las personas nacen con el gen defectuoso, pero los síntomas no aparecen hasta después de los treinta y cuarenta años. La enfermedad pertenece a ese cajón de sastre al que denominamos enfermedades raras. Un hipócrita eufemismo con el que agrupamos aquellas patologías que tienen pocos recursos, económicos y humanos, para luchar contra ella.

Todo cambia de la noche a la mañana. La vida da un vuelco completo. Tras el lógico desconcierto inicial, Javier Lafuente no se amilana, recuerda los valores que aprendió jugando al baloncesto y decide, con el mismo pundonor que tenía como jugador, utilizarlos para organizar la asistencia a Carmen. «Cuando yo jugaba al baloncesto no era consciente de los valores que estaba adquiriendo, pero con el paso del tiempo te das cuenta de que esos valores que has adquirido te han ayudado mucho. La constancia y el trabajo son cosas que he aprendido en el deporte y que después me han servido para cuidar a una persona dependiente. El trabajo en equipo, rodeado de buena gente, es mucho mejor que ser una simple pieza e ir por tu cuenta. El deporte también te enseña a aprender a perder, que es lo normal. Te acostumbras a aceptar esas derrotas y a no rendirte e intentar ganar el siguiente partido», afirma Javier Lafuente en una entrevista a la prensa.

De esas ideas surge el Equipo V.

Para jugar en las grandes ligas y obtener buenos resultados es necesario tener un gran equipo. Y un gran equipo no se hace de la noche a la mañana, hay que tener paciencia para que las diferentes piezas que lo forman vayan encajando. Se trata de conseguir una

Carmen y Chinche antes del partido.

mezcla de juventud y veteranía, luchar por un objetivo común, que todos los componentes del equipo sepan cuál es su misión y que, de esta manera, pueda surgir esa química especial que te haga ganar campeonatos.

LA LIGA

Nosotros jugamos en la L.P.D. (Liga de las Personas Dependientes).

Es una liga dura y larga, con unas características especiales, ya que es la única liga que conozco donde no se juega a ganar, sino a perder de poco, es decir, tu clasificación va mejorando si no pierdes de paliza, o mejor aún, si consigues perder los partidos lo más ajustado posible.

La liga es mundial, pero no es necesario viajar, todos los partidos se juegan en casa.

Tampoco existe una clasificación a la antigua usanza.

Cada equipo se imagina su clasificación en función de datos plenamente subjetivos. Con lo cual se dan casos de creer que vas en los primeros puestos y en realidad eres colista o que tú te creas de los últimos de la clasificación, pero a ojos de otros eres el campeón.

Constantemente se incorporan equipos a la liga.

Me gustaría que fuera una liga cerrada y que no hubiera ascensos ni descensos, pero la realidad es bien distinta.

Los equipos pueden ser mixtos, aunque la mayoría son femeninos y el número de jugadores varía en función de las circunstancias, dándose el caso de numerosos equipos individuales.

Los partidos se juegan todos los días del año, sin descanso. Con lo cual al final del año, se suman más partidos que en la NBA, Euroliga y Liga ACB juntas.

No existe un gran seguimiento de la liga por parte de los medios de comunicación, esporádicamente algún reportaje, pero poco más.

Las diferentes asociaciones de la liga hacen todo lo posible por conseguir una mayor repercusión y poco a poco lo van consiguiendo.

EL EQUIPO V

Los jugadores exteriores provienen de la cantera y han jugado en todas las categorías inferiores.

En la posición de escolta se encuentra Simón Lafuente. Habilidoso con el balón, con clara tendencia a irse al ataque y olvidarse de la defensa. En algunos partidos se muestra muy escurridizo. Es joven y tiene margen de mejora. Puede llegar a ser un gran jugador, pero se tiene que sacrificar más en los entrenamientos. Prefiere jugar fuera que en casa. Ideal para cambiar el ritmo de un partido.

La posición de alero tirador es para Lucas Lafuente. Poco a poco va alcanzando la madurez como jugador, intenso en el juego, pero con dificultades para mantener una regularidad en la liga. Ya lleva varios años de experiencia y empieza a ser un jugador reconocido. Sus porcentajes han ido mejorando cada año. Prefiere los partidos en horario de tarde-noche, ya que en los de la mañana le cuesta más conseguir su máximo rendimiento.

En la posición de ala-pívot juega Paqui Castillo, fichada hace tres temporadas y que ha ido adaptándose a la liga cada vez mejor. Se caracteriza por su gran disposición y profesionalidad, no se arruga en los partidos duros y, aunque por sus características físicas no lo parezca, es capaz de defender a rivales de mucha mayor talla y envergadura. Mantiene siempre una gran regularidad en sus actuaciones y su relación con la entrenadora es extraordinaria. Juega en calidad de cedida por una empresa local. Gracias al patrocinio estatal podemos contar con sus servicios.

En la posición de pívot, tenemos a un clásico de esta liga, Carmen de los Santos. doce temporadas en el equipo y por lo tanto una gran experiencia. Encargada de tareas poco brillantes para el público en general, pero imprescindibles para que el equipo pueda competir a un buen nivel. Ha vivido en sus propias carnes la evolución de esta liga y durante muchos momentos ha luchado hasta la extenuación. Su gran corazón y cariño hacia el equipo, hizo que no se marchara en los momentos más difíciles.

Ha pasado por diferentes etapas en su relación con la entrenadora, aunque desde hace bastante tiempo la relación es magnífica y la confianza mutua.

La última posición por definir del quinteto titular es la de base, que es la que ejerzo yo, Javier Lafuente, en estos momentos. Me ha servido mucho jugar en otras ligas, ya que ahora puedo utilizar esa experiencia. Me defino como un base a la antigua usanza, más director que anotador, correcto defensor, buen pasador, al que le gusta marcar el ritmo del partido y tener el juego controlado. Cuento con la confianza de la entrenadora para poder tomar mis decisiones en la cancha y mi contrato con el equipo no peligra ya que es multianual y se renueva automáticamente. Como la edad no perdona, intento cuidarme al máximo para que mi rendimiento no se vea perjudicado.

La entrenadora-jefa es Carmen Fernández, que es la que marca la estrategia a seguir en cada momento. Todo carácter y exigencia. Capaz de seducirte con su sonrisa. Últimamente mujer de pocas palabras, pero que se hace entender con la mirada. Su principal virtud: es capaz de conseguir lo mejor de cada uno de los miembros del equipo.

Carmen, Chinche, y sus hijos Simón y Lucas, disputando
el partido contra la corea de Huntington.

Con el sistema de juego actual, se agradecen mucho las rotaciones de vez en cuando, un descanso en el banquillo y así poder jugar con la máxima intensidad el resto del partido, aunque los jugadores exteriores del equipo prefieren que yo juegue todo el tiempo y así pueda darles buenas asistencias.

BANQUILLO

Tenemos un banquillo de lujo, compuesto por familiares y amigos que nos permiten descansar durante un tiempo, para luego volver a la pista. Contamos con una gran profundidad de banquillo, imprescindible para jugar a alto nivel, aunque no quiero que nadie lo haga tan bien en los partidos, como para ser titular en algún otro equipo, y que se consolide en esta liga.

Ningún jugador del banquillo tiene cláusula de rescisión, así que en cualquier momento pueden fichar por otro equipo sin tener que pagar nada por abandonar el equipo.

Desde el club intentamos cuidarles lo mejor posible para que estén con nosotros muchas temporadas.

EQUIPO TÉCNICO

Miembros del equipo técnico formado por médicos, psicólogos, fisioterapeutas y nutricionistas nos marcan las pautas a seguir en los entrenamientos; llevarlas a cabo depende de nosotros.

Este equipo técnico asesora a muchos otros equipos de la liga, están muy solicitados y son grandes especialistas.

Javier Lafuente Torralba cuenta el día a día de este equipo en su blog. *Vivir con ella*, en un libro con el mismo título y en su canal de You Tube. Se aconseja su consulta.

Impresionante testimonio. Admirable esfuerzo para convertir los contratiempos de la vida en una realidad más llevadera. Conoce uno de primera mano esta conmovedora historia de amor y entrega. ¿Habrá alguien que, después de leer este testimonio, se pregunte para qué sirve el baloncesto?

Las modas del baloncesto

EL ORIGEN DE LA MÍTICA MARCA CONVERSE

En Malden, Massachussets, Marquis Mills Converse cimentó el nacimiento de la compañía que iba a cambiar por completo el devenir de la industria deportiva. Bautizada inicialmente como Converse Rubber Shoe Company, la firma estaba especializada en la producción de sandalias con su característica suela de goma, un producto del que conseguía obtener una gran rentabilidad, pero no la suficiente como para alcanzar el escalón en el que Marquis Mills quería situar a su empresa.

Mills observó cómo la industria del rendimiento se encontraba envuelta en un crecimiento sin precedentes. Y ninguna otra marca le estaba dando la importancia que se merecía. Una situación que Converse aprovechó para girar su estrategia en torno a las bondades que podía aportar a la industria deportiva. Y, con esta idea, creó el zapato perfecto para la práctica deportiva. Bautizada como No Skid, haciendo referencia a la tracción que conseguía proporcionar, Mills consiguió una silueta de baloncesto capaz de hacer sentir a los jugadores, como ninguna otra silueta lo había conseguido hasta entonces.

El baloncesto, en ese momento un deporte minoritario, comenzaba a crecer hasta igualarse al fútbol o al tenis, los dos principales deportes de Estados Unidos en ese momento. Sin embargo, ninguna marca se había fijado en él con la suficiente atención como para proporcionar a sus deportistas el calzado adecuado que utilizar en una pista.

La empresa americana cuidó hasta el más mínimo detalle a la hora de diseñar su zapatilla de baloncesto. Tanto es así, que el parche que se sitúa en la parte más alta de su parte superior, y que ahora todos pensamos en él como un simple adorno, en su momento estaba pensado para proteger el hueso del tobillo, evitando al máximo los moretones fortuitos que podían aparecer a consecuencia de los golpes.

LA SILUETA QUE CAMBIÓ EL BALONCESTO

No fue hasta 1920 cuando la Converse No Skid se renombró a Converse All Star. Un nombre con el que la compañía americana jugaba a hacer creer a todos los jugadores de baloncesto que esta era, con total seguridad, la silueta con la que todas las estrellas del baloncesto debían de jugar sus partidos.

Y fue precisamente en ese año cuando Converse anunció el fichaje del empleado que iba a cambiar el devenir de la compañía. Chuck Taylor, un famoso jugador universitario de baloncesto y posterior miembro del Hall of Fame de 1969, se incorporaba a la plantilla de Converse, de manera poco más que fortuita. Con su carrera baloncestística ya terminada, el jugador decidía ir a buscar trabajo a la central de la firma estadounidense, concretamente en Chicago. Y Converse no dudó un instante en materializar su fichaje por la compañía.

Las botas doradas de Larry Bird.

La firma americana se aprovechó de que el jugador había estado utilizando sus modelos durante los últimos años de su carrera, por lo que no le iba a resultar complicado destacar los puntos positivos de su silueta a la hora de tener que defenderlos antes los posibles interesados.

A partir de entonces, su trabajo consistía en cargar su coche de zapatillas Converse, una historia que guarda cierto paralelismo con la de Nike, y recorrer los Estados Unidos impartiendo clases de baloncesto a la par que vendía las zapatillas de la compañía que le tenía en nómina.

Y fue precisamente en este momento, el año que se produjo el cambió de nombre de No Skid en pro de Converse All Star, cuando comenzó a materializar sobre ella una serie de mejoras, como las plantillas de corcho o una especie de amortiguación en su parte trasera.

Cuando los años veinte comenzaban a tocar su fin, Converse ya había dejado de ser una compañía que trataba de hacerse un hueco en el ámbito del rendimiento, para pasar a ser la marca preferida por todos los jugadores de baloncesto.

Y fue en esa época cuando Converse ofreció un acuerdo sin precedentes en la industria deportiva. Como forma de agradecimiento, y ya que en ese momento el nombre de Converse se asociaba por completo al de Chuck Taylor, el modelo estrella de Converse adoptada el nombre de su mayor prescriptor y pasaba a llamarse Converse Chuck Taylor All Star.

LA PARALIZACIÓN DEL CRECIMIENTO

Sin embargo, el crecimiento de la compañía se vio interrumpido por la irrupción de la Segunda Guerra Mundial y la orden por parte del Gobierno estadounidense de destinar todos los recursos a ayudar al ejército que estaba inmerso en plena guerra.

No fue la única compañía que tuvo que ayudar al Gobierno, pero en Converse tuvo un mayor impacto que en el resto las empresas, ya que tuvo que paralizar prácticamente la totalidad de su crecimiento.

Michael Jordan: la moda en el baloncesto.

La firma americana, completamente centrada en la confección de productos para mejorar el rendimiento de los principales jugadores de baloncesto del país, se vio obligada a detener su producción y centrar sus esfuerzos en abastecer las necesidades de los soldados, algo similar a lo que le ocurrió a Levi's.

Apenas una mínima parte de la producción que se obtenía en ese momento se dedicaba a fines comerciales. El *grosso* de la producción se destinaba a abastecer los pies de los soldados, vestidos todos ellos con zapatillas de la marca estadounidense, aunque con una calidad muy inferior a la que en ese momento estaba acostumbrada Converse.

Los elevados costes de producción que suponía fabricar un calzado de calidad y con las instrucciones del Gobierno de que todos los recursos debían de ir destinados a los gastos de la guerra, la firma americana tuvo que rebajar al máximo su calidad de producción. Tanto es así que todavía hoy en día, en pleno 2018, no han conseguido encontrar ninguna zapatilla que se utilizara en aquella época.

CONVERSE Y EL BALONCESTO

Pero, por paradójico que parezca, la Segunda Guerra Mundial le sirvió a Converse para que, en su finalización, el deporte irrumpiese en la sociedad más fuerte que nunca. Y eso supuso el empujón necesario para que, en 1949, momento en que se fundó la NBA, Converse fuera el primer patrocinador no oficial de la liga.

Con las Converse de corte clásico totalmente asentadas entre los jugadores de baloncesto de todo el mundo, apenas un año después de la formación de la NBA llegó la primera gran revolución de la compañía. En los años cincuenta, los jugadores pidieron a la firma una zapatilla de baloncesto que no protegiese tanto el tobillo y dejase un poco más de libertad de movimientos. Y, para ello, quién podía asesorar mejor, acerca de la libertad de movimientos, que los Harlem Globetrotters. Un equipo de diseñadores de la firma americana viajó de gira con el equipo, cargados de Converse All Star a las que recortaron la caña de la parte superior, hasta dar con la versión que se ajustara a sus necesidades. Y este fue el comienzo de la Converse All Star OX, la abreviatura de Oxford Cut. Una de las versiones más queridas hoy en la actualidad.

Sin embargo, la relación con el deporte no termina aquí. En el año 1984, la firma americana se convertía en el patrocinador oficial de los Juegos Olímpicos de Los Ángeles. Con todo lo que eso conllevaba. Y lo cierto es que, pese a que hubo algunas quejas que giraban en torno a la comodidad de la zapatilla, no hay que olvidar que el equipo de baloncesto norteamericano se subía al primer cajón del podio con las Converse puestas en sus pies. La compañía, en ese momento, gozó de una salud sin precedentes dentro del ámbito deportivo.

Sin embargo, no todo eran buenas noticias para la firma. La muerte de Chuck Taylor en el año 68 coincidió con uno de los peores momentos a nivel organizativo de la compañía. Tras varios años en los que Converse cambió de dueño en diversas ocasiones, una serie de malas decisiones hizo que la compañía navegara sin rumbo durante varias décadas. Hasta que en 2001 se vio obligada a declararse en banca rota. Una situación que aprovechó uno de sus máximos competidores por excelencia, la firma americana Nike, para comprar y salvar a la compañía. Y, de paso, conseguir meter al enemigo en casa.

Nike cambió radicalmente la estrategia de Converse, hasta entonces focalizada en el baloncesto, en pro de una mayor fijación en hacerse un nombre en la cultura urbana. Y lo cierto es que parece que esta estrategia no les ha funcionado nada mal. En la actualidad, la compañía americana está firmemente posicionada como una de las referencias del *streetwear*. Y su incursión en el ámbito del *skate* parece estar cada día ganando peso, habiendo sido capaz de firmar algunas de las mejores colaboraciones que se han dado este año dentro de ese campo, con Sean Pablo y con Illegal Civilization.

Desde hace años, estamos reviviendo el resurgir de Converse. Volviendo a mostrarse como una marca referente en el mercado y siendo capaz de hacerse un hueco en una escena cada vez más competitiva. La marca que dominó el baloncesto en sus primeros años de vida, parece que, en la actualidad, comienza a dominar las calles de todo el mundo. Y ya sólo nos queda esperar cuál será su siguiente paso en el mercado.

Baloncesto FIBA y el mediterraneo

EL FIN DE LA SEGUNDA GUERRA MUNDIAL

Sin ninguna duda el final de la Segunda Guerra Mundial el 8 de mayo de 1945, después de la muerte de Hitler, supuso un antes y un después en el orden geopolítico prevalente en todo el mundo. Si, hasta esa fecha, y con los prolegómenos de la Gran Guerra del año 14, el gran enemigo había sido el nazismo de Hitler, la derrota de Alemania y sus aliados japoneses e italianos dejaron un nuevo escenario, que marcaría el siglo xx en su segunda mitad. El enemigo ya no eran los países derrotados sino uno de los contendientes en el bando aliado, la Unión Soviética que a la postre podía presumir de haber sido la primera de las potencias que entró en Berlín y la que más muertos dejó en la tarea de luchar contra la Alemania nazi.

El nuevo reparto político de Europa dejaba un líder por encima de todos, la Unión Soviética de Stalin. La Europa del Este, frente a un resto, atomizado en un sinfín de países que fueron recolocados como en un puzle bajo la denominación de Europa Occidental, fuertemente protegida por la otra gran potencia que dominaría el mundo hasta nuestros días, los Estados Unidos de América. Dos formas de entender el mundo que nacieron del mismo germen, pero con un genoma opuesto en lo social y en lo político. El comunismo y el capitalismo desde ese momento marcarían el final del siglo xx hasta la caída del muro de Berlín, pero dejó una frontera imaginaria que dura atenuada hasta la actualidad, aunque ya todos dentro de un sistema, el capitalista, que parece haber perdido su condición de solución para ser un nuevo problema en nuestros días, ya adoptado por casi todos los países del globo.

Luc Mbah a Moute: África en la NBA.

En el tratado o conferencia de Yalta, en febrero de 1945 las tres grandes potencias del momento en el bando aliado: los Estados Unidos y Reino Unido representados por sus líderes Franklin D. Roosevelt y Winston Churchill junto a Iósif Stalin como presidente de la Unión Soviética se reunieron en el palacio imperial de Livadia, en Yalta (Crimea) posteriormente Unión Soviética. Si bien, en esa reunión se establecían las bases del periodo de paz más duradero de la historia de Europa, no es menos cierto que nacía una guerra larvada que nos acompañó muchos años: la Guerra Fría ocasionada por ansias de influencia de esos dos sistemas políticos, en los países que conformaban la nueva realidad europea.

Esta conferencia fue reforzada después con el tratado de Potsdam, ciudad próxima a Berlín algunos meses después, del 17 de julio al 2 de agosto del 45. Con dos nuevos protagonistas de la misma, Clement Attlee por Churchill y el nuevo presidente de los Estados Unidos, Harry S. Truman, tras la muerte de Roosevelt.

Muchos de los puntos atendían al nuevo orden geopolítico europeo, con una idea principal: acabar con cualquier rincón que oliera a nazismo y eso pasaba naturalmente por liberar los territorios ocupados por Hitler y anular la anexión de Austria por Alemania. La democracia y la retirada de tropas subyacían también en esos acuerdos, pero no siempre pudieron llevarse a cabo. Para todo ello las medidas más drásticas se tomaron con la potencia derrotada cuya capital, Berlín, fue dividida en cuatro áreas, cada una de esas partes controlada por una de las potencias triunfadoras (URSS, Estados Unidos, Inglaterra y Francia). Al tiempo se instaba a Japón a su rendición definitiva que tuvo que esperar a los terribles acontecimientos de Hiroshima y Nagasaki.

Las poblaciones de origen alemán diseminadas por los países centroeuropeos fueron realojadas en los territorios alemanes y austríacos.

La ONU (Organización de Naciones Unidas) vio la luz verde por aquellas fechas y la nueva Europa nacía, finalmente, en paz, pero dividida en dos grandes bloques: uno liderado por la URSS o Europa del Este y el otro, Europa Occidental, mantenido, por las potencias europeas occidentales con el apoyo de Estados Unidos y la futura OTAN. El límite (telón de acero) entre las dos estaba en las fronteras occidentales de los países, que de norte a sur, atravesaban Europa. Polonia en el Báltico, Alemania Oriental (DDR), Checoslovaquia, Hungría, Bulgaria, Rumanía y Yugoslavia. Una doble alambrada de muchos metros de altura, con un espacio entre ellas de 50 o 100 m, según mis recuerdos al atravesarlas, protegidas por torres de vigilancia, cada cierta distancia con tiradores en ellas, no invitaba a cambiar de aires. El mar Negro y las repúblicas soviéticas más meridionales marcaban la frontera sur, la de los denominados países comunistas.

España que había sido neutral *con la boca chica* en la contienda quedó fuera de este nuevo orden, aislada políticamente del resto de nuestro continente por voluntad propia de Stalin, que veía en Franco y su régimen una continuación del fascismo de alemanes e italianos. La visita de Ike Eisenhower en 1959 acabó con aquel aislamiento. Desde la Segunda Guerra Mundial el nuevo enemigo, el comunismo, daba más miedo que el fascismo de las *dictaduras amigas* diseminadas por todo el mundo, generalmente instauradas en países de poca relevancia política internacional.

EL BALONCESTO EN EL MEDITERRÁNEO

Pero el nuevo orden había visto y recordaba el nacimiento de la mayoría de los deportes en Estados como Reino Unido o Estados Unidos, a los que posteriormente se habían unido países del centro de Europa como la propia Alemania o Suecia. También estaba muy cercano el recuerdo de Comité Olímpico Internacional bajo la influencia de Courbertin.

La FIBA nació en el 32 y el baloncesto fue incluido en los JJOO de 1936, con ocho países fundadores, siete europeos: Letonia, Rumanía, Suiza, Grecia, Italia, Portugal y Checoslovaquia, acompañados de un único país americano, Argentina, pero vio truncado su desarrollo por la guerra mundial. Fue James Naismith, fallecido en 1939, su presidente honorario. Ya, después de la Segunda Guerra Mundial, en 1950, se iniciaron los Campeonatos del Mundo con el mundial de Argentina.

Desde su sede en Ginebra, aunque temporalmente se trasladó a Múnich, se organiza en cinco sedes, una por continente que organizan los torneos y campeonatos de su área geográfica. Dentro de estas competiciones figuraban también las de clubes. Hoy, en manos de los propios clubes (Euroligue). Fue en la temporada 1957-58 cuando se instauró esta competición gracias a la iniciativa del yugoslavo Boris Stanckovic, el francés Robert Busnell y el español Raimundo Saporta, acompañados por Miloslav Kriz de Checoslovaquia, y Nikolai Semashko por la Unión Soviética, y se anunció durante el Campeonato de Europa de Bulgaria.

El gran éxito del deporte continental que supuso el fútbol, como deporte de masas, y la importancia que ya cobraban internacionalmente algunos clubes animaron al diario deportivo francés *L'Équipe* a patrocinar y dar cobertura oficial informativa de un evento, que siendo europeo se ampliaba también a los países ribereños del Mediterráneo. Se invitaba a estos a participar dentro del Ámbito de la Conferencia de Naciones Europeas y del Litoral Mediterráneo.

Esto podría parecer una extravagancia, pero había muchos y serios motivos para ello. Como se habrá repetido muchas veces, el deporte ha sido una gran herramienta de la diplomacia y en este caso el baloncesto sería altamente influenciado por esa «necesidad europea de hacer de esta, virtud».

Para llegar al origen de esta paradoja de que algunas competiciones europeas aglutinaran actuales países de la ribera del Mediterráneo, tendríamos que mirar hacia atrás, hasta el siglo XIX y lo que supuso el nuevo imperialismo. Durante el siglo XVI España hacia el oeste y Portugal hacia el este habían sido los pioneros como países colonizadores en América y los países orientales, que llegaron a distribuirse entre las dos potencias a través del tratado de Tordesillas con, naturalmente, la participación del papado.

El mundo empezó a hacerse más grande que las posibilidades de estos dos países para mantener sus colonias de ultramar. A partir de la pérdida del dominio de los Imperios español y portugués, las colonias de todo el mundo empezaron a redistribuirse entre las potencias emergentes de los siglos posteriores, en un fenómeno que, en el caso del norte de África, llegó hasta pasada la mitad el siglo xx. Francia e Inglaterra fueron las más beneficiadas en esta nueva distribución, pero otros países tuvieron también presencia más local, como es el caso de Bélgica, Italia o Alemania y los propios Portugal y España, que conservaron parte de sus territorios. Las materias primas eran la causa de este interés por aquellos nuevos países, muchos de los cuales se delimitaron con escuadra y cartabón sobre mapas, a muchos miles de distancia de los territorios afectados.

Fue en Berlín en 1884 y 1885 donde se celebró la conferencia que lleva el nombre de la ciudad y donde se iniciaron todos estos procesos para repartirse las colonias que otros habían descubierto, que se sumaban a aquellas que surgieron en la etapa de los grandes exploradores. Fundamentalmente ingleses, alemanes y franceses, pero también portugueses y españoles. Uno de estos grandes exploradores tiene mucho que ver, como antepasado suyo, con un jugador remarcable de nuestra historia. Me refiero a Jesús Iradier (Madrid, 1949), jugador español, internacional durante muchos años, y a su bisabuelo Manuel Iradier, un gran geógrafo y explorador que ocupó su vida en el conocimiento de la región de Guinea Ecuatorial y sus ríos Muni y Utongo.

Este proceso de redistribución colonial tuvo lugar en todo el planeta, de ahí que casi todo el Pacífico descubierto por España empezara a renombrarse con nombres en inglés, como también ocurrió, en parte, a las colonias portuguesas del Lejano Oriente.

Este pequeño retiro colonial tiene sentido para entender que, en aquellos años en los que toda Europa se reconstruiría después de la Primera Guerra Mundial, pero sobre todo después de la Segunda, las potencias europeas tenían intereses económicos muy importantes en todo el norte de África y, desde esos momentos, también militares, para mantener su hegemonía ante las primeras iniciativas independentistas. Sea como sea su origen, la realidad es que, desde la Europa más oriental encarnada por la parte europea de Turquía, toda esa costa tenía una dependencia política del viejo continente, dispuesto a instaurar nuevas figuras e instituciones culturales, sociales y deportivas que afianzaran la paz recién lograda.

El sur el Líbano era francés, así como Siria. Inmediatamente debajo estaba Israel y Palestina ambos bajo dominio inglés del que se liberaron en el 1948 con la independencia de una Israel que dominaría políticamente y militarmente la región y que se había constituido con el regreso de una nueva población para el país, proveniente de toda Europa, de los países colindantes y de América, tanto del norte como del sur. Un país en guerra con todos sus vecinos, no podía ser abandonado y naturalmente pasó a formar parte de esta nueva manera de entender Europa, además de que europeos eran muchos de sus habitantes y los antepasados de una buena parte de la población.

Egipto era una de las perlas de la zona ya que el canal de Suez estaba en su territorio. Un canal que comunicó el Mediterráneo con el mar Rojo entre las ciudades de Port Said y Suez y que modificó la navegación y el comercio mundial. Navegable desde el 1867, gracias al proyecto y dirección del francés Ferdinand Lesseps, se inauguró oficialmente en 1869 e Inglaterra compró sus acciones de propiedad para la explotación del mismo, quedando como potencia imperante en la zona, aunque no la única, ya que Francia adquirió también parte del capital. Un país con tantos intereses europeos no podía quedar fuera del ámbito económico de Europa. Además, su sempiterno conflicto con el nuevo Israel aconsejaba una relación de equilibrio, aunque fuera inestable.

Si seguimos la rivera ya hacia occidente nos encontramos a Libia sometida a la influencia italiana hasta poco después de la Segunda Guerra Mundial. Las importantísimas batallas de la misma que se dieron en su territorio serían una buena carta de presentación. Italia estuvo allí hasta el comienzo del conflicto, incluso delimitando un territorio como Libia italiana. Túnez un país pequeño, con la historia de Cartago detrás, pero codiciado en la antigüedad por su situación estratégica en el Mediterráneo estuvo bajo influencia española, hasta que Francia la asumió como colonia, en 1956 obtuvo la independencia. Seguimos en esa dirección para encontrarnos con uno de los más grandes países de la zona, Argelia, puesta en el punto de mira de España tras la Reconquista, del Imperio otomano después y finalmente Francia en el último reparto colonial, que la mantuvo bajo su dominio hasta 1962. Con eso llegamos a Marruecos, cuya evolución colonial podría ser similar a la anterior y también finalmente Francia ejerció su influencia, compartida con España en dos protectorados, hasta su independencia en 1956.

Mucha historia previa y mucha inestabilidad política no podían olvidarse, además de los intereses puramente económicos sobre las materias primas y la influencia geoestratégica en una zona aún caliente. La nueva Europa surgida de la Segunda Guerra Mundial no podía abandonar todo eso y el deporte podría ser un magnífico adelantado diplomático para acercar esos países a una Europa, ya estabilizada, y dueña de casi todo el mundo conocido de la época.

La FIBA (Europa) asumió esa tarea, e incluso en las competiciones por países, el norte de África podía jugar con el continente europeo. Israel lo hizo desde sus inicios, dentro de la jurisdicción europea de la FIBA. Los Juegos del Mediterráneo fueron un equivalente local a los JJ.OO., constreñidos a esta rivera que nos identifica como el origen de casi todo lo conocido.

Así, el que escribe pudo jugar la antigua Copa de Europa (y de la rivera del Mediterráneo) en dos ocasiones con equipos de Rabat y El Cairo. No recuerdo el nombre del equipo marroquí pero sí el del Zamalek Sporting Club, cairota. También la selección egipcia participó en algún campeonato de Europa, concretamente en el año 49, marcado por la posguerra y el inicio de la Guerra Fría. La Unión Soviética organizó aquella edición, que fue realidad gracias a la colaboración de Egipto y en la que también participó El Líbano. Posiblemente, en el campeonato más descafeinado de la historia de los mismos.

Egipto ganó a Francia y Grecia a Turquía para dirimir quién se colgaba las medallas. Por cierto, el sistema de liguilla obligó a jugar a todos los equipos entre sí y, repasando los resultados se aprecia que Egipto ganó casi todos los partidos por veinte puntos o más de diferencia, incluido el partido con el segundo clasificado y sólo Grecia logró bajar esa diferencia perdiendo por once. Quién lo podría haber dicho.

Entre esta relación de países podríamos incluir a zonas no continentales como Malta, cesión de Carlos I a los caballeros de la orden de San Juan de Dios, que volvieron derrotados de las cruzadas, o

Chipre pequeño país del Mediterráneo oriental, de mayoría griega y minoría turca que asegura un problema sin solución, más aún hoy que parece que existen intereses petrolíferos en la zona. Dicen que las tierras y las personas que las habitan están unidas por lazos inquebrantables, que hacen que nos llevemos la mano a nuestros corazones con determinadas músicas; que nos entendamos como unos, diferentes a los que nos rodean y que nos atrevamos a escribir una historia que sólo nosotros defenderíamos al cien por cien. Yo no me considero un apátrida, aunque podría serlo y seguir vivo, pero no puedo ocultar que mi apellido, Corbalán, data en España desde 1200, gracias a un caballero normando que se afincó, primero en la Navarra medieval, después en Aragón, se extendió por el Mediterráneo con la Reconquista, hasta Murcia, para finalmente emigrar a América, sobre todo a Chile y Argentina.

Yo no puedo renegar de españolidad. Soy un español por los cuatro costados y por lo tanto mediterráneo, pero mi experiencia deportiva me ha llevado a estrechar lazos con muchas nacionalidades y gentes de lo más diverso, aprendiendo que lo mío no siempre puede ser lo mejor y que no tenemos derecho a estar orgullosos de una u otra nacionalidad, porque nada hicimos de mérito para conseguirla.

Sin embargo, en este repaso histórico emocional de un deporte al que amo, puedo observar con sorpresa. que el Mediterráneo es Europa más allá de la condición geográfica y los intereses políticos o diplomáticos. El baloncesto difícilmente sería entendible sin los países que conforman esta rivera tan llena de historia, cultura y vida. Motivo de orgullo tanto como de problemas sociales, sin solución si no apelamos a un sentido de pertenencia superior.

Esta situación actual nos ha llevado a entender que Europa la conforman un grupo de países ricos al norte, un grupo de países pobres al sur y un ya menos misterioso grupo de países que se asientan en el este. Pues bien, en cuestiones de baloncesto me resulta difícil de entender un dominio tan aplastante de los países mediterráneos pobres y teóricamente bajitos sobre las potencias financieras, culturales y físicas de los países del norte y la altura de sus habitantes.

Cuarenta y ocho de las 120 medallas puestas en liza en campeonatos de Europa han ido a manos de estos «locos bajitos» como dice la canción de Serrat, más la que ganó Egipto en aquel Europeo del 49. La extinta URSS se llevó 21 y 10 Lituania, la reina baloncestística del Báltico, el resto de esas medallas 48, se repartieron entre los países mediterráneos, incluidas las ganadas por países posteriores a la trágica separación de Yugoslavia, que algunos de aquí y de más lejos les gustaría repetir en España y en otros países europeos. Si quitamos las medallas yugoslavas, segunda potencia histórica europea, con 17 unida, y dos en manos de Croacia, todavía quedan 31 que sí pertenecen a la Europa meridional.

El baloncesto es un deporte inventado para altos, en un país de altos como los Estados Unidos de América del Norte. Altos y bien alimentados. En Europa esas condiciones sólo se encuentran en la historia de los países del norte, con la excepción de los países que formaban Yugoslavia, Serbia, el séptimo país más alto del mundo y Croacia el décimo. Tendríamos que irnos al puesto 19 para encontrar a Francia, veríamos a Montenegro (ex-Yugoslavia) en el 27, Italia en el 35 y cerraríamos la clasificación nosotros en el 44.

Por qué unos bajitos dominan a los altos, es un tema que deberíamos abordar con más detenimiento...

La selección de baloncesto de Egipto es el equipo formado por jugadores de nacionalidad egipcia que representa a la Federación de Baloncesto de Egipto (FBE) en las competiciones internacionales, organizadas por la Federación Internacional de Baloncesto (FIBA) o el Comité Olímpico Internacional (COI): los Juegos Olímpicos, Campeonato Mundial de Baloncesto y el Campeonato FIBA África.

En la década de 1940 la selección estuvo adscrita junto a las selecciones europeas, llegando a obtener la medalla de bronce en el Eurobasket de 1947 e incluso organizar y obtener la medalla de oro en el de 1949.

1 medalla de Oro: Egipto 1949

0 medallas de Plata

1 medalla de Bronce: Checoslovaquia 1947

Puede parecer sorprendente, pero el equipo africano tiene en su palmarés un campeonato de Europa de selecciones. Su logro tuvo lugar en el año 1949, en el Europeo celebrado, precisamente, en El Cairo. El país africano, que ya había participado en más ediciones, fue elegido como organizador, debido a que la URSS, que le tocaba ser el país organizador como última campeona, se encontraba inmersa en plena Guerra Fría con los Estados Unidos y renunció a acogerlo.

El turno correspondía, por tanto, a Checoslovaquia, medalla de plata en el 1947 en su Europeo, pero no podía volver a organizarlo según la reglamentación, ya que el mismo país no podía ser sede dos ediciones consecutivas. Y aquí llegó la oportunidad para Egipto, que había concluido en tercer lugar.

La decisión, que fue muy controvertida, provocó las ausencias de muchos países europeos debido a las dificultades para desplazarse. De ahí que sólo cuatro asistiesen finalmente: Francia, Grecia, Turquía y Países Bajos. A ellos se les sumó el anfitrión, Egipto, Siria y Líbano. Lo que provocó que la FIBA lo catalogase como el Eurobasket más flojo de toda la historia.

Selección española de baloncesto: La música del éxito.

La competición se celebró a modo de liguilla, en la que todos los equipos se enfrentaban entre sí, otorgándosele dos puntos al ganador y uno al perdedor. Tras la disputa de todas las jornadas, Egipto se proclamó campeón invicto del torneo, por delante de Francia y Grecia. En cuarto lugar, se clasificó Turquía, seguida de Países Bajos, Siria y Líbano, que no ganó ningún partido.

Con este triunfo, los egipcios se clasificaron directamente para disputar el Mundial de Argentina al año siguiente. Francia sería el país encargado de acoger el siguiente Europeo, al que Egipto se negó a acudir como protesta por las ausencias que hubo en el campeonato que organizó.

A pesar de los pocos equipos participantes en el Europeo de 1949 y del bajo nivel demostrado, la medalla de oro de Egipto fue todo un éxito y tiene el mismo valor que la lograda por cualquier otro país a lo largo de la historia del Eurobasket y así lo demuestra su posición en el medallero.

La música del baloncesto

¿A QUÉ SUENA EL BALONCESTO?

La música del *basket* ha evolucionado a ritmo de su historia. Va de la música blanca, de bandas estilo Glenn Miller, al combativo rap negro de Fat Joe. Pasando por el pop blandengue californiano, el rutilante *rhythm and blues*, el glorioso *rock and roll* analógico y el sublime *jazz* negro, la música clásica del baloncesto. Sin olvidar algunas concesiones al sonido garaje de Seattle, en jugadores tan estrafalarios como geniales, al estilo Dennis Rodman.

LAS CONCENTRACIONES

Las conexiones estelares entre la música y el baloncesto están muy bien contadas en el libro del músico y exjugador gallego de baloncesto Óscar Quant que lleva por título *Bailando sobre el parqué* y por subtítulo «El apasionante partido baloncesto vs. Música», publicado en 2019 en Lleida por la editorial Milenio.

Óscar Quant (Óscar Sabin Fernández) nació en Las Palmas de Gran Canaria en 1977, pero ha vivido prácticamente toda su vida en Galicia. Jugó en mi adorado OAR de Ferrol donde consiguió logros colectivos y personales, como militar en la selección gallega o participar en las míticas concentraciones de la Federación Española de Baloncesto. Buenos tiempos. Ay, las concentraciones donde insaciables entrenadores te hacían jugar veintitrés horas al día. Recuerdo tres de ellas, al menos. El recuerdo es fragmentario para que no nos haga daño. La primera muy de niño, adolescente, de bozo, trece años quizás, en Archidona, precioso pueblo de la provincia de Málaga. Recuerdo que nos alojábamos en una residencia de estudiantes dentro de la magnífica y barroca plaza ochavada. Y que pasábamos el tiempo con el balón en la mano además de subir y bajar interminables cuestas. Allí coincidí con José Luis Llorente, que ya presagiaba convertirse en un grandísimo jugador, pero que era un niño de doce años todavía y no tenía bigotillo como yo. Nos entrenaba el inolvidable Luis Felipe Antón, que descansa en paz su bonhomía desde hace demasiados años..., se fue muy pronto. Jou y yo le adorábamos. José Luis Llorente no admitirá que tuve que enseñarle a hacer reversos. Pero yo lo cuento porque como decía mi madre, las cosas que no se cuentan no existen. Luego, los siguientes años, yo me dediqué a hacer miles de reversos inútiles y Jou a convertirse en uno de los mejores bases del baloncesto español. Tengo un gran aprecio personal por José Luis Llorente, que surge de la amistad temprana en el baloncesto. Jou se ha convertido en un brillante abogado y autor de textos lúcidos sobre la motivación. *Espíritu de remontada*, por ejemplo, es quizás su título más significativo donde pone como ejemplos al enigmático Confuncio o al indomable Rafa Nadal. La remontada, quizás el más hermoso sinónimo de la superación. A José Luis Llorente Gento le gustaba contarme fantásticas historias de su abuelo Paco, un futbolista mítico del Real Madrid que, desde el estadio Santiago Bernabéu galopaba al infinito. Jou Llorente y un servidor pudimos jugar juntos en el Real Madrid juvenil, junto a amigos tan entrañables como Nico Terrados, que con el tiempo se convertiría en uno de los mejores médicos del ciclismo y del deporte español. Pero algunas personas decidieron por uno. Lo supe hace unos años, cuando una de ellas tuvo la suprema elegancia de contármelo a modo de disculpa. No hizo falta. Estaba disculpado desde hace mucho tiempo, aunque yo no lo supiera. La vida es así. Para bien o para mal. Y nadie puede asegurar que yo no hubiera seguido haciendo reversos inútiles, sin compás, aunque estuviera en el mismísimo Real Madrid. Cuando se lo conté al bueno de Nico Torrados dijo: «ah, ya caigo, tú eras el de Sevilla que ningún año venía».

Tiene uno cierta nostalgia de las pensiones de Madrid donde nos alojábamos los provincianos cuando íbamos a jugar a la capital. Olían a *La colmena* de Camilo José Cela y a *Tiempo de silencio* de Luis Martín Santos. Luego las frecuenté, en los años ochenta, movida madrileña, en Malasaña, en el Rastro. Aquellas casas de comidas, también, donde se comía bueno, bonito y barato. Mucho mejor que en las concentraciones de la Federación Española de Baloncesto.

De aquella concentración de Archidona me gustaría contar alguna cosa más. Hablar de un gran jugador de baloncesto sevillano que no fue. Entraba en mi mitología que Jesús Herrera Tercero, que había sido seleccionado, no había acudido porque no quería sacrificar el verano. Nada más lejos de la realidad. Hace pocos años, me contó la verdad siendo ambos jurados de un precioso concurso de relatos entre los internos de Proyecto Hombre Sevilla, obra impagable de mi amigo Paco Herrera del Pueyo. «Claro que quería ir, pero tuve que ponerme a trabajar de conserje en la Caja San Fernando», me dijo. Pocos jugadores he visto jugar en Sevilla como Jesús Herrera Tercero. Un gran tipo que se distrajo del juego de la vida unos cuantos años. Para compensar sus despistes en defensa se puso a machacar con entusiasmo el aro de la solidaridad. Coordina los proyectos de juventud del Proyecto Hombre. Un gigante.

En su lugar vino mi buen amigo Antonio Martínez, llamado de jovencito en las canchas West, vaya usted a saber por qué. Antonio Martínez llegó a ser un gran árbitro que pitó en la ACB varias temporadas. Los motes en el baloncesto no dejan de ser, cuanto menos, peculiares. No estaría mal hacer una antología de motes gloriosos en el baloncesto.

De las otras dos concentraciones que creo recordar o uno quiere recordar, ¿quién puede saberlo?, pretendo extenderme menos. Ya veremos. Se trata de hablar de la música de baloncesto, sí, pero está avisado antes, en este libro se pretende confrontar la pequeña historia de dos baloncestos muy diferentes, aunque tan cerca, tan lejos, el baloncesto periférico, local, que uno jugó y el baloncesto de élite, de ámbito europeo, mundial, que con tanta excelencia jugó Juan Antonio Corbalán Alfocea. Y al final sale lo que acaba saliendo.

La segunda concentración fue en la siempre entrañable Asturias. En la Universidad Laboral de Gijón, que había mandado construir José Antonio Girón de Velasco. Ilustre falangista perteneciente a la casta de los *domesticados* por Franco. Como ministro de Trabajo, en la década de los cincuenta, impulsó el sistema embrionario de Seguridad Social y la creación de Universidades Laborales de Tarragona, Zamora, Córdoba, Sevilla (famosa, entre otras cosas, porque un José Luis Perales, casi adolescente, componía canciones de amor entre sus barracones y el parque de María Luisa). Y por supuesto la Universidad Laboral de Gijón, sin duda, su obra mayestática. El edificio más grande de España. Parece ser que el arquitecto, siguiendo el ejemplo del Partenón de Atenas, colocó la entrada en el sentido contrario al que pudiera ser más lógico. Con la aviesa intención de que para acceder al interior fuera necesario rodearlo y contemplar toda su rotunda magnificencia. Recuerda uno bajar de un autobús eterno que, entre otros, nos había traído desde Sevilla a mí y a el entrañable amigo Kiko Terrero, uno de los mejores jugadores de voleibol, que venía a entrenar con la selección española. Recuerda uno la inmensa torre-puerta de la fachada principal blasonada por un escudo de águila, yugo y flechas sostenido por dos ángeles. Y un enorme patio flanqueado de altísimas columnas de granito. Por un momento dudé si había venido, desde tan lejos, a jugar al baloncesto o a hacer ejercicios espirituales. Recuerda uno también un inmenso barracón donde dormíamos los jugadores como si estuviésemos haciendo la mili. Allí estaban López Iturriaga, Llorente, Solozábal, Nico Terrado, Quino Salvo, Nicolau creo recordar, y muchos amigos de entonces que el tiempo ha ido diluyendo en la memoria, que no en el olvido.

Recuerdo que uno de los entrenadores de la concentración era el vitoriano Iñaki Ruiz de Pinedo que, durante quince días, me hizo sentir todo el peso del baloncesto en las piernas. En el barracón por las noches, tal vez no debería contarlo... o sí, para que se sepa que las cosas no vienen de ayer, ni tan siquiera de anteayer. Algunas noches se montaba un auténtico rifirrafe, una auténtica guerra de almohadas entre Madrid y la alianza de Cataluña con el País Vasco. El resto de España intentábamos dormir, las piernas muertas, como podíamos. Venimos, de donde venimos. De la historia de nuestra querida España que cantaba la inolvidable Cecilia. «De tu santa siesta, ahora te despiertan, versos de poetas». Sea como sea, no es bueno, mezclar política, nacionalismos, con el baloncesto.

A Gijón vino mi compadre, que no se pierda ese término, esa relación que se sitúa entre el amigo y el hermano. Felipe Folgado, al que el baloncesto le provocó una úlcera de estómago de poner tanta carne en el asador. No puedo olvidar aquella prueba de *detente*, el salto vertical, puro y duro, para saber si un jugador de baloncesto salta de verdad, señalando con la mano en la pared desnuda. Dos, tres veces, saltó más que nadie. Le hicieron repetir, una y otra vez, porque tal vez lo improbable siempre es sospechoso. Las cosas tienen que ser así antes que sean. Aunque surja la sorpresa nunca me sorprendió. Como tampoco que, tras un día de descanso en Gijón, pusiera las cosas en su sitio. El autobús nos dejó a media mañana de un luminoso domingo, reclamándonos a las nueve de la noche, en el paseo marítimo de la soberbia playa de San Lorenzo. Felipe al bajar se dio cuenta de que un compañero de Granollers se iba a quedar solo todo el día. Le invitó a venir con nosotros. Aceptó luchando contra su enorme timidez. Por la noche, llegamos a la hora en punto. El día transcurrió, rápido, fugaz, tantas cosas que hacer con catorce, con quince años. La comitiva la encabezaba el ganador regateado del salto de *detente,* del brazo de una dulce asturiana adolescente. Detrás íbamos el compañero de Granollers y yo del brazo de otras dos hermosas jóvenes asturianas. Habíamos cumplido a la perfección nuestro papel de comparsas. Impecables. Felipe Folgado, al subir al autobús, aconsejó al resto de compañeros que se afanaran en mejorar, en ser cada día mejores jugadores de baloncesto. Que él pensaba dedicarse a otros asuntos.

De Gijón guardo un recuerdo agridulce. Allí se quebraron tres años de promesas. Hay quien sabe bien de lo que hablo. Tres años de concentraciones, de llamadas telefónicas durante el año, de aparente seguimiento. Una línea directa que se quebró en Gijón, en aquellos días. El plan era otro. No se trataba de baloncesto, era cuestión de mercadotecnia o, quizás mejor, de economía medieval de intercambio. La selección española juvenil que jugó el

El entrenador: director de orquesta.

Campeonato de Europa en Atenas fue muy bien abrigada, aunque fuera verano. Demasiado *heavy* para un chavalito de quince años que vivía por, para y alrededor del baloncesto. A partir de ahí me lo tomé de otra manera. En la vida había muchas cosas, pero ninguna como el baloncesto. Tampoco pasó nada.

El verano siguiente fui a mi última concentración, Nos alojamos en otros barracones junto a la hermosa playa de Aguadulce, en Almería. Recuerdo que a aquel campamento fui con otro talante, el de sólo divertirme jugando a baloncesto con mis dos compañeros sevillanos, Manolo Rodríguez, al que adoraban, con razón, en Coria del Río, un pueblo encantador a pocos kilómetros de Sevilla en el que se respiraba baloncesto. No en vano se la conocía como la Badalona sevillana y a Manolo le bautizaron con el rotundo apodo de Buscató. El otro compañero, no menos entrañable, era Ángel González, un elegante jugador que respondía cien por cien al estereotipo del jugador de equipo. Curiosamente, ambos acabaron en el Cuerpo de Bomberos de Sevilla. Manolo Rodríguez llegó a jugar en los primeros tiempos del Caja San Fernando, teniendo uno el honor de ser su médico. Cocinero espectacular —me debe un buen potaje de garbanzos—, tuvo los bemoles de apremiar al gobernador civil de Almería que se estaba alargando demasiado en el discurso de clausura de la concentración. ¿Aquí cuándo se come? le preguntó un desmayado Manolo Rodríguez, Buscató.

EL PARQUÉ ES UNA PISTA DE BAILE

No hay película ñoña de los años sesenta, a lo *American Graffiti*, en la que no aparezcan escenas de baile en la cancha de baloncesto del instituto. No falla. Tarde o temprano aparecen el chico ideal, la rubia guapa, el sueño americano, los perritos calientes, el Cadillac…, menos mal que siempre suena una buena canción redentora a lo Buddy Holly o a lo Fats Domino.

Volviendo al libro de Óscar Quant, *Bailando sobre el parqué*, lo primero que uno se encuentra al salir a la cancha es una ronda de calentamiento, que Raúl López escribe a modo de prólogo. Una muy buena introducción al libro en la que el excelente base de Vich cuenta su pasión, dividida entre la música y el baloncesto. Desde la Polla Récord a Quique González o Neil Young. Entre sus canciones favoritas *Like a Rolling Stone* de Bob Dylan. Confieso que un servidor también permanece a la secta *dylaniana*. Si tuviera que elegir una sola canción del mundo, sin dudarlo, me quedaría con *Knockin' on Heaven's Door* (Llamando a las puertas del cielo), de míster Robert Allen Zimmerman, alias Bob Dylan.

Por cierto, siempre le di mucha importancia psicológica, por llamarla de algún modo, a la ronda de calentamiento. A los gestos, las expresiones, la mayor o menor concentración de los jugadores de mi equipo o del equipo contrario. Había días que, mirando la cara de mis compañeros. pensaba que nadie sería capaz de ganarnos y otros días en lo que pensaba que íbamos a perder seguro con cualquier equipo.

Óscar Quant es un exjugador de baloncesto reconvertido en músico, guitarrista de dos bandas de rock. La originaria Quant con la que ha llegado a tocar en la legendaria The Cavern, de Liverpool. El lugar donde comenzaron a tocar unos muchachitos melenudos que, por aras del destino, se quedaron en prácticamente nada: The Beatles. La segunda banda responde al nombre de Skyhooks, rememorando el implacable gancho desde el cielo de Kareem Abdul-Jabbar, y es considerada la primera *basket-roll band* de la historia.

Volviendo a *Bailando sobre el parqué* de Óscar Quant, nada más lejos de mi intención que *espoilearlo*, pero a modo de pinceladas, sí contaré algunas de las sorpresas que guarda el libro.

Tenía un amigo que cuestionaba la pasión inútil que yo ponía en el baloncesto. Era el típico *hippie* de clase media de los años setenta. Entrañable, más perro ladrador que mordedor, tenía a su vez otra pasión inútil: Grateful Dead, que pronunciaba tal como se escribe. Una banda californiana, bastante ecléctica, que fusionaba el *rock*, el folk, el *blues* y el *jazz*. No sé dónde localizar ahora a mi amigo para recordarle que, estos músicos, adalides del movimiento *flower power* y la cultura psicodélica, adoraban el baloncesto. En especial, Jerry García, cantante, guitarrista y líder del grupo. Este flechazo era correspondido por Bill Walton, jugador de los Boston Celtics, forofo fan del grupo que los seguía en sus conciertos a lo largo y a lo ancho de los Estados Unidos de América. Aún hay algo más, la relación de los Grateful Dead con el baloncesto llega a Lituania. Un conjunto de *rock* que patrocina, con equipación psicodélica incluida, al equipo de Arvydas Sabonis, recién salido del desmoronamiento de la Unión de Repúblicas Socialistas Soviéticas. La bisoña selección lituana logró la medalla de bronce en las Olimpiadas de Barcelona 92. El amigo Javier Imbroda fue el sorprendente entrenador de este equipo mágico y *underground*, al menos en las camisetas.

La música del vestuario.

El libro contiene también un guiño a Rogers Nelson, Prince, autor entre otras canciones, de la fascinante *Purple Rain*, (sólo quiero verte bajo la lluvia púrpura, bajo la lluvia púrpura). Prince fue un brillante jugador de baloncesto en su *high school* de Minneapolis, «escandalosamente bueno» según su entrenador. Sólo presentaba un problema: medía ciento cincuenta y ocho centímetros, cuestión que no supone ningún problema para ver una buena película en una sala de cine, pero que empieza a complicarse cuando se pretende jugar un partido en una cancha de baloncesto. Todo un tema para una tesis doctoral: Influencia de la estatura en el baloncesto.

Resumiendo, *Bailando sobre el parqué* es un libro muy recomendable que profundiza en las relaciones, que ha habido y muchas, entre el mundo de la música y el baloncesto. Además, revela muchas curiosidades acerca de este, en principio, extraño matrimonio.

Y plantea la eterna pregunta: ¿Se puede equiparar un quinteto de *basket* con un quinteto de *jazz*? El gran trompetista Wynton Marsalis piensa que sí.

Y esta otra: ¿Es cierto que Dennis Rodman piensa que es como Jimmy Hendrix, Jim Morrison y Janis Joplin... todos juntos? Lo que es seguro es que es el primer fan de Pearl Jam, la banda *grunge* de Seattle, la maravillosa ciudad que tuve la suerte de conocer con la selección de Antonio Díaz-Miguel. Una noche Antonio, se estiró de lo lindo y nos invitó a todos a cenar salmón rojo, del bueno, junto a los lagos. La selección jugaba los Goodwil Games de 1990, conocidos como los Juegos de la Amistad, que organizaba el millonario Ted Turner, entonces marido de Jane Fonda, que no se perdió un partido, sentada a pie de pista. Por cierto, los servicios médicos de los juegos estaban muy bien organizados, en torno a una clínica montada en el campus de la universidad jesuita de Seattle. Me informé con los compañeros médicos americanos de la posibilidad de estudiar Medicina Deportiva en esa universidad. Pregunté más por curiosidad que por una firme convicción de quedarme allí. El día antes del regreso a España, el bueno de Manolo Padilla, el eterno delegado de la selección, que en paz descanse, vino a mi habitación con una carta, firmada por el jefe médico de los juegos, cuyo nombre ahora ya no recuerdo, en la que se me comunicaba la concesión de una beca para estudiar Medicina Deportiva, en la Universidad de Seattle, durante cuatro años. Así de fácil. Igualito que la *larriana* burocracia española. Tenía un mes para decidirme. Tras mucho pensarlo, al final, aunque entonces no tenía más compromiso que conmigo mismo, dije que no. Tenía la seguridad de que si me iba a Seattle ya no regresaría.

Años después, volví a recorrer la ciudad, que tanto me gusta, con el bueno de James Donaldson, ex NBA, que había jugado un par de temporadas en el Caja San Fernando de Sevilla, cuando yo trabajaba en el club. En Seattle era un ídolo local. Todo el mundo le paraba en la calle, en los mercados, donde nos invitaban a tomar salmón rojo del bueno. Luego, parece ser que las cosas se complicaron, no fueron fáciles para James Donaldson, que en la actualidad trabaja con enorme generosidad, no me extraña conociéndolo, en una fundación que ayuda en la salud psíquica de los exdeportistas profesionales, no sólo exjugadores de baloncesto. El bueno de James salió de una depresión pavorosa y lo primero que hizo fue ponerse a ayudar. En el tiempo que escribo, es candidato a la alcaldía de Seattle. Estoy en contacto con él, a través del correo electrónico y las redes sociales, me va contando su vida, pues, poco a poco, lo estoy convirtiendo en un personaje de la novela que escribo ahora. A él, entre otros personajes como mi apreciada Patti Smith y, por supuesto, a Seattle, la ciudad donde no pude, o no me atreví a vivir.

Y antes de abandonar la pista de baile, dos canciones relacionadas con el baloncesto que me llamaron la atención en su momento:

La primera titulada *El último mate de Quique Villalobos* de Anicet Lavodrama, un grupo barcelonés que lleva el nombre del entrañable pívot del OAR Ferrol. Quique Villalobos, «el perfecto sexto hombre» se afirma en la letra de la canción. Buena definición. ¿Qué sería del baloncesto sin los sextos hombres?

La segunda canción es *El Imperio contrataca*. un tema profético de los Nikkis, los llamados Ramones de la movida madrileña. Conmemora la holgada victoria de España contra Yugoslavia en las semifinales de los Juegos Olímpicos de Los Ángeles 1984.

Realmente aquella victoria fue el inicio de la fulgurante ascensión a los cielos del baloncesto español, aunque hubiera que esperar aún algunos años más.

SIN EPI, LOQUILLO SERÍA EL PÁJARO LOCO

En Barcelona, un futuro *rockero* llamado José María Sanz compartió banquillo, en los años setenta, con Nacho Solozábal y Juan Antonio San Epifanio, el mítico Epi, en el equipo del colegio Alpe. En un campeonato de España escolar, de juveniles creo recordar, la memoria me traiciona y uno ya no recuerda si estuvo allí jugando con los maristas de Sevilla. Un año antes, un año después, no logro saberlo con seguridad. Sí recuerdo que nuestro único afán era no acabar el último de los ocho equipos. Lo cierto es que, en un partido de este campeonato, Epi lanzó un balón a su compañero tan fuerte que José María Sanz quedó empotrado en la valla de protección sin poder atraparlo. Epi se acercó y le dijo: «Ya no eres el pájaro loco, ahora pareces un loquillo». Y ahí nació una auténtica franquicia del *rock* español, Loquillo, que acabó sus escarceos con el baloncesto en el Cotonificio de Aíto García Reneses. El Coto, como se le conocía familiarmente, era la marca de compresas patrocinadora del Circulo Católico de Badalona.

En uno de sus libros autobiográficos, *Barcelona ciudad*, José María Sanz, ya para siempre Loquillo, dedica un breve capítulo «Diarios de baloncesto (*reprise*)» a contar algunas de sus experiencias como jugador, antes de convertirse en una *rock and roll star*, parafraseando una de sus canciones más conocidas. Además de contar la anécdota de Epi le hace un guiño al humor del paisano Andrés Jiménez, nacido en la hermosa ciudad de Carmona, en cuya plaza de San Fernando, tantas veces ha jugado uno antes que él. Andrés Jiménez fue una apuesta personal de Aíto García Reneses que nunca defraudó. Además, Andrés Jiménez es un excelente dibujante de cómic, que firma como Jimix, su apodo en la cancha cuando lo conocí en la selección española de la última etapa de Antonio Díaz-Miguel. Entre entrenamiento y entrenamiento cogía un bolígrafo y un papel. En cinco minutos levantaba un mundo en un dibujo. Grande, Andrés Jiménez.

«He aprendido a respetarme a mí mismo, a tener fe y a creer en mis sueños; Juanito Jiménez y Aíto García Reneses me transmiten confianza y los valores del esfuerzo y la superación personal». Sí, el que escribe es José María Sanz, ya para siempre Loquillo con o sin los Trogloditas. (Un consejo: lean los fantásticos libros del troglodita, letrista de varias canciones de Loquillo, Sabino Méndez). «Vivo mi momento de gloria» termina Loquillo, machacando el aro del recuerdo, la red del tiempo en el que fue jugador de baloncesto. Ni más ni menos.

Si además rastreamos en Internet nos encontramos con una *Memoria de jóvenes airados*, canción que Loquillo incluye en su disco *El creyente*. En el videoclip de promoción incluye escenas de baloncesto callejero con jugadores como Nacho Solozábal, Andrés Jiménez, Manolo Flores, Javier Mendiburu, Juan Antonio San Epifanio y el propio Loquillo.

José María Sanz, que sin Epi no sería Loquillo, tuvo además el gusto exquisito de hacer un disco con poemas de Luis Alberto de Cuenca. «Su nombre era el de todas las mujeres», así se llama. Si cuento todo esto es porque tuve la suerte de conocer a uno de los mejores poetas de nuestro tiempo en un almuerzo del premio de novela Ciudad de Badajoz. Otro miembro del jurado era un ilustre exjugador de baloncesto, Juan Manuel de Prada, a mi izquierda en la mesa. Ni que decir tiene que no hablamos de literatura, ni de libros, ni de política, hablamos de… baloncesto.

HIPHOP, RAP Y BALONCESTO

Recuerda uno ahora los viajes con el equipo del Caja San Fernando de Sevilla, trabajando ya como médico, a finales de los ochenta y principios de los noventa, largos viajes en autobús, más cortos en avión, aún no había llegado el AVE. No fallaba la imagen habitual de los americanos del equipo, sobre todo de color, con sus cascos y los *walkmans*, escuchando el ritmo trepidante de algún rapero del momento. Algunos también escuchaban rap para concentrarse antes del partido, en el vestuario.

En los inicios del hiphop, allá por los años setenta, cuando uno era joven, indocumentado y feliz, muchos MC's jugaban a baloncesto. En la cultura hiphop los MC's, los *emsi* o *emcee* son los llamados «maestros de ceremonias», es decir, todos aquellos que se dedican a crear y recitar letras de rap. Los *rappers* o raperos, en definitiva.

Hay quien considera, incluso, que el baloncesto forma parte intrínseca de la cultura urbana del hiphop. La estética rapera, en ese sentido, no deja lugar a dudas: camisetas NBA dos o tres tallas más de la cuenta, pantalones super holgados y zapatillas altas que lo mismo sirven para bailar *breakdance* que para jugar al baloncesto en cualquier *playground* de Harlem. No en vano el rapero Fat Joe, de origen portorriqueño, es el propietario actual de la Entertainment Basketball Classic, la EBC, la liga de baloncesto callejero nacida en 1985, impulsada por el éxito de la mítica cancha del Rucker Park de Harlem.

A mediados de los años ochenta, el neoyorkino, Curtis Walker, conocido en el mundo rapero como Kurtis Blow, sacó al mercado discográfico la canción *Basketball*. En el video promocional además de las animadoras, todas blancas, hay escenas de baloncesto callejero.

Por otro lado, la lista de jugadores de baloncesto que han hecho sus pinitos en el rap, es bastante amplia, va, por ejemplo, desde Chris Webber o Steve Francis hasta Tony Parker.

El rapero y sociólogo Nach, dedicó algún tema al baloncesto, como *Juega*, en el que hace referencia a la mayoría de los jugadores españoles de la época (temporada 2004-2005): Sergio Rodríguez, Navarro, Paraíso, Alberto Herreros, Alfonso y Felipe Reyes, Antonio Martín, Pau Gasol, Nacho Rodríguez, Roberto Dueñas, Iván Corrales o Rudy Fernández.

Pero la persona, que dentro de la escena del hiphop nacional, ha dedicado más atención al baloncesto es, sin duda, Manuel González Rodríguez, conocido artísticamente como Toteking (Sevilla, 13 de diciembre de 1978), exjugador de baloncesto como su hermano Ignacio, conocido musicalmente como Shotta (Sevilla, 25 de julio de 1984) también rapero de éxito.

Toteking compuso, junto a Dj Griffi, el tema musical promocional de la cadena de televisión La Sexta para el Mundial de Baloncesto de Japón 2006 titulada *Al rojo vivo*, cuyo estribillo dice:

Cuando quieras ven
No lo pases mal
Esto suena bien
Va a empezar el mundial
Siente los colores y comparte el objetivo…
Canta conmigo el logo al rojo vivo.

En el disco de Toteking, «Un tipo cualquiera», del año 2006 se incluye la canción *Botines*, una irónica y curiosa reflexión sobre el fetichismo que todos hemos tenido, en mayor o menor grado, con las zapatillas de baloncesto:

Mamá cómprame unas Fila por lo menos,
6000 lo menos que puedes gastar
2 modelos pal pívot las Shaaq-nosis y las Shaaq-Attack
¿Te acuerdas de las Karhu con un lobo aquí?
¿El Caja San Fernando con las John Smith?
¿Las Adidas de Kareem Abdul-Jabbar?
La cosa se complica, las Kangaroo con las lucecitas
Todas estas marcas y más son las que tienen
Historias de nosotros y los que vienen
Si mamá se enfada no las pongas en los cojines.
Lo del Canto del Loco son zapatillas, esto son botines.

En 2010 Toteking compone el tema *NBA* en el que hace un repaso a las estrellas de la época: Larry Bird, Larry Nance, Tom Chambers, Dominique, Clyde Drexler, Dee Brown, Isiah Thomas, Magic Johnson y, cómo no Michael Jordan. También contiene un hermoso recuerdo, en forma de minuto de silencio, para Drazen Petrovic y Fernando Martín. Además, nos encontramos con un guiño cómplice al gran Ramón Trecet:

Yo amanecía junto a mi balón
Tú junto a la botella
Tú estabas cerca del parque

Hiphop y rap: la música de la NBA.

Yo cerca de las estrellas,
con Ramón Trecet estudiando el tiro de
Drazen Petrovic en New Jersey Nets.
Un minuto de silencio para él
Y otro pa'Fernando Martín.

A propósito de Ramón Trecet, recuerdo su programa de televisión *Cerca de las estrellas*, creo recordar, el primero en España dedicado a la NBA. Y por supuesto su mítico programa *Diálogos 3*, en el que, durante más de treinta años, en Radio 3, nos deleitaba con joyas de la música étnica, *new age*, de las llamadas «músicas del mundo». Recuerdo, en su época de comentarista en Canal + con Epi, antes de algún partido del Caja San Fernando hablar con él de la música que iba a emitir la siguiente semana en su programa del mediodía.

Ramón Trecet introdujo un nuevo estilo en sus retransmisiones de partidos de baloncesto. Tenía un estilo no tan espectacular como el de Andrés Montes, pero también muy personal. Hacía comentarios inteligentes, afilados a veces, irónicos, no exentos de su particular onomatopeya: «ding-dong» para las canastas aparatosas, «chof-chof» para los balones que atravesaban la red limpiamente, sin rozar el aro.

Volviendo al tema *NBA* de Toteking, acaba con una reflexión sobre el papel social y preventivo que puede tener un juego como el baloncesto:

Posters en mi cuarto
Canchas con mi gente
Tiraba hasta sin luz
Jugaba hasta romperme.
Recuerdo hasta los piques que veía,
Jordan estrellándose con Billy Laimbeer.
Nos quitamos pelos de las piernas, los sobacos,
Reggie Miller me quitaba a mí el complejo de flaco.
Todas estas cosas nos forjaron
A los que decidimos el deporte no el caballo
A los que íbamos del cole a casa y de casa al pabellón
A entrenar con el resto de los soldados.

Sobre este aspecto, pienso que con el baloncesto callejero se podría hacer una gran labor en el aspecto de integración y de prevención de la drogadicción en las zonas marginales de ciudades como Madrid o Sevilla. Se están dando iniciativas que convendría destacar y apoyar.

Desconozco si Shotta, Nacho González Rodríguez, dedica específicamente algún tema al baloncesto. De lo que tengo certeza es de su calidad como letrista. Toteking prefiere la canción *Felicidad* de su hermano Shotta a las suyas propias, asegura que «todo el *egotrip* con el que perfumo habitualmente mis letras no es más que una actuación, una broma, el deporte al que dejo de jugar sin pensarlo cuando se trata de estar al lado de mi hermano. Cuando *Felicidad* suena y veo al público reaccionando más vivamente que con cualquiera de mis temas del listado, me inunda una enorme alegría».

EL HOMBRE QUE ESCUCHABA A MILES DAVIS

Hay tipos que se adelantan a su tiempo. Si empleo esta palabra es porque, el personaje de este cuento, merece lo mejor de la literatura yanqui. A lo John Cheever nadando piscinas burguesas o a Cormac McCarthy dudando si dejar de ser un vagabundo para dedicarse a escribir novelas. Pepito supo vivir con su *swing*, que es la hazaña más difícil del mundo. Dejadme que os cuente la historia. Os va a interesar como a mí siempre me interesaron las historias que hablaba conmigo. Una de las cosas más realmente jodidas de escribir este relato va a ser la utilización de los tiempos verbales. Hablaba. Habla. La prueba es que está aquí ahora conmigo, en la plaza de San Lorenzo, a las 23:32 horas de la noche según el ordenador, a las once y media de la noche según el campanario donde hace casi un siglo que no veo cigüeñas. Pero yo he venido aquí para contar la historia de Manuel González, alias Pepito, con el propósito científico de demostrar que existen personas diferentes. Hombres, mujeres, que atisban el engaño de la vida antes que nadie y se redimen jugando a baloncesto como los ángeles, sin gravedad. Cuando Pepito saltaba, cuando volaba, era insobornablemente feliz. Pepito es el padre de Toteking y Shotta.

A Tote le gustan los libros de humor cabrón y no para de pedirle títulos a su amigo Vila Matas. Autor de su culto y del mío. También tuve la suerte de conocer al gran Enrique. Uno de los autores más rabiosamente peculiares de la literatura española. Único en la búsqueda insobornable de su ser como el señor Troncoso de la canción de Triana. Conocí a Vila Matas a través de su primo hermano Ramón Balius Matas, generoso profesor de una de mis pasiones: la ecografía musculoesqueletica. Una mañana me llamo su padre y nos concertó una cita, consciente de mi pasión por la literatura del escritor barcelonés. De Vila Matas aprendí que para escribir hay que desgarrarse el alma en pequeños jirones hasta dejarlo como un chaleco viejo.

Dice Vila Matas que es una pasada la conjunción de literatura centroeuropea, con el fraseo rapero más canalla. Que, ¿dónde se ha visto eso? En la Sevilla peculiar que se ha construido Tote como un búnker. Ahí reconozco las sombras de la entrañable Lola, su madre y mi venerado Manuel, su padre, al que llamamos Pepito con ese humor cabrón que a veces tenemos las gentes del baloncesto. Mis amigos Pepe Rojo y Emilio Boja, son los autores de ese cambio de nombre. Un adolescente patilargo se había presentado en la cancha del mítico Crevasol de Sevilla, un club de barrio que llegó a tener un excelente nivel, en una Sevilla dominada por el baloncesto de los colegios religiosos, donde jugábamos los niños del centro de la ciudad, los niños bien de la clase media. Pepe Rojo y Emilio Boja, entrenadores del equipo, decidieron solemnemente que Manuel González, para jugar al baloncesto, tenía cara de llamarse Pepito. Y en una cancha de baloncesto, Manuel González fue para siempre Pepito.

Tote King recurre a Vila Matas cuando se queda huérfano, la palabra más funesta de la tierra. El padre, mi amigo, que le enseñó a jugar al baloncesto y a leer. A Manuel, Pepito, le encantaba Coetze, De Le Clezio y Juan Rulfo, tres autores que yo he reverenciado también. Siento algo parecido a un estremecimiento. Jugamos al baloncesto en la misma época y en otro tiempo hemos leído los mismos libros. Puedo imaginarme a mi amigo seducido por la epopeya de *Desgracia* o emocionado por la deslumbrante belleza telúrica de *Pedro Páramo*. Es posible que los dos hayamos buscado en el baloncesto y en los libros algo parecido: la creatividad, la improvisación, la verdad definitiva del talento. Él lo consiguió jugando en la cancha. Yo no.

Cuando salió *Búnker*, el magnífico libro, jodidamente serio de Toteking, el hijo de mi amigo, escuché a Vila-Matas, autor del prólogo, en la radio. Le contaba al gran Jesús Vigorra que el padre de Tote era el hombre que escuchaba a Miles Davis. El único disco que Pepito soportaba más de diez minutos seguidos era su «Kind of Blue». No recuerdo que me hablara nunca de Miles Davis o quizás sí. En un vestuario, antes del partido. Olía a réflex y a humedad. Hacía frío de invierno. Mientras yo vendaba mis doloridos tobillos me contó que la música que más le gustaba era el *jazz*. Que, al mismo tiempo, le concentraba y le ayudaba a volar, como el baloncesto, ese puñetero juego que él y yo nos habíamos metido en vena desde niños. Tal vez entonces pronunció el nombre de Miles Davis, a quien por cierto vería después en uno de los deslumbrantes carteles de Manolo Cuervo. Todo esto de mi amigo Manuel González, llamadlo Pepito, me ha enseñado que las cosas hay que decirlas antes de que se haga tarde. Siempre se va a hacer tarde. Por eso hablo aquí del maravilloso pintor pop llamado Manolo Cuervo, mi amigo, que también salta al cielo con un arco iris de colores en la mano. ¿Qué más da un balón que una paleta? Miles Davis actuó una noche en la cancha de Chapina, donde tantas veces jugamos a baloncesto, la cosa más prescindible del mundo según mi padre. Allí estuve aquella noche mágica. No sonaba el balón en el parqué, sonaba la gloria rebotada. Seguro que Pepito también estaba, aunque no lo distinguiera entre la multitud oscurecida.

En el libro de Tote el baloncesto está bien presente. ¿Acaso no es rapero el ritmo del balón rebotado en una cancha de baloncesto?

Manuel González, hijo, llamadle Toteking, cuenta cómo grababa sus primeras maquetas, cerca de la sevillana plaza del Pelícano, al tiempo que veía con sus amigos las finales de la NBA, «comiendo pizza como dioses».

A Manuel González, padre, no le gustaban los comentaristas de baloncesto de la televisión. Decía que eran unos impresentables, por lo que veía los partidos con la televisión sin volumen.

Tote lo encontraba, al volver de la calle, sentado en su sofá preferido, con un botellín de Cruzcampo y unas aceitunas en la mesa, gritándole al televisor como si estuviera dirigiendo el partido. «Creo que aprendí a rapear viendo a mi padre discutir a gritos con la televisión *muteada*», confiesa. También escuchando sus monólogos en la mesa a la hora de comer. «Sus monólogos eran puro rap, puras batallas de gallos, y en muchas ocasiones acabaron transformándose en alguna de mis mejores letras». Puedo dar fe de ello, también en la cancha soltaba monólogos y frases sorprendentes, divertidas, a veces delirantes. Le importaba mucho el

Cuando *Pepito saltaba*, cuando volaba, era insobornablemente feliz.

baloncesto, pero no dejaba de quitarle importancia a todo aquello que no fuera auténtico. Detestaba en el baloncesto, como en la vida, a los impostores.

Manuel González, Pepito, era un espectacular jugador de baloncesto. Delgado, sin una gota de grasa, pura fibra explosiva. Jugaba a otro nivel, segundos antes que los demás. El único problema que tuvo, a mi entender, es que era un jugador adelantado a su tiempo, con respecto al baloncesto que en esa época jugábamos en Sevilla. Me recuerda a mi hermano Jesús al que ocurría exactamente lo mismo. Ambos jugaban a un *timing* diferente, más rápido, más explosivo, difícil de entender o de seguir por los demás. Toteking es consciente de ello. «Los jugadores más veteranos me contaban que de joven mi padre daba codazos que partían narices y que había roto algún que otro aro machacando».

Ignacio Guijarro, el entrañable Nacho, también ha sido un buen, insobornable, jugador de baloncesto. Quizás Tote no lo sepa. Sí conoce su preciosa *Fruta extraña*, una antología de poesía y *jazz*, que tengo el honor de tener dedicada. Nacho Guijarro fue profesor de Tote en la Facultad de Filología de Sevilla. Especialista en Literatura norteamericana, conocedor de la corriente del Slam Poetry, un día lo sorprende en clase: «¿Un profesor de literatura en Sevilla hablando de Saul Williams? Me incorporo y presto atención porque parece que ahora, hablando de poesía afroamericana y cine, nombra a Spike Lee —debo tener una sonrisa enorme, porque alguien está tocando mis temas, mi pequeña y única parcela— y cuando creo que la cosa termina ahí, Ignacio comienza a hablar de hiphop y pronuncia estas palabras mirándome a la cara con una sonrisilla: "Que, por cierto, hablando de hiphop, aquí tenemos el orgullo de tener a una figura del rap español en clase"». Tote fue a ver a Nacho Guijarro tras la clase. Le pidió que le liberase de Nathaniel Hawthorne y de Arthur Miller. Que le recomendase material diferente. Así, le descubrió a Enrique Vila-Matas. «Creo que, por tus letras, por el tipo de canciones que haces, este escritor te puede gustar», le dijo a Tote mi buen amigo Nacho Guijarro.

«Un día mi padre enfermó. Y desde entonces el cáncer nos dejó seis años para acompañarlo. A mí me parecía imposible que aquella persona fuerte, de un metro noventa de estatura y con esa energía pudiera sucumbir ante nada. Pero pasó».

A partir de ahí cambia todo. «Yo ya estoy fuera del partido. Ahora lo importante es cuidar a tu madre y que nunca se quede sola», le dice mi amigo Manuel González, Pepito, a su hijo Manuel González, Toteking. Estremecedor. Mi amigo Pepito era un tipo duro, fuerte, tenaz, valiente.

En la magnífica introducción de *Búnker*, toda una apología, toda una apologética pagana de lo políticamente incorrecto, Toteking escribe:

«Odio que mi padre no esté ahora mismo sentado en su sofá blanco gastado, comiendo aceitunas y viendo un partido de la ACB con la televisión *muteada* (no soportaba a los comentaristas). En lugar de eso está muerto».

«Odio que el imbécil de tu padre siga vivo y el mío no».

Búnker, del rapero Toteking, tiene momentos líricos bellísimos que no vamos a desvelar para que puedan tener el placer de encontrárselos en el libro. Sólo un botón de muestra para abrir boca:

> Mamá lleva su abrigo azul con el cuello levantado; el humo del cigarro le da un aire detectivesco y ni el pesar de la perdida, ni la luz estridente de este mediodía consiguen arrugarla un poco. Su belleza permanece intacta, el tiempo parece no pasar por ella. En su elegancia natural nada está forzado, no hay nada impostado, y lo mejor de todo: ella no es consciente de esto que vemos los demás cuando la observamos.

Puedo dar fe de ello. Lola, fue el partido mejor jugado, el partido definitivo de Manuel González, Pepito, mi amigo.

No faltan guiños en el libro de Tote a sus hermanos Nacho y Lola: «Mi familia está siempre por encima de mi trabajo. Mis padres hicieron bien el suyo conmigo cuando me enseñaron esto». Lola, la pequeña, la hija de Manuel González padre, era su niña. Imagino la ternura que le inspiraba a mi amigo. Ella, que físicamente era un portento como él, quizá mejor que sus hermanos, bonito guiño físico a la igualdad. Lola que no quería jugar al baloncesto, quizás porque no le gustaba, quizás porque era libre como su padre. Ella prefería jugar al fútbol. Manuel González se

Los niños Ismael Yebra y Manuel González, Pepito. Ahora, el balón de baloncesto rebota en el parqué de la eternidad.

ofreció a llevarla, a traerla de los entrenamientos, se ofreció, estoy seguro, a que fuera ella, la que quería ser, se ofreció a que fuera feliz. Manuel González, que no se llamaba Pepito, estaba muy orgulloso de sus hijos, decía que ellos nos educan, «Vivir con él era todo un aprendizaje» me cuenta Lola, mi compañera de facultad cuando éramos rabiosamente jóvenes.

Y no podían faltar hermosas alusiones a María, compañera de Tote, «que viste un traje largo y negro con flores verdes que me hipnotizan».

Dice Tote que el partido estaba perdido antes de empezar, pero no cabe duda que mereció muy mucho la pena jugarlo notando, sintiendo, en el banquillo la figura enorme de ese balcánico, antiguo yugoslavo, ese Delibasic de la Macarena: Manuel González, Pepito, mi amigo.

Mira Pepito, tengo esa imagen grabada en la retina del corazón. Desde donde, de verdad, se ven las cosas. Donde nunca entra el barro de la mentira. Mira Pepito, para mí tu siempre estás como te fuiste aquella gloriosa mañana que el destino quiso despedirnos. Desde atrás tu gorra, calle Imagen arriba, ligero como el aire puro cuando amanece, tus piernas de baloncesto resistiendo tanta incomprensión. Seguro que habrás perdonado a tantos ojos que no veían. Yo sí vi y por eso lo cuento.

Manolo González, te llamo Pepito, para mí tú nunca estarás fuera del partido. No hay, ni habrá, nadie que te saque de mi cancha. Tú siempre estarás en mi cinco base y yo siempre estaré en el banquillo, aplaudiendo:

Oye Tote, oye Shotta, oye Lola
si queréis,
os hablo de vuestro padre.
Fue un hombre libre, fue un tío grande.
jugaba a baloncesto como nadie.
Es lo que les pasa a los adelantados
que no los entiende nadie.
Saltaba como un negro,
se movía como un ángel.
No lo veías pasar,
sabía nadar en el aire.

Oye, si queréis sigo,
vuestro padre era un tipo grande.
Joder, era mi amigo.
La última vez que nos vimos,
la suerte de llevarme de ese monstruo,
un abrazo tan grande
Nos paramos en la calle.
Qué tal Pepito.
No estoy bien Paco.
La cara serena, joven,
vuestro padre nunca envejeció
La sonrisa fresca, pura
Vuestro padre, Tote, Shotta, Lola,
nunca se envileció.

¿Y si los números fueran mágicos?

¿Estás conmigo, Juan, que la palabra baloncesto es diferente? Polisémica, significa tantas cosas. Para empezar adolescencia, ingenuidad, ilusión. Velocidad, impulso, poderío. Por primera vez puedes influir en el mundo, en tu pequeño mundo, dependiendo de si jugabas bien o jugabas mal. La primera camiseta que cosió tu madre, el escudo, el número cinco, la estás viendo todavía, el otoño primero, un sol tímido entrando por los ventanales, el traqueteo de la máquina de coser, ella inclinada, afanada, como siempre, para hacerte un poco más feliz. Ahí se tuvo que detener el mundo. Un 5 y un 11 marcaron nuestra juventud.

Aunque el número se rinde a ti porque lo haces tuyo, lo envileces o los engrandeces con tus actos. De alguna manera, te sometes a su magia que abre las puertas a la imaginación. Cada uno de ellos te reafirma con su esotérico significado. Es el caso de ciertos números, siempre asociados a su leyenda y su misterio. El siete aparece como el número mágico o el seis, que es un número perfecto, sus divisores suman el propio número. Si, es cierto que los números llevan a volar a nuestra imaginación.

Así el 0 de Orlando Woolridge o 00 de Robert Parrish, representan la potencia total. La nada de la que puede emanar todo. El número pluripotencial que se sitúa justo en el instante antes de la vida. Puede multiplicar poniéndose a la derecha de cualquier otro número, o es la nada a su izquierda. Hoy, otro grande Russell Westbrook es heredero de la magia de ese número.

El 1, que adjudico a Penny Hardaway, representa lo unitario que supone la idea de dios y el principio de todo, la idea de la unión en un solo ser. Significa la existencia en sí misma, el origen, el líder al que todos siguen. Lo masculino.

El 2 es el resumen de lo par, de lo simétrico y equilibrado. La reafirmación. La dualidad del ser humano, la diversidad y el símbolo de la feminidad, como opuesto al 1. El gran Moses Malone se hizo grande en los Sixers llevando ese número junto a Julius Erving.

El 3 del gran Dwayne Wade, el primer número triangular y marca una dirección. Una cabeza de flecha que simboliza la creación y a la mujer que da la vida en la suma del 2 femenino y el 1 masculino.

Ya en la numeración FIBA, los números en mi vida vienen ocupados por los jugadores con los que compartí tantos momentos. Tanto es así, que a veces cuando corro o corría alrededor de un circuito o una pista, para no equivocarme, en lugar de seguir la serie de 1,2,3, etc., a partir del tres me guio por los nombres de los compañeros que llevaban ese número.

Mi número 4 se lo tengo que adjudicar a Wayne Brabender. Representa el primer número cuadrado equilibrado que quiere competir con el círculo, como símbolo de perfección, de solidez y estabilidad. Los cuatro ángulos rectos lo corroboran, su suma es 360°, los que tiene una circunferencia y los cuatro puntos cardinales del universo. El gran Wayne siempre hablaba de un cilindro alrededor de su cuerpo que le pertenecía sólo a él. Nadie sabe el radio de ese cilindro imaginario, pero todo el que penetraba en él, Wayne lo percibía como un enemigo y, por lo tanto, un peligro.

El 5 se lo daría, cómo no, a Vicente Ramos. Uno de mis maestros. Representa el centro, el equilibrio. Es el número de la primavera, la potencia sexual y del erotismo, con implicación plena de los 5 sentidos. Es también el control, la cabeza que dirige a los 4 miembros. En nuestro ámbito europeo, el 5 se lo daría al gran Dragan Kikanovic, que en aquellos años era el más afilado estilete de los equipos yugoslavos, coetáneo de Delibasic.

El 6, que me lleva a Cristóbal Rodríguez, es el orden y la justicia. Un número perfecto cuyos divisores suman el propio número. Es armónico y origen del karma y de la belleza y el equilibrio. Es la estrella de seis puntas de David. Julius Erving y Bill Russell serían mis seises elegidos al otro lado del charco. Ellos fueron, además, de mis primeros nombres familiares de la NBA.

Carmelo Cabrera jugaba con el 7 y fue mi otro gran maestro en mi educación deportiva. Con él, el gran Marzorati, paseaba el número por todo el mundo, en la época de mayor gloria de Italia. Es perfección y plenitud. Cierra los días de la semana, después de la creación. Se relaciona con el ciclo lunar al cumplir cuatro ciclos de 7. Alude a las notas musicales. Es un número de bases para el Real Madrid: Sainz, Cabrera, Llorente. Otros grandes de esta posición también lo exhibieron a lo largo de sus trayectorias. Me refiero a Solozábal o Aroesti, un grande de la historia del Macabi de Tel Aviv.

A mí el 8, relacionado con la tierra y su fertilidad, me lleva a Paniagua que, desde la discreción, era seguridad y eficacia. Doblemente sólido. Constante y disciplinado no pedía mucho para vaciarse. Sabía soñar siempre con los pies en la tierra. No sé porqué me lleva a jugadores de corte defensivo. Nuestro querido Pani, lo era y muy bueno, pero otro gran adversario del mítico Ignis de Varese, después Mobil Girgi, era Marino Zanatta y también jugaba con el 8. Nuestro gran Manolo Flores era otro ejemplo en esas tareas y tuvimos que sufrirlo jugando en el Barcelona de los 80, que se fue aupando a la élite europea.

El 9 lo vi en la espalda de Luis Mari Prada, tan delgado que parecía escaparse de su espalda, como si tuviera vida propia. Desde entonces, en mi imaginario y mi corazón, ese número le pertenece. Aun así, tengo que decir que, en aquellos años, en Europa, era difícil hablar del 9 sin nombrar a Bob Morse, el gran alero del Ignis y luego Mobil Girgi de Varese. También en esa época otra estrella, esta de Israel, me refiero a Mikey Berkowitz lucía el 9 para hacerlo grande. Años más tarde un joven gigante lo tomó en propiedad para siempre y el 9 se hizo Romay.

El 10 representa la perfección que acompaña a la divinidad. Ya los pitagóricos le atribuían esa relación con los dioses. Emiliano y Buscató eran la representación de la perfección en los sesenta o el gran Sergei Belov, El Gran Diez. También Walter Szcherbiak llevó el 10 y, en general, era un número que los equipos guardaban para figuras indiscutibles.

Al hablar del 11, no puedo ser imparcial, porque fue el mío, y me acompañó durante toda mi carrera. Heredado de Buscató en la selección, que tomó el 10 de Emiliano, y de José R. Ramos en el Real Madrid, pero el mayor argumento que se me ocurre en su favor es pensar que es uno más que el diez. Inicio y perfección unidos. Es el número del conocimiento y la revelación. Sea como sea, grandísimos jugadores europeos me acompañaron en el número, Cosic y Meneghin serían los más significados, pero no podemos olvidarnos de Tkachenko, el 11 que más se hizo notar en la historia del baloncesto. Un grande entre los grandes. Podríamos recordar, también, al gran base NBA Isaiah Thomas. También conocí entre ellos a Miguelito López Abril, compañero de tantos equipos y adversario como jugador del Barça. Durante algunos años fuimos *alter ego* uno del otro, él en Barcelona y yo en Madrid.

Mi 12 fue Rafael Rullán, otro de los jugadores clave de nuestro baloncesto. Con él, lo pasearon grandísimos jugadores. Es un número sagrado en al ámbito astronómico, pero también va ligado a los apóstoles de Jesús. Grandes 12. Estoy seguro que cuando lo utilizó M. Jordan en su partido en Orlando, en febrero de 1990, fue en honor a Rafa Rullán. A otros jugadores como Stockthon, el base más europeo del Nuevo Mundo, o Divac; el 12 los identificó toda su vida NBA.

El número 13 es el número de la regeneración. La muerte y el renacimiento desde lo inicial, desde la raíz. Es la metamorfosis profunda. La vida desde la muerte buscada como elemento de transformación. Aunque yo nunca lo tuve como un número especialmente deseado, hubo grandes jugadores que hicieron el 13 grande. Fue Clifford Luyk en nuestro equipo, pero si cruzamos el charco nos encontramos un gran 13: Wilt Chamberlain, uno de los más grandes en la historia de la NBA. El soviético primero y siempre lituano Sarunas Marciulionis o Marck Jackson, que en Indiana fue un base de referencia estarían a su lado. Aunque hoy la gloria le pertenece a James Harden y su barba demoledora.

El 14 es un número de independientes, poco constantes, que se aburren un poco en su día a día y precisan de cambios que alegren su vida y abran ventanas a la relación y la comunicación con otros. El primer 14 que me viene a la mente es, naturalmente, el brasileño, Óscar Schmidt (Óscar D. Bezerra Schmidt), el mayor anotador de todos lo tiempos. Un hombre hecho para tirar y lo hacía con la excelencia y facilidad de los grandes. En nuestro ámbito, después de muchos años sin un 14 fijo, en nuestro equipo, Juanma López Iturriaga se hizo con él y lo trasmitió como suyo para el futuro, peleando con su 14 en todos los apartados del juego.

Llegamos al último número clásico de la antigua numeración FIBA. El 15 simboliza el amor y la unión. La generosidad y la pasión están en su significado, aunque otros le atribuyen la paciencia. Pasión y paciencia parecen maridar mal. Delibasic está en mi memoria cuando hablo del 15. Un número que el gran Mirza hizo único y excelente. Pero no podemos olvidar a Epi un nombre que ejemplifica como nadie el valor del trabajo y saber jerarquizar, para hacer muchas veces lo que sabía hacer bien y no hacer nunca lo que no sabía. Esa es una clave para cualquier gran jugador.

Todo este repaso es para remarcar que son las personas, las y los jugadores, los que hacen el número y le infunden alma, mientras este va cosido a nuestra camiseta. Aunque queramos apoderarnos de él, sólo le ponemos cara durante unos años. El jugador pasa y el número permanece.

Jugué con otros números, de niño con el 6, mi primer número con nueve años en mi primer equipo de *minibasket* del Colegio San Viator. En juveniles y junior del Madrid jugué con el 10 y en la selección europea, sé que jugué con el 5 en Israel, pero tuve que usar más números porque allí había menos números que jugadores buenos. También conseguí jugar con el 11 en el equipo europeo, usando, los galones de jugador consagrado.

Ahora, con la libertad de número, resultaría más difícil y extensa esta acotación numérica. Ya que no se pueden utilizar números de tres cifras le cabe a George Mikan haber sido el jugador que optó por jugar con el 99, último número posible. De momento.

Sí podemos añadir que, el que en la FIBA se numere del 4 al 15 está relacionado con la posibilidad de marcar el número del jugador que hace una falta con ambas manos y sus dedos o el puño izquierdo que se utiliza para marcar el diez.

Desde el punto de vista del jugador, normalmente, el número suele ser el que te toca, pero en ocasiones, este hace referencia a algún hecho, recuerdo de personas o fechas, superstición o simplemente a nada de ello. Como he dicho, en mi caso me tocó el número que dejó libre José Ramón Ramos. El mayor de los Ramos, al que admiraba y vi jugar cuando mi entrenador me llevó a un partido del Real Madrid contra el Leipzig de la extinta DDR. Recuerdo perfectamente que vestían de amarillo.

Pero los números no acaban en las camisetas, El baloncesto es un juego de números. Unidos al tiempo, a los puntos, a las jugadas, a las faltas personales, a los segundos que quedan, a los que limitan la posesión. Si las ciencias pudieran elegir un deporte, el baloncesto les daría mucho juego.

Te recuerdo que la numerología es una gran fuente literaria y muchos son los tratados de esta pseudociencia en manos de escritores, de alguna manera esotéricos, pero no olvidemos que los clásicos son una fuente de escritos sobre números.

Desde el siglo v a. C., aparecen en el mundo clásico, muchos nombres, entonces conocedores de un saber universal no especializado. Pitágoras, Anaxágoras, Thales, Arquímedes, Euclides, Galileo y otros, desgranaron parte de la magia que hay en ellos y que, de alguna manera, comunica el alma con los cuerpos. El espíritu y el conocimiento. Quizás el cerebro y el corazón.

El baloncesto tal como se conoce tiene que agradecer mucho a los inventores de los números, allá por el siglo v en la India, que nos trasmitieron los árabes. Allá se inventó la utilidad y la magia del 0.

Siglos después, los grandes matemáticos. Y muchos siglos después, otras personas hicieron de los números su vida. Cuando se habla de los grandes matemáticos aparecen nombres como: Newton, Leibniz, Leonardo Pisano Bigollo, inventor de la serie Fibonacci. Todos ellos se hicieron tan famosos como los actuales jugadores de baloncesto y pasaron a la historia por el nombre de sus trabajos o anécdotas de su vida, siempre rodeada de números.

Otros casos como Euler se asociaron por la solución al problema de los sietes puentes de Konigsber. El gran Alan Turin que desencriptó el lenguaje de los alemanes en la Segunda Guerra Mundial. O el Nobel Andrew Wiles, que resolvió la famosa conjetura de Fermat en 2016, que se había resistido desde que su autor, Pierre de Fermat, lo sacó a la luz, allá por 1642. También trascendieron las matemáticas americanas Katherine Johnson, Mary Jackson o Dorothy Vaughan, que tan importantes fueron en la carrera de la humanidad por el espacio, a pesar de las trabas que la sociedad de la época les puso por el hecho de ser negras.

No cabrían los nombres de los que hicieron magia con la magia de los números. Sí conviene recordar que a España llegaron, desde la India, con la dominación árabe a través de la ciudad de Córdoba, antes del año 1000. Más tarde se expandieron, utilizando las redes monacales que atesoraban todo el conocimiento. El propio papa Silvestre II, siendo monje, fue un entusiasta del saber.

En el Madrid, el recién llegado decía muy pocas cosas, más bien escuchaba y callaba. Un ejercicio recomendable para todos. Dicen que hay que escuchar el doble de lo que se habla, para hacerlo con fundamento. Yo recuerdo de muy jovencito como accedí a mis números. Aquel Madrid era un equipo muy jerarquizado y todo respondía a una especie de gerontocracia deportiva, cuyas decisiones, muy de vez en cuando, coincidían con las de un niño de 16 o 17 años.

Adoptar un número no deja de ser una especie de rito. Es una marca que te identifica, antes que nada, para todos aquellos que no te conocen.

Cuando opté a la mía en el Real Madrid, había dos números por ocupar, por suerte uno era el 11 y me alegré mucho porque era mi número en el Colegio San Viator, con el que había quedado campeón juvenil de Madrid hacía apenas dos años. Puede que el hecho de haber sido ya internacional con la selección me diera opción a elegir primero. Puede, también, que eligiera José Merino primero y que optara por el 9, que hasta entonces pertenecía a Toncho Nava. Ese 9 pasaría al año siguiente a las manos de Prada.

Yo siempre le doy mucha importancia a esos pequeños símbolos domésticos… hacía de mi número un pequeño capital emocional al que trataba de dar sentido, haciéndolo coincidir con ciertas preferencias de la vida cotidiana, como la fila de un teatro, un número de lotería o cualquier otra cosa. Soñábamos que aquel número nos pertenecería durante muchos años y, sí, le dábamos mucha importancia, por lo menos yo. Aún hoy lo utilizo mucho para identificar cosas o en las infinitas claves que nos esclavizan en estos días.

En el Equipo Nacional, también tomé el 11, que había dejado José Ramón Ramos, al que tengo que estar doblemente agradecido por su legado. Aquello sí que fue suerte.

La retirada

Es una especie de contradicción vital pensar en el final. Ser conscientes de nuestra finitud y convivir con la idea de que, antes o después, tendremos que dejar el baloncesto. La edad nos dice que ocurre lo mismo con cualquier otra actividad que haya marcado tan profundamente nuestra vida, como nuestra profesión.

Veremos en las próximas páginas cómo se convive con el después, pero a mí me gustaría empezar por la parte de celebración, casi religiosa, que supone la retirada de los grandes deportistas, aunque sabemos que este formato de retirada precisa de algunas premisas:

- Una larga carrera.
- La asociación con un gran club o país de referencia.
- Un alto nivel de éxito y reconocimiento público.
- Una sensación de paso de página. Otra vida.

Aun aceptando lo expuesto, si bien las tres primeras suelen ser una constante, la última no sólo no está asegurada, sino que conforma un magma vital que puede ser el desencadenante de una retirada, vista como una limitación o un reto al que se llega. Ante un reto, el futuro, del que poco se conoce, al que no todos los jugadores son capaces de adaptarse, incluso aquellos que ganaron muchísimo dinero.

El baloncesto que yo me encontré en mis primeros años estaba lleno de grandes jugadores que eran considerados casi dioses entre los aficionados de su club y que atesoraban un gran reconocimiento por parte de las instituciones y del sentir de los países.

Era una época donde todo estaba por construir, después de la Segunda Guerra Mundial y en nuestro caso de la Guerra Civil. Se necesitaban referentes y España sólo los podía aportar entre los toreros y los deportistas. Eran «malos tiempos para la lírica», como dice una canción.

Aunque este fenómeno era universal entre los años 70 y 90, el marco del baloncesto de la Europa occidental se acercaba mucho al ideal, por todas las apreciaciones mencionadas. Entre los países de nuestro ámbito sociopolítico, Italia era el referente, pero Francia y España nos encontrábamos cerca, siguiendo un mismo modelo.

Las grandes figuras de estos países cerraban sus carreras con una gran fiesta, a veces casi nacional, como los héroes que llegaban a ser. Todo el baloncesto les rendía homenaje, acompañados de amigos, compañeros y en muchos casos rivales ilustres.

Las primeras retiradas que viví fueron las de Emiliano y Buscató, allá por el año 73. Ambos fueron las referencias del baloncesto español durante muchísimos años y los dos mantienen el reconocimiento de todo un país como es España, pero también estarán en el recuerdo de los aficionados mayores del resto de los países europeos. Sin duda los aficionados de la Penya y el Real Madrid los mantendrán en su memoria de manera eterna.

Fue en mi primer año en el Real Madrid. Es un modelo que debía repetirse con todos los jugadores. Se formó una selección europea, con lo mejor sobre la cancha y esa misma selección, conformada por 11 y no 12 jugadores se completaba con cada uno de los homenajeados. Buscató jugó en Madrid con el equipo FIBA y Emiliano en Badalona dos días después. Un doble homenaje en un acto conjunto y único. Cosic, Tvrdic, Edhesko, Yelovak, Severin y muchos más representaron la admiración de todo un continente por los dos símbolos de nuestro baloncesto.

Este formato era el modelo que seguía la FIBA para las despedidas de las grandes estrellas consagradas internacionalmente. Era un reconocimiento internacional que elevaba tu trayectoria para penetrar en el sentimiento de los países como sólo lo hacían los futbolistas. Los jugadores con menor trayectoria y fama podían no tener homenajes tan públicos y todo podía quedar en un acto más íntimo, a la altura y capacidad de los pequeños clubes o de deportistas menos afamados.

Un par de años después viví la retirada de dos grandes compañeros que pasaron el Rubicón de la mano, me refiero a Clifford Luyk y Vicente Ramos. También fueron momentos emocionantes, y entendí como un privilegio poder ser parte de aquellos momentos. Ambos podrían haber seguido jugando, pero puede que no en el Real Madrid y decidieron retirarse en plenitud a prolongar su experiencia deportiva.

Sea como sea la realidad, la retirada se siente como un elemento íntimo que te desgaja, de alguna manera, de un tipo de vida asociado a la fama y la intensidad de los años de juventud. Un proceso que no es repentino y que se va conformando desde años previos, con una separación de hábitos y personas. Una pérdida del *yo*, paulatina pero inexorable, que nos obliga a reconformarlo, normalmente buscando otros grupos de relación y otras actividades que lo faciliten. Este fenómeno, como sensación, es más complejo cuanto más alto era el estatus del deportista.

El tránsito de un mundo de competitividad exacerbada y popularidad a una realidad más discreta también es algo que marca esa etapa y mueve todos los niveles de relación conocidos, con influencia en el conjunto vital del deportista que está marcado, fundamentalmente, por cuatro áreas. Todas ellas de extremo interés. Cambio de la vida deportiva, cambio en la vida familiar y emocional, en el conocimiento y la preparación para afrontar la nueva etapa y en la vida financiera, no siempre asegurada en la mayoría de los deportistas. Sobre todo, si pensamos en los que no fueron grandes figuras o en los que pertenecieron a clubes más modestos, con menores aspiraciones.

Aunque me he referido al primer homenaje que viví desde dentro siendo muy joven, he podido ser testigo de muchos más, de los que podríamos llamar con mucho *glamour*. De todos ellos el que supuso un acontecimiento mayor, quizás fuera el de Miki Berkovich.

La ceremonia reunión a un equipo europeo, con lo más granado del escenario baloncestístico, entre cuyos jugadores tuve el honor de estar.

Bajaba desde lo alto del coliseo La Mano de Elías, el emblemático lugar de juego del Macabi de Tel Aviv, con un fuego o antorcha en la mano, acompañado de sus hijos, al tiempo que la megafonía lo declaraba rey de Israel. Fue realmente emocionante. Por fortuna también este caso acabó en una nueva vida plena y suficientemente motivadora, ante el nuevo papel de ciudadano de a pie. Rato Tvrdic, fue otra de las despedidas en la que participé como jugador, en su ciudad Split, aunque como invitado asistí también al de Nacho Solozábal.

Pero los grandes homenajes no son siempre la antesala de vidas plenas, sino que suponen una gran solución de continuidad en la linealidad de la, hasta ese momento, vida deportiva. No siempre la retirada es un acto voluntario y elegido en tiempo y lugar.

Habitualmente, como en los casos mencionados, el jugador y el club llegan a un acuerdo sobre cómo finalizar la carrera de este. Sería como preparar una fiesta entre todos en honor del que fue un emblema del club o del país. Pero a una retirada se puede llegar por caminos muy dispares.

Generalmente a ese momento se llega por más de un factor. La edad sería el fundamental. A pesar de que uno pueda estar bien con el paso de los años el organismo responde más lento y con menos eficacia en una competición cuerpo a cuerpo como es el baloncesto. Nuestro sistema neuromuscular se hace menos eficiente y el organismo va acumulando microlesiones u otras más importantes, a lo largo de toda la carrera deportiva, que te van apartando de la mejor respuesta a la exigencia.

Otra causa, esta menos frecuente afortunadamente, es la aparición de una enfermedad, sufrir un accidente o una lesión muy limitante que desaconseje continuar con la práctica deportiva. Yo no he conocido casos cercanos de este tipo, pero no hay más que seguir los medios para ver cómo muchos baloncestistas u otros deportistas se ven obligados a abandonar el deporte antes de su momento natural.

En otros casos pueden existir razones de índole personal o familiar, de incompatibilidad entre la vida que se debe vivir y la exigencia del deporte. En estos supuestos la decisión supone un serio conflicto, ya que tenemos que tomar una determinación opuesta a lo que en realidad le gustaría al jugador y hacerlo en más o menos plenitud; esto no es nada fácil. Dentro de estas causas podríamos encuadrar las derivadas de alto nivel de exigencia del deporte profesional y serían un equivalente al cuadro profesional del deportista quemado, que es incapaz de adaptarse a dicha exigencia. Característico de deportistas en plenitud que notan un bajón enorme en su rendimiento y un deterioro evidente de su equilibrio emocional. A veces el cuadro se ve desencadenado o acompañado por un cuadro depresivo o por lo menos una tendencia depresiva que puede complicar el tránsito a la vida normal.

De todas formas, no todos responden igual al mismo nivel de estrés y la pregunta que ha surgido, desde la psicología, es si hay una manera de enfrentarse a ese fenómeno depresivo que supone una retirada y, sobre todo, según mi criterio, si podemos prevenir la aparición de este síndrome que acompaña a algunas de estas retiradas de difícil explicación.

Naturalmente, cualquier veterano, entrenador o psicólogo podría intuir un camino que evitara o atenuara el proceso, pero no hay una solución clara que podamos poner sobre el tapete. La correcta evolución en la carrera, la relación adecuada con compañeros, entrenadores y afición, la constante aceptación del reto y la consulta especializada, si hiciera falta serían parte de la solución, pero todos estos aspectos son difíciles de acotar y concretar dentro de modelos.

Un remedio que, para mí, siempre es bueno es no perder los pies del suelo, sea el que sea nuestro grado de éxito y popularidad, y de la misma manera que vivir supone la aceptación de la muerte, en el baloncesto de las grandes figuras serlo supone aceptar que estamos condenados a perder la lucha contra el declive deportivo.

Otro elemento fundamental en este paso es hacer que la retirada no suponga una crisis y sí parte de una estrategia de vida. De esta manera, el deportista debe ir programando una transición, desde los momentos álgidos de la vida deportiva, a los nuevos toles que puedan adoptarse o nos asignen dentro de esa evolución. Una decisión voluntaria y programada frente a una retirada obligada. Eso que parece fácil de entender en el negro sobre blanco, no resulta tan evidente cuando se está dentro del problema, viviendo una vida que no deseamos perder.

El final de la etapa activa y, sobre todo, los años posteriores a la retirada suponen un cierto vacío personal y social que conlleva a una cierta pérdida de autoestima, cuando ya no nos sentimos necesarios en el medio en el que años atrás se podía ser imprescindible. La búsqueda equivocada y fácil o caer en actitudes complacientes del entorno, lejos de ser una solución, pueden ser un agravamiento del problema.

Tenemos que recordar que después de una retirada, el final de una etapa corta de nuestra vida, queda casi el doble de tiempo por delante y, normalmente, con mayor nivel de obligaciones; un mundo menos conocido y más personas dependientes de nuestra actitud ante la vida. Un claro entorno generador de angustia.

Personalmente soy un gran convencido de que en el deporte profesional es factible un enfoque dual de la carrera deportiva. De hecho, trabajé en un proyecto para preparar la vida posterior, que por cierto quedó en proyecto. Contemplaba los ámbitos y etapas que debían ser gestionadas por el deportista y su entorno. Las cuatro vidas del deportista: la propiamente deportiva, la familiar, la académica y la financiera.

No fue fácil encontrar los compañeros de viaje necesarios para acompañar al deportista sin que este tuviera que asumir costes demasiado elevados. El deporte profesional exige mucho en lo físico, pero genera un estrés, que puede prolongarse toda la vida, en lo emocional si no nos cuidamos con esmero; y esos cuidados hay que planificarlos muy precozmente.

Durante esos años no es obligación hacer una carrera universitaria pero sí es posible estudiar hasta el máximo nivel de formación que nos permita elegir, con posterioridad, qué hacer con nuestra vida y dónde sentirnos útiles a la sociedad.

Este libro se terminó de imprimir, por encomienda de la editorial Almuzara, el 6 de octubre de 2023. Tal día, de 1999, Jan Ullrich ganó el oro en la contrarreloj de los Campeonatos del Mundo de ciclismo celebrados en Verona (Italia).